Wolfgang Halm · Carolina Ortiz Blasco

Paso a paso

Ein systematischer Einstieg in die spanische Sprache

Lehrbuch

Max Hueber Verlag

8. 7. 6. | Die letzten Ziffern
2010 09 08 07 06 | bezeichnen Zahl und Jahr des Druckes.
Alle Drucke dieser Auflage können, da unverändert,
nebeneinander benutzt werden.
2. Auflage 1993

Verlagsredaktion: Elisabeth Stiefenhofer, Ismaning
Titelfoto: Juan A. Fernández, © INCAFO Archivo Fotográfico, Madrid
(Treppe in der „Venta de Don Quijote" in Puerto Lápice)
Druck und Bindung: Ludwig Auer GmbH, Donauwörth
Printed in Germany
ISBN 3-19-004039-7

Inhalt

Das Inhaltsverzeichnis bezieht sich auf die grammatische Progression und gibt zusätzlich die Übungen an, die besonders zum Training von Gespräch und Rollenspiel vorgeschlagen werden. Auch die Themen der Hörverständnisübungen, die großenteils landeskundliche Informationen oder Denkanstöße geben, werden genannt.

1 El español o castellano

El castellano, el catalán y el gallego, lenguas de España (además del vasco*), forman parte de la familia de las lenguas latinas. Así, el vocabulario español consta sobre todo de palabras latinas, como por ejemplo: estudiar, explicar, pronunciar, entrar ...

Pero el castellano toma también palabras de otras lenguas:
Palabras germánicas, como por ejemplo guerra, ropa ...
Muchas palabras árabes, como cero, azúcar, algodón ...
Palabras de las lenguas de América, como por ejemplo: tomate, cacao, café, chocolate, tabaco, maíz ...
Y también palabras de origen italiano, francés e inglés ...
Por tanto, el conocimiento de otras lenguas ayuda un poco a estudiar el español, una lengua que hablan 300 millones de personas en el mundo. En fin, no resulta demasiado difícil estudiar el español ...

* Vasco: lengua de origen muy antiguo y desconocido

1. Die regelmäßigen Verben auf -ar

habl-ar
sprechen

(yo)	ich	habl-o	(nosotros, nosotras)	wir	habl-amos
(tú)	du	habl-as	(vosotros, vosotras)	ihr	habl-áis
(él)	er		(ellos)	sie	
(ella)	sie	habl-a	(ellas)	sie	habl-an
(usted)	Sie		(ustedes)	Sie	

Die Endung gibt Person und Zeit an (hier: Präsens, Gegenwart). Deshalb werden die Pronomen *yo, tú* usw. im Allgemeinen nicht gebraucht.
Nosotros, vosotros, ellos haben eine eigene weibliche Form auf *-as*.
Höflichkeitsform ist die 3. Person des Verbs, Singular bzw. Plural:
usted (Vd.) habla, ustedes (Vds.) hablan – Sie sprechen.

2. Die Frage

¿Habla usted español? ¿Usted habla español?	Die Fragestellung entspricht dem Deutschen. Aber auch die Aussageform kann mit steigender Intonation als Frage verwendet werden.

3. Die Verneinung

¿No resulta difícil?	Ist es nicht schwierig?	Verneinung *no*
No, no resulta difícil.	Nein, es ist nicht schwierig.	**vor dem Verb.**

4. Artikel und Substantiv

un	ejemplo	el	ejemplo	una	palabra	la	palabra
unos	ejemplo-s	los	ejemplo-s	unas	palabra-s	las	palabra-s
		los	millon -es				

Substantive sind männlich oder weiblich (im Lexikon: *m.* maskulin/*f.* feminin).

Plural: Anhängen von *-s* an Vokal, Anhängen von *-es* an Konsonant.
Plural des unbestimmten Artikels: *unas palabras* – Wörter, ein paar Wörter.

Substantive auf *-o* sind meist männlich, Substantive auf *-a* meist weiblich.
Lernen Sie immer den Artikel mit: *el origen, el azúcar* usw.

5. Betonung und Akzent (siehe Übung 9 –10)

Erklärung der Grammatikausdrücke Seite 275

Ejercicios

1 Unterstreichen Sie im Text alle Wörter, die Ihnen aus Ihrer Muttersprache oder aus anderen Sprachen bekannt erscheinen.

2 Lesen Sie die Sätze zur Gewöhnung an die Verben auf *-ar*.

Estudio español.
¿**Tomas** café?
José **estudia** inglés.
¿**Toma** usted café o cacao?
¿**Entramos** en la cafetería?
¿**Ayudáis** un poco?
Ana y José **estudian** inglés.
¿**Forman** ustedes parte de la clase de español?

Yo no **estudio** árabe.
Tú **hablas** francés, ¿no?
El **ayuda** también.
Ella no **estudia** con (mit) nosotros.
¿No **estudia** usted con nosotros?
Nosotros no **hablamos** italiano.
Nosotras sí **hablamos** italiano.
¿Vosotros no **formáis** parte del grupo?
¿Vosotras **tomáis** café?
Ellos no **toman** café.
Ellas no **toman** el autobús.
¿Ustedes no **hablan** catalán?

3 Fragen Sie sich gegenseitig und antworten Sie mit Ja oder Nein: *Sí, ... (No, no ...)*

1. ¿Hablas español?
2. ¿Hablas italiano?
3. ¿Hablas alemán?
4. ¿Hablas inglés?

5. ¿Estudiáis español?
6. ¿Estudiáis lenguas modernas?
7. ¿Estudiáis árabe?

8. ¿Toma usted un poco de café?
9. ¿Toma usted el café con azúcar?
10. ¿Toma usted también un poco de chocolate?
11. ¿Estudian ustedes italiano?
12. ¿No estudian ustedes inglés?
13. ¿Estudian ustedes también con nosotros?

4 Was antworten Sie?

1. ¿Qué (was) tomas, café o una Coca-Cola?
2. ¿Qué estudias?
3. ¿Qué lenguas hablas?
4. ¿Qué toma usted, un café?
5. ¿Qué habla usted, alemán o inglés?
6. ¿Qué estudia usted, lenguas modernas?
7. ¿Qué palabra resulta difícil en la lección?
8. ¿Qué palabras resultan difíciles en español?
9. ¿Resulta difícil pronunciar palabras como guerra, Zaragoza, Gijón?

5 Beantworten Sie mündlich oder schriftlich einige Fragen zum Text.

¿Qué lenguas forman parte de la familia de lenguas latinas?
¿Qué lenguas hablan los españoles?
¿De qué palabras consta el vocabulario español?
El conocimiento del francés o del latín, ¿ayuda a estudiar el español?
El conocimiento de otras lenguas, ¿ayuda a estudiar el español?
¿Hablan castellano en América Latina?
¿Hablan también español en otras partes del mundo?

Ejercicios

6 Sagen Sie diese Wörter mit bestimmtem Artikel im Singular und Plural, z.B.:

grupo → *el grupo, los grupos*

1. familia
2. palabra
3. lengua
4. vocabulario
5. conocimiento
6. mundo

Sagen Sie diese Wörter mit unbestimmtem Artikel im Singular und Plural, z.B.:

grupo → *un grupo, unos grupos*

7. familia
8. palabra
9. persona
10. ejemplo

7 Schreiben Sie mit den folgenden Verben ein paar Sätze aus der Erinnerung oder lassen Sie sich neue einfallen.

estudiar – explicar – pronunciar – formar parte de – tomar – ayudar a – resultar

8 Setzen Sie die fehlenden Wörter ein. Spielen Sie dann das Gespräch und versuchen Sie, möglichst ohne zu stocken, über die Runden zu kommen ...

● ¿Estudias español?
▲ Sí, yo ______ español.
● Difícil, ¿no?
▲ No, no ______ demasiado difícil. En fin, yo hablo también un poco de italiano ______ francés, por tanto...
● Pero pronunciar ______ español resulta un ______ difícil..., ¿no?
▲ Pues no, no ______ demasiado difícil.

9 Die Betonung der Wörter und der geschriebene Akzent folgen einfachen Regeln:

Esp**a**ña h**a**blan pal**a**bras	Bei Endung auf Vokal (-a, -e, -i, -o, -u) oder auf -n oder auf -s ist die **vorletzte Silbe** betont.
espa**ñol** estudi**ar**	Bei Endung auf Konsonant (außer -n und -s) ist die **letzte Silbe** betont.

Ausnahmen tragen den geschriebenen **Akzent:**

as**í**, caf**é**, mill**ó**n, franc**é**s	Endung auf Vokal, -n, -s, aber letzte Silbe betont.
di**fí**cil, az**ú**car	Endung auf Konsonant (außer -n,-s), aber vorletzte Silbe betont.
Am**é**rica, **á**rabe	Drittletzte Silbe betont.

Verbindungen von u oder i/y mit einem anderen Vokal sind einsilbig („Diphthonge", Doppellaute):

len-**gua**, fa-mi-**lia**, a-**yu**-dar, es-tu-**diar**, tam-**bién**, vo-ca-bu-la-**rio**, i-ta-**lia**-no, co-no-ci-**mien**-to, de-ma-**sia**-do, an-ti-**guo** (aber: m**a**-**í**z).

Ejercicios

Warum tragen folgende Wörter Akzent? Wie würden sie sonst betont?

1. maíz	4. francés	7. América
2. catalán	5. germánico	8. también
3. así	6. árabe	9. millón

10 Lesen, hören und wiederholen Sie.

a	palabra, hablar, cacao
e	ejemplo, café, lengua
i/y	rico, maíz, difícil, y
o	poco, como, todo, algodón
u	mucho, azúcar, ayuda
b/v	Nach Vokal und vor/nach l und r wie „w" zwischen den Lippen: sobre, palabra, árabe, tabaco, hablar, el vasco, el vocabulario Am Satzanfang oder Anfang eines einzeln gesprochenen Wortes wie „b": vocabulario, vasco nach n/m wie „b": también, en Venezuela
c/qu	**ca**fé, **que**, **Qui**to, **co**mo, **Cu**ba
ce, ci/z	**Za**ragoza, **ce**ro, cono**ci**do, **zo**na, a**zú**car, maí**z**
d	todo, ayudar, demasiado, difícil
g	**ga**llego, **gue**rra, **guí**a, al**go**dón, len**gu**a
j, ge, gi	germánico, ejemplo, Gijón **(ja, ge/je, gi/ji, jo, ju)**
h	hablar
p, t, c	palabra, parte, toma, también, café, coñac
r	palabra, entrar, América; am Wortanfang stark gerollt: ropa
rr	guerra
s	sobre, inglés, demasiado, resulta
ch	mucho, chocolate
ll	un millón, trescientos millones
ñ	español

11 Nach den Aussprache- und Betonungsregeln können Sie jedes spanische Wort richtig lesen, z. B. die Namen der spanisch sprechenden Länder und ihrer Hauptstädte. Eine Ausnahme: bei México wird das x wie ein spanisches j gesprochen.

Guatemala	Guatemala	Venezuela	Caracas
Honduras	Tegucigalpa	Colombia	Bogotá
El Salvador	San Salvador	Ecuador	Quito
Nicaragua	Managua	Perú	Lima
Costa Rica	San José	Bolivia	La Paz
Panamá	Panamá	Chile	Santiago de Chile
Cuba	La Habana	Paraguay	Asunción
República Dominicana	Santo Domingo	Argentina	Buenos Aires
		Uruguay	Montevideo

Ejercicios

Lesen Sie auch die Namen der 17 spanischen *Autonomías* und je einer ihrer Städte:

12 Schreiben Sie auf Spanisch:

Das Spanische, das Katalanische und das Galicische gehören zur (bilden einen Teil der) Familie der romanischen Sprachen. Das Italienische und das Französische auch. Wir lernen Spanisch. (Es) ist nicht zu schwierig. 300 Millionen Menschen auf der Welt sprechen Spanisch.

2 Rutas de ayer y de hoy

Por fin llego a Belo Claudia, un pueblo cerca de Cádiz, con las ruinas de una ciudad romana, famosa ya en la época del emperador Claudio*. Un pueblo pequeño, sin bloques de apartamentos, sin ruido. La gente vive todavía con tranquilidad. El último paraíso.

Paso la mañana en la playa. Después entro en el bar de Isidoro, el guarda de las ruinas. Como y bebo algo. Isidoro habla con entusiasmo de los tiempos del emperador Claudio ... Bebemos a la salud del emperador.

Hablo también con la gente del pueblo. Ellos hablan del presente. «Nosotros vivimos muy contentos así, no necesitamos turistas, no dependemos de ellos, pero ... ¡ existen ya tantos proyectos: abrir tiendas, hoteles, restaurantes, y, claro, vender terrenos y edificar, edificar ...!»

Por la tarde, desde la carretera que sube, miro una vez más atrás. Belo Claudia, ¿el último paraíso?

Al fondo, la costa de Africa...

* Marco Aurelio Claudio, 213 – 270 después de Cristo

Belo Claudia

1. Die regelmäßigen Verben auf -er und -ir

beb-er trinken		**viv-ir** leben	
beb-o	beb-emos	viv-o	viv-imos
beb-es	beb-éis	viv-es	viv-ís
beb-e	beb-en	viv-e	viv-en

Es gibt Verben auf *-ar* (L 1), *-er* und *-ir*.

2. Zusammenziehungen: al, del

Llego	al	pueblo.	a + el → al
El bar	del	pueblo.	de + el → del

3. Das Adjektiv

un pueblo	tranquil-o	Die meisten Adjektive (Eigenschaftswörter) haben eine männliche Form auf *-o* und eine weibliche Form auf *-a*.
una ciudad	tranquil-a	
un proyecto	interesant-e	Einige Adjektive haben nur eine Endung für die männliche und weibliche Form, z.B. die Adjektive auf *-e:* interesante,–.
una persona	interesant-e	
ciudades	tranquila-s	Pluralbildung wie beim Substantiv (L 1).

4. Stellung des Adjektivs

los turistas ingleses (no los franceses)	**Nach dem Substantiv** stehen Adjektive, die der Unterscheidung dienen.
una persona; el último paraíso tanto ruido; pocas personas; otras lenguas	**Vorangestellt** werden u.a.: Zahlwörter und ähnliche; Mengenbegriffe; *otro.*
un pequeño pueblo el famoso emperador	**Vorangestellt** können auch einige Adjektive werden, wenn sie mehr beschreibend als unterscheidend gebraucht werden.

Erklärung der Grammatikausdrücke Seite 275

Ejercicios

1 Etwa 15 Wörter haben Sie wahrscheinlich besonders leicht verstanden und behalten. Welche sind es?

2 Hören und lesen Sie diese Sätze zur Gewöhnung an die Verben auf *-er* und *-ir*.

Como en el bar.
¿**Comes** después en el pueblo?
José **bebe** demasiado.
Comemos en el restaurante del pueblo.
¿**Bebéis** algo con nosotros?
Comen algo en el bar de Isidoro.

Vivo cerca de la playa.
¿**Vives** cerca de la carretera?
¿**Vive** el guarda en Cádiz?
Vivimos en España.
No **abrimos** la tienda por la mañana.
¿**Subís** con nosotros al pueblo?
¿**Abrís** por la tarde la cafetería?
No **abren** el museo por la tarde.

3 Wandeln Sie die Verben vom Singular in den Plural um (yo → *nosotros;* tú → *vosotros*), vom Plural in den Singular (nosotros → *yo;* vosotros → *tú*).

(yo)

1. **Llego** al pueblo por la mañana.
2. **Subo** al pueblo en autobús.
3. No **dependo** de otras personas.
4. Paso la mañana en la playa.
5. Como en el restaurante del pueblo.
6. Por la mañana tomo el autobús.
7. Por la tarde tomo algo en una cafetería.
8. Hablo con la gente.

(tú)

9. ¿**Vives** en Italia?
10. ¿**Hablas** italiano?
11. ¿**Vendes** el apartamento?
12. ¿Dependes de otras personas?
13. ¿Tomas el café con azúcar?
14. ¿Ayudas en el bar?
15. ¿Vendes la tienda?
16. ¿Qué tomas: café, cacao, té, vino (Wein)?
17. ¿O tomas un jugo de naranja (Orangensaft)?

(nosotros)

18. **Vivimos** en Alemania. **Hablamos** alemán.
19. No **dependemos** de los turistas.
20. Necesitamos tiempo.
21. Vivimos muy contentos.
22. No vivimos en Francia. No hablamos francés.
23. No bebemos vino.
24. Necesitamos un poco de azúcar.
25. Hablamos de los proyectos con Isidoro.

(vosotros)

26. **Habláis** alemán, italiano y francés... Ah, claro, **vivís** en Suiza.
27. ¿**Vendéis** algo?
28. ¿Necesitáis algo?
29. ¿Vivís cerca de la playa?
30. ¿Pasáis hoy la mañana en la playa?
31. ¿Subís al pueblo por la tarde?
32. ¿Tomáis una Coca Cola con nosotros?
33. ¿Abrís la tienda por la mañana?

4 Schreiben Sie mit verschiedenen Verben 10 Sätze in der Wir-Form *(-amos, -emos, -imos).*

5 Fragen Sie sich gegenseitig und antworten Sie mit Ja: *Sí, ...*

1. ¿Tomas algo con nosotros?
2. ¿Bebes tú también algo?
3. ¿Comes hoy en la cafetería?

4. ¿Llega usted ya mañana a Madrid?
5. ¿Vive usted cerca del museo?
6. ¿Pasa usted la mañana en la escuela?

7. ¿Abrís la tienda mañana?
8. ¿Subís al pueblo en autobús?
9. ¿Coméis con nosotros en el hotel?

10. ¿Toman ustedes mucho café?
11. ¿Beben ustedes vino?
12. ¿Viven ustedes cerca de la escuela (Schule)?

6 Antworten Sie.

1. ¿Miráis algo interesante en la televisión?
2. ¿Pasáis la mañana en la clase de español?
3. ¿Coméis hoy en la escuela?
4. ¿Bebéis algo después con nosotras?
5. ¿Abrís la botella de vino (Weinflasche), por favor (bitte)?
6. ¿Vivís en un apartamento tranquilo?
7. ¿Subís al pueblo en autobús?

7 Setzen Sie die passenden Verbformen ein.

1. (hablar, vosotros)
   ¿ _______ español?
2. (beber, vosotros)
   ¿ _______ también un jugo de naranja?
3. (vivir, vosotros)
   ¿ _______ en Barcelona?
4. (pasar, vosotros)
   ¿ _______ la mañana en la playa?
5. (subir, vosotros)
   ¿ _______ al pueblo en autobús?
6. (llegar, vosotros)
   ¿ _______ por la mañana?
7. Ellos _______ una Coca-Cola.
8. Ellas _______ en el restaurante.
9. Juan y Ana _______ la mañana en la playa.
10. Ellas _______ la tienda por la tarde.
11. Ellos _______ en un pueblo pequeño.

8 Füllen Sie die Lücken.

Llego a Belo Claudia, un pueblo _______ de Cádiz. Un pueblo _______ y _______ , sin ruido. La gente _______ con tranquilidad. Paso la _______ en la playa. En el bar _______ y _______ algo. En el pueblo _______ proyectos: _______ tiendas, hoteles y _______ muchos apartamentos.

9 Antworten Sie mit Nein, z.B.:

– ¿Pasas la noche en la pensión?
– *No, no paso la noche en la pensión.*

1. ¿Llegas hoy?
2. ¿Llegas a Cádiz hoy?
3. ¿Pasas la noche en un hotel?
4. ¿Hablas español?
5. ¿Tomas mucho café?
6. ¿Miras el mar?
7. ¿Miras la costa?

8. ¿Comes hoy en la playa?
9. ¿Comes en el restaurante?
10. ¿Bebes una Coca-Cola o un Jerez (Sherry)?
11. ¿Vives en una ciudad pequeña?
12. ¿Vives en una ciudad con playa?
13. ¿Abres otro vino?
14. ¿Vendes mucho?

Ejercicios

10 Bilden Sie den Plural:

un pueblo → *unos pueblos*
el restaurante → *los restaurantes*

1. el apartamento
2. el nombre
3. la ciudad
4. un bar
5. el turista
6. una pensión
7. la playa
8. la costa
9. un pueblo
10. el bloque
11. la carretera
12. la ruina

11 Verwenden Sie jedes der Wörter in einer Aussage (und achten Sie auf den Artikel: *el/la*).

guarda – gente – ciudad – salud – bar – presente – hotel – restaurante

12 Achten Sie auf Aussprache und Schreibung.

ayer – hoy – ya – proyecto
llego – pequeño – mañana
cerca – Cádiz – ciudad – necesitamos
tranquilo – bloque
gente – guarda
último – Africa – árabe – paraíso – después

13 Finden Sie verschiedene Kombinationen der Adjektive (oben) mit Substantiven (unten), z.B.:

un pueblo pequeño, unas palabras difíciles

tanto – famoso – pequeño – tranquilo – contento – último – demasiado – mucho – otro – difícil

pueblo – ciudades – playa – museo – gente – palabras – ejemplos – bar – vida

14 Sie haben bemerkt, dass *en* für Ortsangaben, *a* für Richtungsangaben verwendet wird. Wählen Sie die richtige Form.

1. Llego (a/en) la ciudad.
2. Paso la tarde (a/en) Cádiz.
3. Llego (a/en) Cádiz.
4. Hablamos (a/en) la playa.
5. Hablo con el guarda (al/en el) bar.
6. Pasamos la mañana (a/en) la ciudad.
7. Entramos (a/en) una tienda.
8. Vivimos (a/en) una ciudad de la costa.
9. Comemos y bebemos algo (a/en) la playa.

15 Finden Sie verschiedene Kombinationen.

la carretera	de Cádiz
el bar	de Africa
la gente	de la costa
el presente	de la ciudad
la costa	de la playa
los habitantes	del pueblo

16 Die „kleinen Wörter" sind für den Ausdruck sehr wichtig.
Fallen Ihnen dazu je zwei oder drei Sätze ein?

por fin – hoy – ya – todavía no – después – algo – así – desde

17 Stellen Sie die Adjektive jeweils *vor* oder *hinter* das darunter stehende Substantiv.

francesa
la lengua

ingleses
turistas

romano
el emperador

última
la tarde

antigua
una lengua

desconocida
una palabra

otro autobús — tanta gente

último el día — pocas personas

cubano tabaco — español de origen

tranquila una carretera — tantos hoteles

18 Fragen zum Text

¿A qué pueblo llega la persona que habla?
¿Cómo (wie) vive la gente del pueblo?
¿Cómo pasa la mañana la persona que habla?
¿De qué habla con el guarda?
¿Cómo habla el guarda?
¿De qué habla la gente del pueblo?
¿Existen proyectos en el pueblo?
La persona que habla, ¿qué mira por la tarde, desde la carretera?

19 Ergänzen Sie die fehlenden Wörter. Spielen Sie dann den Dialog gemeinsam.

- ● ¿Vives ______ el pueblo?
- ▲ No, paso unos días (Tage) ______ la playa. No existe en la ______ una playa así: ______ ruido, ______ turistas, ¡ ______ paraíso!
- ● ¿Vives en un camping?
- ▲ No, vivo cerca ______ la playa, en una pequeña pensión, cerca del bar de Isidoro.

20 Versuchen Sie, den Tag des Besuchers in Belo Claudia noch einmal schriftlich aus der Erinnerung zu erzählen.

21 Versuchen Sie das auf Spanisch zu sagen und schreiben Sie den Dialog.

- ● In welcher Stadt wohnst du?
- ▲ Ich wohne nicht in einer Stadt. Ich wohne in einem kleinen (und) ruhigen Ort.
- ● Wie verbringst du den Vormittag?
- ▲ Ich verbringe den Vormittag in der Schule (la escuela). Danach esse ich etwas in der Cafetería, nehme einen Kaffee und spreche mit den Leuten. Am Nachmittag lerne ich Spanisch und Französisch.

Spielen Sie nun das kleine Gespräch.

22 Versuchen Sie, soweit das Gelernte das ermöglicht, mündlich oder schriftlich zu erzählen, was Sie tun, wenn Sie einen Tag in einem kleinen Ort am Strand verbringen.

3 Escritores de vacaciones

Verano, mes de agosto. Tiempo de descanso. Los teléfonos callan. Las máquinas de escribir y los bolígrafos descansan. Los escritores también.

Por ejemplo, el escritor Antonio Buero Vallejo no tiene en verano ganas de escribir. «Yo no entiendo cómo la gente tiene ganas de trabajar en verano... Yo no tengo ganas de nada ahora. Salgo un poco, tomo el sol, oigo música y ..., ah, sí, leo libros de ciencia ficción... Y basta, ¿qué más quiere usted?»

Miguel Delibes pasa las vacaciones en un pueblo de Burgos. «Siempre vengo aquí, venimos en agosto. ¿Qué hago en verano? Pues..., no mucho. De momento pongo en orden papeles, apuntes..., porque tengo planes de publicar algo autobiográfico en otoño, o el año que viene...»

El escritor gallego Gonzalo Torrente Ballester veranea en Bayona, una playa de Galicia. De momento no piensa en nada. «Tengo que descansar, nada más. No quiero hacer nada en verano. Casi no salimos, porque en casa tenemos todos una necesidad enorme de descanso, y no pensamos en nada más. Sólo queremos tranquilidad, mucha tranquilidad...»

Una playa de Galicia

1. Verbengruppe mit der Veränderung e → ie

pensar -ie- denken	**entender -ie-** verstehen	
pi**e**nso	ent**ie**ndo	Bei dieser Verbengruppe wird der Vokal **e** der Stammsilbe in den vier stammbetonten Formen zu **-ie-** erweitert.
p**ie**nsas	ent**ie**ndes	
p**ie**nsa	ent**ie**nde	
pensamos	entendemos	
pensáis	entendéis	
p**ie**nsan	ent**ie**nden	

Wichtige Verben dieser Gruppe:

pensar	denken	*entender*	verstehen
empezar a	anfangen (zu)	*querer*	wollen; lieben
cerrar	schließen		

2. Unregelmäßige Verben mit -g- in der ich-Form (I)

tener haben	**venir** (her)kommen	**hacer** machen	**poner** stellen	**salir** (hin)ausgehen	**oír** hören
tengo	**vengo**	**hago**	**pongo**	**salgo**	**oigo**
t**ie**nes	v**ie**nes	haces	pones	sales	o**y**es
t**ie**ne	v**ie**ne	hace	pone	sale	o**y**e
tenemos	venimos	hacemos	ponemos	salimos	oímos
tenéis	venís	hacéis	ponéis	salís	oís
t**ie**nen	v**ie**nen	hacen	ponen	salen	o**y**en

10 unregelmäßige Verben schieben in der Ich-Form ein -g- ein. (Vgl. L 9.)

3. tener que – müssen

Tengo que escribir.	Ich muss schreiben/ habe zu schreiben.	*tener que + Infinitiv:* müssen.

4. Die Verneinung

No hago **nada.** Ich tue nichts. Yo **no** salgo **tampoco.** Ich gehe auch nicht aus.	*No* steht auch dann vor dem Verb, wenn eine andere Verneinung nach dem Verb folgt.

Erklärung der Grammatikausdrücke Seite 275

Ejercicios

1 Zu Beginn wieder die Wörter, zu denen Sie wohl ohne weiteres eine Brücke gefunden haben:

agosto – máquina – teléfono – música – ciencia ficción – basta – momento – papel – plan – publicar – autobiográfico – necesidad – enorme

2 Sammeln Sie Wörter aus dem Text zu folgenden drei Bereichen:

Vacaciones	Escribir	Tiempo
________	________	________
________	________	________
________	________	________
________	________	________
________	________	________

3 Hören und lesen Sie die folgenden Sätze. Achten Sie auf die Verbformen.

1. ¡Ahora no **entiendo** nada de nada!
2. **Quiero** pasar el día en la playa.
3. ¿**Tienes** un bolígrafo?
4. No **quiero** pensar en nada.
5. ¿Qué número de teléfono **tienes**?
6. Juan **empieza** a trabajar el año que viene.
7. ¿En qué mes **cierra** el hotel?
8. No **quiero** comer nada más, muchas gracias.
9. ¿**Quiere** usted beber algo?
10. El año que viene **quiero** veranear en Galicia.
11. **Pienso** descansar algo en otoño.
12. ¿**Quiere** usted visitar el museo con nosotros?

13. De momento **pongo** en orden los apuntes de la clase de español.
14. No escribo más porque no **tengo** papel. ¿**Tienes** tú?
15. De momento **tengo** poco tiempo.
16. Hoy **salgo** con Carmen.
17. Yo no **tengo** ganas de salir.
18. ¿**Hago** también café para ustedes?
19. ¿**Pongo** la máquina de escribir aquí?
20. Casi no **oigo** música, no **tengo** tiempo de nada.

Setzen Sie die Sätze in den Plural:

¡Ahora no entendemos nada de nada!

4 Sagen Sie die Form für die angegebene Person.

1. (tú) ¿tomar café?
2. (vosotros) ¿pasar las vacaciones aquí?
3. (ellos) veranear en Portugal
4. (nosotros) leer muchos libros en verano
5. (él) ¿escribir un libro?
6. (yo) no tener tiempo
7. (ella) venir hoy
8. (usted) ¿no hacer nada?
9. (yo) no salir ahora
10. (nosotros) poner en orden papeles
11. (vosotros) ¿pensar en las vacaciones?
12. (tú) ¿querer algo más?
13. (él) no entender casi nada
14. (yo) empezar a trabajar

5 Fragen Sie sich gegenseitig und antworten Sie: *Sí, ...* oder *No, no ...*

1. ¿Pasan ustedes el otoño aquí?
2. ¿Veranean ustedes en España?
3. ¿Leen ustedes mucho?
4. ¿Salen ustedes hoy?
5. ¿Piensan ustedes ya en las vacaciones?
6. ¿Quieren ustedes salir hoy?

7. ¿Empiezan ustedes ahora?
8. ¿Entienden ustedes español?
9. ¿Tienen ustedes tiempo ahora?
10. ¿Tienen ustedes ganas de trabajar?
11. ¿Trabajan ustedes mucho?
12. ¿Salen ustedes mucho?
13. ¿Quieren ustedes leer un libro de Delibes?
14. ¿Oyen ustedes música clásica?
15. ¿Pasan ustedes el otoño aquí?
16. ¿Oyen ustedes la radio por la mañana?

Üben Sie auch die Einzahl:
¿Pasa usted el otoño aquí? – Sí, ... / No, no...

6

Fragen Sie sich gegenseitig und antworten Sie: *Sí, ...* oder *No, no ...*

1. ¿**Tienes** teléfono?
2. ¿No tienes ganas de trabajar?
3. Por favor, ¿tienes un bolígrafo?
4. ¿Tienes tiempo hoy?
5. ¿Tienes que escribir mucho?
6. ¿Tienes que venir aquí en agosto?
7. ¿Tienes que salir por la tarde?
8. ¿No tienes que descansar?
9. ¿No tienes que hacer nada?
10. ¿**Sales** mucho con Pepe?
11. ¿No sales mucho en verano?
12. Por favor, ¿sales un momento a hablar con Juan?
13. ¿No sales a tomar algo después?

14. ¿**Vienes** siempre a comer aquí?
15. ¿Vienes a hablar con nosotros?
16. ¿Vienes mucho aquí?
17. ¿Vienes a estudiar siempre aquí?
18. ¿**Haces** café?
19. ¿Haces mucho ahora?
20. ¿Haces planes de momento?
21. ¿**Oyes** la música?
22. ¿Oyes el ruido?
23. ¿Oyes cómo hablan?
24. ¿Oyes el teléfono?
25. ¿**Pones** los apuntes en orden?
26. ¿Pones la televisión aquí?
27. ¿Pones la ropa en orden?
28. ¿Pones (einschalten) un poco de música?

7

Stellen Sie zu folgenden Antworten die passende Frage (Ihr-Form), z. B.:

– *¿Tenéis tiempo?*
– No, no tenemos tiempo.

1. Sí, tenemos ganas de salir.
2. Sí, entendemos algo.
3. No, hoy no queremos tomar el sol.
4. No, no leemos un libro español.
5. Sí, venimos siempre aquí.
6. Sí, ponemos en orden la ropa.
7. Sí, pensamos mucho en España.
8. No, no tenemos ganas de comer.
9. No, hoy no escribimos.

Stellen Sie die Fragen auch in der Sie-Form: *¿Tienen ustedes ganas...?*

8

Fragen Sie in der Du-Form eine andere Person, z. B.:

Leo mucho. *¿Tú también lees mucho?*

1. Tomo café.
2. Llego hoy.
3. Pienso en las vacaciones.
4. Hablo español.
5. Vivo en España.
6. Paso la noche aquí.
7. Entiendo español.
8. Como en el restaurante italiano.
9. Bebo vino.
10. Quiero leer un libro español.
11. Quiero oír música.
12. Tengo tiempo.
13. Salgo ahora.
14. Pongo en orden las fotos.
15. Vengo siempre aquí.
16. Oigo mucha música.
17. Hago planes.

18. Tengo que estudiar mucho de momento.

Üben Sie mit den gleichen Sätzen die ihr-Form:
Leo mucho. *¿Vosotras también leéis mucho?*

9 Setzen Sie jeweils die richtige Form eines dieser Verben ein:

querer – entender – pensar – tener – empezar

1. ¿En qué _______ tú?
2. ¿ _______ usted español?
3. ¿ _______ vosotros a trabajar ahora?
4. ¿ _______ usted tiempo hoy?
5. Nosotras no _______ el francés.
6. ¿ _______ tú hablar con él?
7. ¿ _______ vosotras hablar con ella?
8. ¿ _______ vosotros ganas de trabajar?
9. ¿ _______ usted descansar un poco?
10. ¿ _______ tú mucho en él?
11. ¿ _______ vosotros beber algo?

10 Ergänzen Sie:

tengo – pongo – vengo – salgo – hago – oigo – tengo que

1. Ahora _______ vacaciones.
2. No _______ teléfono.
3. _______ ganas de leer un libro de ciencia ficción.
4. _______ ganas de ir a la playa.
5. _______ planes para las vacaciones.
6. _______ en orden los apuntes que tengo.
7. _______ siempre aquí.
8. _______ del hotel.
9. _______ mucho tiempo.
10. _______ empezar a trabajar.
11. No _______ mucho.
12. _______ poco.
13. No _______ nada.
14. Ahora _______ una máquina de escribir.
15. _______ algo, pero no mucho.
16. De momento, no _______ nada interesante.
17. _______ el ruido que hace la gente.
18. _______ la música del bar.
19. _______ estudiar.
20. _______ hablar con usted.
21. _______ hacer planes en otoño.

11 Fragen Sie sich gegenseitig und antworten Sie verneinend: – *No, no...*

1. ¿Entiendes algo?
2. ¿Quieres algo?
3. ¿Piensas en algo?
4. ¿Tienes algo de beber?
5. ¿Haces algo en las vacaciones de otoño?
6. ¿Oyes algo?
7. ¿Descansas algo en verano?
8. ¿Estudias algo?
9. ¿Miras algo?
10. ¿Necesitas algo de momento?
11. ¿Comes algo?
12. ¿Tomas algo con nosotros?
13. ¿Tienes algo que hacer?

12 Fragen zum Text

¿Qué pasa en el mes de agosto?
¿Qué hace o qué dice Buero Vallejo?
¿Qué dice Delibes?
¿Qué hace Torrente Ballester?

Ejercicios

13 Einige persönliche Fragen

¿Qué haces tú en las vacaciones?
¿Qué haces en agosto?
¿Dónde veraneas?
¿Dónde vives?
¿Qué libro lees de momento?
¿Qué música oyes generalmente?
¿En qué época del año descansas más?
¿Tienes vacaciones en otoño?
¿Tomas apuntes en la clase de español?
¿Tienes necesidad de descansar ahora?
¿Tienes que venir aquí en autobús?
¿Tienes que estudiar mucho de momento?
¿Tienes que ayudar mucho en casa?
¿Tienes que trabajar por la tarde?
¿Tienes que hacer mucho hoy?

14 Schreiben Sie – unter Verwendung der Aussagen der drei Schriftsteller – einige Dinge, die Sie im Urlaub/in den Ferien machen.

15 Fallen Ihnen zu jedem dieser „kleinen Wörter" zwei oder drei Sätze ein?

ahora – aquí – de momento – también – mucho – siempre – casi

16 Kombinieren Sie.

Yo tengo →	estudiar el año que viene.
Tú tienes	descansar mucho de momento.
El tiene que	→ ganas de trabajar.
Ella piensa	de salir hoy?
¿Usted tiene ganas	los apuntes de la clase, ¿no?

17 Setzen Sie die fehlenden Formen ein:

empiezas – empiezo – pienso – tengo – tienes – vengo

● ¿Qué haces tú aquí, en Bayona? ¿Pasas las vacaciones aquí?
▲ Yo ______ siempre aquí en agosto. Pero no a veranear, ______ a trabajar en un restaurante. Ya ______ hoy a trabajar.
● ¿Trabajas por la noche?
▲ No, sólo por la mañana y por la tarde, pero no ______ tiempo de hacer casi nada.
● Pero ______ tiempo de salir después del trabajo, ¿no?
▲ Sí, pero por la noche (abends) ya no (nicht mehr) ______ ganas de nada. Sólo ______ en descansar.
● ¿Y después del verano, ______ a estudiar en septiembre y no descansas nada?
▲ No. Después, en otoño, ______ tiempo y un poco de dinero (Geld) y paso casi un mes cerca de aquí, en un camping.

Spielen Sie nun den Dialog mehrfach gemeinsam durch und verändern Sie ihn nach eigenen Ideen.

4 A favor y en contra

Luis Buñuel

En «Mi último suspiro», libro autobiográfico, el director de cine español Luis Buñuel habla de las cosas que a él personalmente le gustan.

A mí me gusta el Norte, el frío y la lluvia. En eso soy español. Yo soy de un país seco, por eso me encantan los bosques húmedos, con niebla.
Me gusta el ruido de la lluvia. Para mí, no existe un ruido más bello en el mundo ... Ahora, lo oigo con un aparato, pero no es el mismo ruido.
Me gusta comer temprano, acostarme y levantarme pronto. En eso no soy muy español.

No me gusta la política. No me interesa. Ya no creo en ella.

Me gusta la puntualidad. En realidad, es una manía. Yo no llego nunca tarde. Cuando voy a un sitio y llego demasiado pronto, me quedo fuera o doy un paseo hasta la hora exacta.

Me horrorizan las multitudes. Si una reunión tiene seis personas, la considero ya una multitud.

Me encantan los disfraces. Son una experiencia apasionante, con ellos se vive una vida diferente. Si vas vestido como un obrero, por ejemplo, te dan automáticamente las cerillas más baratas. Las chicas no te miran. No eres nadie en el mundo ...

Me gustan las películas de Carlos Saura. Lo admiro mucho como director de cine. Los dos somos de Aragón ...

Luis Buñuel (1898 – 1982): *Mi último suspiro* ⓐ

1. Unregelmäßige Verben: ser, dar, ir

ser		**ir**		**dar**	
sein		(hin)gehen, fahren		geben	
soy	**somos**	**voy**	**vamos**	**doy**	damos
eres	**sois**	**vas**	**vais**	das	dais
es	**son**	**va**	**van**	da	dan

2. Personalpronomen beim Verb

wem?		wen/was?		reflexiv	
me	mir	**me**	mich	**me**	
te	dir	**te**	dich	**te**	
	ihm	**lo***	ihn		
le	ihr	**la**	sie	**se**	sich
	Ihnen	**lo*/la**	Sie		

Die Formen der 3. Person gelten für Personen/Sachen:
(el libro) *Lo tengo.*
(Saura) *Lo admiro.*

*In Spanien für männliche Personen auch *le: Lo/le admiro.* Ich bewundere ihn.

Te doy el libro.

Quiero **darte** el libro.

me, te, le usw. stehen vor dem konjugierten Verb, aber angehängt an den Infinitiv.

A Buñuel	le	gusta el Norte.
A mí no	me	gusta el Norte.

me, te, le usw. steht auch, wenn ein Dativ (wem?) vorausgeht: *A mí me...*

3. Personalpronomen nach Präposition (wem?, wen?)

a mí	mir/mich			a nosotros	uns		
a ti	dir/dich			a vosotros	euch		
a él	ihm/ihn			a ellos	ihnen/sie		
a ella	ihr/sie	**a sí**	sich	a ellas	ihnen/sie	**a sí**	sich
a usted	Ihnen/Sie			a ustedes	Ihnen/Sie		

Nach Präpositionen steht die Nominativform (wer?): *de él.*
Ausnahmen: *mí, ti, sí:* **de mí, para ti, a sí**.
Sonderformen mit *con*: **conmigo** mit mir, **contigo** mit dir, **consigo** mit sich.

a mí, a ti usw. bedeuten Betonung, ersetzen aber nicht *me, te* usw. beim Verb: *Me gusta... A mí me gusta...* (vgl.: *A Buñuel le gusta*)

4. Unpersönliche Aussagen

se vive bien man lebt gut | *se + 3. Person Einzahl:* „man"

Erklärung der Grammatikausdrücke Seite 275

Ejercicios

1 Stimmen diese Aussagen?

	¿Es verdad?	
1. A Buñuel le encantan los países secos.	sí	no
2. A Buñuel le gusta la lluvia.	sí	no
3. A Buñuel no le gusta comer tarde.	sí	no
4. A Buñuel le encanta acostarse y levantarse pronto.	sí	no
5. A Buñuel le interesa la política.	sí	no
6. A Buñuel no le gustan las películas de Saura.	sí	no
7. A Buñuel le gusta llegar tarde a los sitios.	sí	no
8. A Buñuel no le gustan las reuniones y las fiestas.	sí	no
9. A Buñuel le encantan las chicas.	sí	no

2 Verbinden Sie die persönlichen Stellungnahmen links mit den Wörtern rechts.

Me gusta(n)
Me encanta(n)
Me interesa(n)

No me gusta(n)
Me horroriza(n)
No me interesa(n)

Norte – frío – lluvia – húmedo –
otoño – bosque – niebla – playa –
sol – país seco – verano – agosto –
costa – películas de Saura –
puntualidad – reunión –
fiesta – ruido – política – chicas

3 Lesen Sie zur Gewöhnung an die neuen Verbformen.

ir
1. **Voy** a clase por la mañana.
2. ¿**Vas** hoy por la tarde al cine?
3. ¿**Va** usted al bosque?
4. De momento no **vamos** mucho al teatro.
5. ¿**Vais** siempre al mismo sitio en verano?
6. ¿**Van** ustedes a la playa hoy?

dar

7. Si quieres, te **doy** el vídeo de «Carmen», la película de Saura.
8. ¿Me **das** el número de teléfono de Juan?
9. ¿Me **da** usted el bolígrafo, por favor?

ser

10. Yo **soy** alemán.
11. ¿**Eres** de Berlín?
12. ¿**Es** usted española?
13. Nosotros **somos** del Norte de España.
14. ¿**Sois** de aquí (von hier)?
15. ¿De dónde **son** ustedes? ¿**Son** ustedes austríacos o suizos?

Tauschen Sie jeweils Singular und Plural aus: *yo* ↔ *nosotros; tú* ↔ *vosotros; usted* ↔ *ustedes.*

4 Setzen Sie in die Lücken die entsprechende Form von *levantarse, acostarse, quedarse* ein.

1. Mañana por la mañana tengo que salir temprano. Ahora quiero _______ .
2. Ahora tienes que _______ y no trabajar más.
3. Pero, ¿quiere usted _______ ya? Es muy pronto.
4. Por la mañana, a mí me gusta _______ temprano.

5. ¿A usted le gusta también ______ temprano?
6. ¿A ti te gusta ______ temprano?
7. No tengo mucho tiempo, no quiero ______ más.
8. Y Vd., ¿no quiere ______ un poco más aquí?
9. Tú tienes que ______ un poco más aquí, tengo que decirte una cosa.

5

Setzen Sie in die unpersönliche Form, z.B.:

Aquí hablamos inglés. → *Aquí se habla inglés.*

1. Aquí hablamos español.
2. Vivimos bien aquí.
3. Aquí comemos muy bien, ¿no creéis?
4. Siempre creemos que los franceses son así.
5. Aquí no necesitamos mucho dinero.
6. ¿Entramos aquí?
7. Aquí no oímos el ruido.
8. Aquí no pensamos en nada.
9. Aquí ya no creemos en la política.
10. En Andalucía, pronunciamos diferente la „s“ (ese).
11. Aquí trabajamos mucho.
12. Aquí oímos mucha música española.
13. En el pueblo no dependemos del turismo.

6

Sagen Sie, was Luis und Sofia gefällt bzw. nicht gefällt. Beispiel:

A Sofia le gusta el verano, pero a Luis le gusta más el otoño.

Luis	Sofia
el otoño	el verano
la lluvia	el sol
el frío	ir a la playa
el bosque	la costa
las ciudades	los pueblos
el Norte	el Sur
el alemán	el italiano

7

Fragen Sie sich gegenseitig und antworten Sie nach folgendem Muster:

– ¿Haces la reunión (hoy)?
– Sí, la hago.

– ¿Haces el café?
– Sí, lo hago.

1. tomar el autobús
2. vender la casa
3. tomar mucho el sol
4. pasar el verano en España
5. hacer la foto
6. tener la película de Buñuel en vídeo
7. mirar la televisión
8. tener la máquina de escribir
9. necesitar el bolígrafo
10. oír la música
11. leer el libro de Delibes
12. tener la ropa
13. empezar el trabajo
14. empezar el curso de español
15. oír el ruido

8

Fragen Sie nach folgendem Muster:

– ¿Haces el café? ¿Quieres hacerlo?

1. hacer el café
2. tomar el café
3. visitar el museo

4. tomar mucho el sol
5. pasar el verano en España
6. leer el libro
7. empezar el trabajo
8. empezar el curso de alemán
9. hacer la foto
10. visitar la ciudad
11. mirar la televisión
12. oír la música
13. mirar la foto
14. mirar la película de Buñuel en vídeo
15. vender el vídeo

9 Fragen Sie erstaunt oder ironisch – und deshalb betont – zurück:

– Me gusta la lluvia.
– *¿Cómo? ¿A ti te gusta la lluvia?*

1. Me gusta estudiar.
2. Me ayudan los amigos.
3. Me escriben mucho.
4. Me visitan mucho.
5. Me gusta trabajar.
6. No me gusta descansar.
7. No me gusta no hacer nada.
8. Me interesa la política.
9. Me encanta dar paseos con lluvia.
10. Me horrorizan los disfraces.
11. No me gusta depender de nadie.
12. Me gusta la puntualidad.
13. Me gusta llegar pronto a los sitios.
14. Me gusta hablar poco.

10 Sagen Sie, was den einzelnen Personen gefällt, sie interessiert usw.:

(no) gustar, (no) interesar, horrorizar, encantar

A mí ______.
A ti ______, ¿no?
A él ______.
A ella ______.
¿A usted ______, ¿no?
A Pilar ______.
A Luis ______.

11 Ergänzen Sie mit den passenden Formen der Verben *dar – ir – ser.*

Yo ______ estudiante de español y ______ a clase por la tarde. ______ muy tranquilo y ______ temprano a clase, me gusta ______ puntual. ______ a un pueblo cerca de aquí. ______ con un amigo. El también ______ a clase conmigo. Los dos ______ en autobús. En el pueblo, después de la clase, tomamos algo. Después, yo ______ siempre un paseo, pero él no, porque a él no le gusta ______ paseos.

12 Fragen Sie sich gegenseitig und antworten Sie mit *nunca* oder mit *nada.*

1. ¿Tú vas siempre al Norte de España en vacaciones?
2. ¿Entiende Vd. algo?
3. ¿Leéis mucho en verano?
4. ¿Se levantan Vds. temprano?
5. ¿Tú oyes música cuando estudias?
6. ¿Toma Vd. algo más?
7. ¿Queréis comer algo?
8. ¿Vas mucho a los museos?
9. ¿Coméis temprano?
10. ¿Lee Vd. libros en inglés?
11. ¿Trabajas mucho por la tarde?
12. ¿Dais también paseos por el bosque?
13. ¿Tú tomas apuntes siempre?
14. ¿Estudiáis mucho?

Sprechen Sie von den gleichen Dingen wie der Text und sagen Sie, was Sie *nie* tun oder was Ihnen *gar nicht* gefällt.

13 Fragen Sie, ob die anderen dasselbe machen:

– Vamos al cine. *¿Vosotros vais también al cine?*

1. Ahora vamos al bosque.
2. Hoy vamos al museo.
3. Somos de Galicia.
4. Damos un paseo.
5. Nosotros somos muy tranquilos.
6. Vamos a una discoteca.
7. Hoy vamos al teatro.
8. Hoy damos una fiesta.
9. Somos estudiantes.
10. Vamos a la playa.
11. Somos de un pueblo de cerca de aquí.

14 Stellen Sie die richtige Reihenfolge dieser Aussagen her:

1. Después me gusta ver una película en la televisión o leer un poco.
2. Después voy a trabajar.
3. Me acuesto siempre muy temprano.
4. Me levanto temprano y hago jogging.
5. No llego nunca tarde porque me gusta la puntualidad.
6. Después como temprano y descanso un rato después de comer.
7. Después de comer voy otra vez a trabajar.
8. Después tomo café y leo algo.

15 Schreiben Sie den Lektionstext neu und nehmen Sie die gegenteilige Position ein:

A mí no me gusta/me horroriza el Norte, el frío y la lluvia ...

16 Ergänzen Sie die fehlenden Wörter. (Vereinzelt geben wir die Anfangsbuchstaben an). Spielen Sie dann gemeinsam das Gespräch und verändern Sie es nach Wunsch.

● ¿Y a ti ______ gusta vivir aquí, en ______ Norte?
▲ Bueno, soy de aquí, y ______ gusta esto. Me encanta, ______ ejemplo, dar por las mañanas un paseo por el bosque, con lluvia o con niebla. Me gusta mucho ______ bosque. Pero cuando ll ______ el verano, me gusta ir al Sur. Voy siempre al Sur de España, o a Portugal o a Marruecos ... Siempre. ______ ya una manía. Y me quedo allí h ______ septiembre. Trabajo en r______s, en tiendas... H ______ varios idiomas, y claro, eso me ayuda.
● ¿Qué país te gusta más?
▲ A mí me gusta sobre todo Marruecos. Es un sitio que ______ encanta. Es ______ vida muy d ______ . Y es una cultura que admiro mucho. Es apasionante. Y vivir allí (dort) es para ______ siempre una experiencia muy interesante.

17 Versuchen Sie das Folgende auf Spanisch zu schreiben.

Ich mache gern immer dieselben Sachen. Es ist eine Macke, die ich habe: Ich stehe früh auf, ich mache am Morgen einen Spaziergang, ich komme nie (zu) spät, ich gehe nie zu einem Fest, ich rede nie über Politik mit den Leuten, ich esse immer im gleichen Restaurant, ich schaue Filme im Fernsehen an, ich höre Musik ...

5 El disco del consumo

¿No os gusta comprar como a mí?...

... soy una fanática de los aparatos eléctrodomésticos. Los compro todos. Los tengo todos. En casa tenemos lavadora, lavaplatos, cocina eléctrica, micro-ondas, neveras, congeladores y, desde luego, televisores y vídeos y radios... Todos ellos están ahí, los miramos y ellos nos miran, ¡qué felicidad! Lo malo es que ya los tengo todos...

Gracias a Dios, a los aparatos a veces les pasa algo. Yo estoy preparada para casos así, claro. Tengo las direcciones de varios técnicos y electricistas. Los llamo por teléfono (ya están hartos de mí), vienen, nos preguntan qué tal estamos (ya nos conocen) y dónde está el aparato en cuestión y (si tengo suerte) diagnostican: «El aparato está fatal, ¿eh?, tiene canas...» o «la verdad, no tengo piezas de recambio así, pero en Bilbao, que es donde está la fábrica, a lo mejor las tienen...» No, no, muy amable (¡qué tontería gastar dinero en arreglar un aparato viejo!). Les doy las gracias y...

... media hora después estoy (otra vez) en «Electrodomésticos Viuda de López y López». (Ya nos conocen). Compro otro nuevo. (Ya nos hacen rebaja). ¡Por fin!

Y es que, en el fondo, yo ...

1. Unregelmäßige Verben: estar

estar sein, sich befinden	**estoy** **estás** **está**	estamos estáis **están**

2. Die Verwendung von ser und estar

estar	
La fábrica **está** en Bilbao.	Ortsangabe, „sich befinden".
El técnico no **está**.	Anwesenheit, „da sein".
¿Qué tal **está** Vd.?	Zustand, Befinden.
Estoy preparada.	Ergebnis einer Handlung.
ser	
Saura **es** director de cine.	Definition, Identifizierung: *ser + Substantiv.* (Nie *estar + Substantiv.)*
Es de Aragón. / **Son** 3 millones.	Wesentliche Angaben wie Daten, Zahlen.
La señora **es** un poco fanática.	Eigenschaften.

3. Personalpronomen beim Verb (wem?, wen?, was?)

wem?		wen/was?		reflexiv		
nos	uns	nos	uns	nos		Zur Verwendung: L 4
os	euch	os	euch	os		
	ihnen	los*	sie			*In Spanien für männl. Personen auch *les: los/les admiro.*
les	ihnen	las	sie	se	sich	
	Ihnen	los*/las	Sie			

4. Zur Verwendung des Personalpronomens

A los aparatos **les** pasa algo.	Den Apparaten, denen fehlt etwas.	Das Pronomen beim Verb nimmt ein vorausgehendes Objekt (wem?, was?) wieder auf. *(A Buñuel le gusta...)*
La dirección **la** tengo.	Die Adresse, die habe ich.	

5. Zur Verwendung der Artikel

otro aparato	ein anderer; noch einer	*otro* und *medio* stehen ohne unbestimmten Artikel.
media hora	eine halbe Stunde	
lo bueno	das Gute	Mit *lo* wird das Adjektiv zum Substantiv.

Erklärung der Grammatikausdrücke Seite 275

Ejercicios

1 Lesen Sie die Sätze zur Gewöhnung an die Formen von *estar.*

Ortsangaben, Anwesenheit:
Bilbao **está** en el Norte de España.
Cádiz **está** en el Sur de España.
La fábrica **está** en Bilbao.
La señora no **está**.
La radio pequeña **está** en la cocina, ¿no?
¿**Está** Pepe, por favor?
No, no **está** en casa. **Está** en la playa.

Zustände (meist nach einer Änderung):
De momento **estoy** fatal.
Pepe ya **está** bien de salud.
Hoy **estoy** muy contento.
El vino **está** demasiado frío.
Ahora **estás** mucho más tranquilo, ¿verdad?
¿**Está** ya seca la ropa?

● ¿Qué tal? ¿Cómo estás?
▲ Pues bien, estoy bien.

● ¿Qué tal está usted, señora?
▲ Muy bien, gracias, ¿y Vds.? ¿Están todos bien en casa?

2 Setzen Sie die passende Form von *estar* ein:

Sie sprechen von verschiedenen Zuständen:

1. ¿Qué tal ______ usted?
2. Yo ______ bien, muchas gracias.
3. ¿Tú ______ contento aquí?
4. Vosotros, ¿ ______ preparados ya?
5. ¡Qué suerte! Ya ______ preparado todo.
6. Usted ______ ya mejor, ¡qué suerte tiene!
7. La gente del pueblo ______ muy contenta así.
8. Mónica ______ fatal, tiene muchos problemas.
9. El café ______ ya frío.
10. La playa ______ mejor en otoño, sin gente.
11. Tú ______ harto de vivir así, ¿verdad?

Sie machen Ortsangaben:

12. ¿Dónde ______ la lavadora?
13. Nosotros ______ en una pensión cerca de la carretera, ¡con un ruido...!
14. La nevera y el congelador ______ en la cocina.
15. Las cerillas ______ en la cocina también.
16. La ropa ______ en la lavadora.
17. El vídeo y la televisión ______ en el cuarto de estar (Wohnzimmer).
18. El camping ______ demasiado cerca de la carretera, ¿no crees?
19. Los apartamentos ______ muy cerca de la playa.
20. Los obreros no ______ ahora aquí. Trabajan en otro sitio.
21. El señor Guerra no ______ en casa de momento.
22. La señora ______, ¿quiere hablar con ella?
23. La señorita no ______ de momento.

3 Setzen Sie die passende Form von *ser* ein:

Sie sagen, wer oder was jemand ist.

1. ¿Tú ______ estudiante?
2. Tú ______ José, ¿no?
3. ¿ ______ vosotros alemanes?
4. Miguel Delibes ______ un escritor famoso.
5. Pedro Almodóvar ______ un director de cine español.

Ejercicios

Sie fragen nach wichtigen Merkmalen:

6. Dolores y María _______ , en el fondo, muy diferentes.
7. ¿De dónde _______ tú? ¿ _______ de Bilbao?
8. ¿Cómo _______ el pueblo? ¿ _______ pequeño? ¿ _______ tranquilo? ¿ _______ antiguo? ¿ _______ famoso?
9. ¿Cómo _______ el profesor? ¿ _______ puntual?
10. ¿Cómo _______ el español? ¿ _______ difícil?

4

Lesen Sie und achten Sie auf die Personalpronomen *(nos/nosotros)*.

Nosotros queremos compรar**nos** otra radio.
Siempre **nos** llaman temprano por teléfono.
En la tienda **nos** hacen rebaja.
¿**Nos** ayudas un poco?
A nosotros nos horroriza levantar**nos** temprano.
¿Quiere llamar**nos** por teléfono más tarde?
¿Quiere dar**nos** la dirección de la fábrica?
A nosotros no **nos** gusta tener televisión en casa.
A nosotros nos encanta comprar cosas para la casa.
Nosotros estamos hartos de hacer siempre lo mismo.

Füllen Sie jetzt die Lücken: *nos – nosotros/-as*

1. ¿Queréis comer con _______ ?
2. Ellos _______ necesitan mucho.
3. A _______ nos gusta mucho la costa.
4. ¿Queréis salir con _______ después?
5. _______ encanta la cocina nueva.
6. Juan _______ escribe siempre desde Madrid.
7. A _______ el vídeo no _______ interesa.
8. A _______ nos gusta acostarnos tarde en verano.
9. _______ estamos hartos de la pensión. ¡Qué ruido!
10. Por la tarde os necesitamos, ¿ _______ ayudáis un poco?

5

Lesen Sie und achten Sie auf die Personalpronomen *(os/vosotros)*.

Vosotros estáis hartos de venir aquí, ¿no?
Alfonso quiere ir sin **vosotros**.
Quiero hablar con **vosotros**.
¿**Os** pongo la radio?
Quiero poner**os** un disco nuevo.
Pienso mucho en **vosotros.**
Quiero preguntar**os** una cosa.
¿**Os** levantáis ya?
¿**Os** quedáis mucho tiempo aquí?
A vosotros os doy después la dirección de Juan.
¿**A vosotros os** gusta el aparato nuevo?

Füllen Sie jetzt die Lücken: *os – vosotros/-as.*

1. _______ compro el disco después.
2. Quiero hablar con _______ de otra cuestión.
3. Después _______ quiero preguntar una cosa.
4. _______ llamo por teléfono desde casa.
5. ¿A _______ no _______ gusta la cocina que tengo?
6. Quiero comprar ropa de verano con _______ .
7. No creo eso de _______ .
8. ¿Qué _______ pasa? ¿No estáis bien?

9. Sin _______ no quiero ir.
10. ¿Queréis quedar_______ fuera?
11. ¿Queréis levantar_______ pronto?
12. ¿No queréis preparar_______ ya?

6

Lesen Sie zur Gewöhnung an die Personalpronomen *(ellos/los, etc.).*

¿Qué **les** pasa? ¿No están bien?
¿No **les** gusta el vino? ¿**Les** traigo otro?
Ustedes **se** compran siempre tantas cosas...
¿Los libros? **Los** tengo aquí.
Las fotos, ¿**las** tienes tú?
A los aparatos que tengo siempre **les** pasa algo.
A ellos les dan ya las vacaciones, ¡qué suerte!
A ellos no **les** hacen rebaja, pero **a ellas** sí, porque **las** conocen ya.
Sin **ellos** estoy más tranquila.
El libro creo que es de **ustedes**, ¿verdad?
Es mejor no llamar**los** tan temprano.
A ellos, es mejor no hablar**les** de la fiesta. ¡Están hartos!
A ellas, quiero conocer**las** por fin.

Füllen Sie jetzt die Lücken: *ellos – ellas – ustedes – les – los – las – se*

1. A _______ , a las chicas, _______ quiero comprar algo.
2. De _______ no necesito nada de momento.
3. Ellos preguntan si _______ hacen rebaja también.
4. ¿Dónde están los libros? _______ necesito. No _______ quiero perder.
5. Señoras, ¿me dan _______ la nueva dirección que tienen? Quiero escribir_______ otra vez.

7

Lesen Sie und achten Sie auf *otro* und *medio.*

Quiero **medio kilo** de tomates.
La llamo en **media hora.**
¿Se compra usted **otra lavadora**?
¿Quiere usted **otro jugo** de naranja o no quiere nada más?
¿Toma usted **otro café**?
Medio litro de vino de la casa, por favor.

Machen Sie weiter: *otro – medio.*

1. Por favor, ¿quiere darme _______ kilo de café?
2. ¿Tienen ustedes _______ vídeo más barato?
3. ¿Tiene usted _______ foto de la playa?
4. ¿Me llamas en _______ hora?
5. ¿Tienes _______ libro de Picasso?
6. Me gusta hablar también con _______ gente.
7. Existe _______ carretera que va a la costa.
8. Le compramos _______ cosa más barata, ¿no?
9. ¿Preguntamos _______ vez si están ya en el hotel?
10. Ahora tienen _______ televisión nueva.
11. ¡Por fin estáis _______ vez aquí!

Ejercicios

8 Finden Sie sinnvolle Verbindungen.

La tienda	está en las piezas de recambio.
Las cosas nuevas	está en otra ciudad.
La fábrica	está en la cocina.
El problema	hace muchas rebajas.
La radio	le gustan a la señora.
La lavadora	mira el aparato.
La nevera	es un modelo muy antiguo ya.
El televisor	lava la ropa.
La señora	está en la cocina.
El técnico	compra siempre en la misma tienda.

9 Einige Fragen zum Text

¿Qué le gusta hacer a la señora del texto?
¿Qué tiene ya en casa, en la cocina?
¿Qué otros aparatos tiene?
¿Está contenta con tantos aparatos?
¿Qué hace la señora cuando los aparatos no funcionan?
¿Qué pregunta el técnico cuando llega?
¿Qué piensa el técnico del aparato?
¿Tiene piezas de recambio?
¿Está la fábrica en la misma ciudad?
¿Qué le dice la señora al técnico?
¿Qué hace más tarde la señora?
¿Compra barato todo en la tienda?

10 Einige Fragen an Sie

¿A usted le gusta comprar discos?
¿Qué tipo de discos compra?
La señora habla de varios aparatos. ¿Tiene usted los mismos?
¿Le gusta comprar?
¿Qué hace usted con una lavadora?
¿Qué hace usted con un lavaplatos?
¿Qué hace usted con un tocadiscos?
¿Y con una radio?
¿Y con un televisor?
¿Y con un bolígrafo o una máquina de escribir?
¿Le gustan los programas que da la televisión?
¿Le gusta dar a la gente la dirección y el teléfono que tiene?
¿Vive usted en una ciudad con muchas fábricas?
¿Le hacen rebaja en muchos sitios?
¿Tiene usted suerte?

11 Ergänzen Sie die fehlenden Wörter. Spielen Sie dann das Telefongespräch, bis Sie es mehr oder weniger natürlich sprechen können.

(María José llama por teléfono.)

● ¿Está Anita, _______ favor?
▲ No, ahora _______ está. Está en casa de Teresa. Eres María José, ¿verdad?
● Sí, soy _______ , María José.
▲ ¿Quieres llamarla a casa _______ Tere? Si quieres, te doy _______ teléfono.
● No, yo también _______ tengo. Después la llamo otra vez. Gracias...
▲ De nada (bitte).

Ejercicios

12 Versuchen Sie das Folgende auf Spanisch zu schreiben.

Wir haben zu Hause verschiedene Haushaltsgeräte. In der Küche haben wir einen elektrischen Herd und einen Kühlschrank. Im Wohnzimmer (cuarto de estar) haben wir einen Fernseher und ein Radio. Ich glaube, mit dem Fernseher ist etwas nicht in Ordnung, aber im Moment wollen wir keinen anderen kaufen. Bei uns zu Hause sehen wir nicht viel fern, aber wir hören gern Musik im Radio.

Test 1

1 Setzen Sie, soweit erforderlich, den Artikel bzw. *del* und *al* ein.

1. ______ bar y ______ restaurante están muy cerca ______ museo.
2. Llego por ______ mañana y paso ______ día en ______ pueblo.
3. Por ______ tarde salgo de la ciudad y voy ______ bosque a dar ______ paseo.
4. A ______ turistas y a ______ gente que viene ______ pueblo les gusta comer en ______ bar.
5. Por favor, queremos ______ medio litro de vino más.
6. ¿Me da Vd. ______ otro paquete de tabaco?

2 Ergänzen Sie, soweit erforderlich, die Endungen der Adjektive.

1. Es un libro apasionant___ , me gusta mucho.
2. Es un clima fatal___ , ¡qué frío!
3. A veces, las películas de Buñuel son difícil___ de entender.
4. ¡Much___ felicidad y much___ suerte!
5. La cocina vasc___ me gusta mucho.
6. A San Sebastián vienen much___ frances___ en verano.

3 Kreuzen Sie an, an welche Stelle das Adjektiv gehört.

demasiada
___ gente ___

gallego
un ___ escritor___

interesante
un ___ libro ___

pocos
___ libros __

último
el ___ autobús ___

baratas
unas ___ cerillas ___

húmedo
un ___ bosque ___

apasionante
una ___ película ___

enorme
un ___ frío ___

muy bella
una ___ cosa ___

catalana
una ___ chica ___

barato
un ___ cine ___

otros
los ___ libros ___

mucho
___ dinero ___

vieja
la ___ nevera ___

frío
el ___ vino ___

4 Setzen Sie die entsprechende Form von *ser* oder *estar* ein.

1. Buero Vallejo ______ un escritor famoso.
2. Belo Claudia ______ un pueblo cerca de Cádiz.
3. Bayona ______ en Galicia.
4. Miguel no ______ de momento, viene más tarde.
5. San Sebastián ______ en el Norte.
6. Luis ______ un chico un poco fanático.
7. Pedro también ______ un fanático.
8. De momento, (yo) no ______ bien de salud, ______ fatal.
9. ¿Qué tal ______ usted, señora?
10. El vino ______ muy frío, demasiado frío.

5 Setzen Sie die Ich-Form ein.

1. (ser) No ______ español.
2. (dar) Te ______ cerillas después.
3. (ir) Mañana ______ al teatro.
4. (tener) De momento ______ mucho que hacer.
5. (venir) No ______ de casa, ______ de la tienda.
6. (hacer) No ______ nada.
7. (poner) ______ la radio, ¿no quieres escuchar música?
8. (salir) ______ con vosotros, si queréis.
9. (oír) Por la tarde ______ música.
10. (pensar) Todavía no ______ en las vacaciones, es pronto.
11. (entender) No te ______ .
12. (empezar) ______ a trabajar mañana.
13. (querer) ______ dar un paseo, ¿vienes conmigo?
14. (vender) ______ máquinas de escribir.
15. (depender) Ahora no ______ de nadie.
16. (quedar) Me ______ todavía fuera.

6 Antworten Sie und setzen Sie für die *kursiv* gesetzten Substantive Pronomen.

1. ¿Vendes la *máquina de escribir* vieja? – Sí, ______ vendo.
2. ¿Tomas luego el *autobús?* – No, ______ tomo más tarde.
3. ¿Tienes las *fotos* ya? – Sí, ______ tengo.
4. ¿Tienes los *apuntes* de clase? – Sí, ______ tengo.
5. ¿Quieres mirar la *película?* – Sí, quiero mirar______ ahora.
6. ¿Empiezas el *curso* mañana? – Sí, ______ empiezo mañana.
7. ¿Quieres comprar los *discos?* – Sí, quiero comprar______ aquí.
8. ¿Necesitas el *papel?* – Sí, ______ necesito.
9. ¿Tienes las *piezas de recambio?* – Sí, ______ tengo.
10. ¿Quieres comprar el *libro* ahora? – Sí, quiero comprar______.

7 Ergänzen Sie das fehlende Wort.

1. Miro la lluvia. ______ gusta.
2. El trabajo que hacemos no ______ gusta.
3. Ellas no toman nunca café, no ______ gusta.
4. Pedro quiere comprar unos libros que ______ gustan.
5. Yo creo que a vosotros ______ gusta mucho gastar dinero.
6. El libro que lees, ¿ ______ gusta?
7. Julio no ______ levanta casi nunca temprano.
8. No ______ quedo aquí, no ______ gusta el sitio.
9. Nosotros siempre ______ acostamos tarde.
10. ¿ Vosotros ______ quedáis todavía?

8 Ergänzen Sie die fehlenden Wörter.

1. Yo te quiero ______ las gracias también.
2. ¿ ______ un paseo por el bosque tú y yo?
3. Ellos ______ parte también de la familia.
4. Pedro me ayuda ______ estudiar español.
5. No ______ difícil pronunciar la palabra.
6. Llego ______ Barcelona por la tarde.
7. Entramos ______ el museo después, ¿no?
8. Ellos hablan ______ cosas personales.
9. La cosa no depende ______ mí, depende ______ ellos.
10. No tengo ganas ______ hacer nada.
11. Quiero ______ el sol en el balcón.
12. Después de la clase, pongo en ______ los apuntes.
13. Voy a Andalucía el año que ______ .
14. Pienso ______ ti a veces.
15. Ya no creo demasiado ______ la política.
16. ¿Qué le ______ a la nevera? Hace un ruido...
17. Después te llamo ______ teléfono, ¿quieres?
18. ______ el fondo, es una persona muy amable.
19. No quiero acostarme, ______ es muy pronto.
20. Por fin llegamos, ¡gracias ______ Dios!

9 Ergänzen Sie die fehlenden Wörter.

Yo (1) ______ electricista y trabajo para la (2) ______ Electrodomésticos López y López. Muchas (3) ______ me llama por (4) ______ una señora que (5) ______ horroriza, no sólo a mí, la verdad, nos horroriza (6) ______ todos.

«Por favor, ¿quieren venir a (7) ______ el lavaplatos?»
Otro día: «Ay, el televisor hace (8) ______ ruido que (9) ______ me gusta nada. ¿(10) ______ pasar a arreglarlo?»

Y así siempre. ¡Estamos (11) ______ de ella! Así que, (12) ______ veces, voy. Ya es un ritual. Le explico (13) ______ el aparato es muy (14) ______ o que no tengo (15) ______ de recambio. Ella (16) ______ mira muy contenta y me (17) ______ las gracias... Y por la tarde nos compra (18) ______ aparato nuevo. Así, ella es feliz, y nosotros (19) ______ tranquilos unos días...

6 Actitud ante las fiestas navideñas

Los Reyes Magos

ACTITUD ANTE LAS FIESTAS NAVIDEÑAS

¿Qué cosas le hace sentir la Navidad?*

	Porcentajes	
	1988	1989
Acercamiento a la familia	87	86
Buenos sentimientos, generosidad	81	78
Alegría	78	77
Ganas de comprar cosas	63	59
Tristeza, melancolía	38	37
Agobio	19	18
Nada en especial	8	12

* Posible respuesta múltiple

¿Acostumbra hacer alguna de las cosas siguientes?

(% que responde afirmativamente)	1986	1988	1989
Dar regalos a los niños en Reyes	80	77	76
Poner árbol de Navidad	62	67	67
Darse regalos entre mayores en Reyes	58	60	61
Poner un belén o nacimiento	62	56	60
Ir a la cabalgata de Reyes	53	48	51
Hacer donativos o regalos a personas necesitadas	54	44	42
Ir a una fiesta de fin de año	42	43	39
Cantar villancicos	47	42	43
Oír discos de música navideña	41	41	37
Visitar a parientes o amigos que viven fuera	39	39	38
Regalos entre mayores en Nochebuena o Navidad	36	37	35
Ir a la misa del Gallo	37	36	37
Dar regalos a los niños en Nochebuena o Navidad	34	35	37

Encuestas...

La encuesta de EL PAIS nos da ocasión de conocer algunas costumbres de los españoles en la época de Navidad: lo que hacen, lo que sienten, lo que esperan ... También podemos observar en ella algunas cosas: la generosidad, el ofrecer regalos o dinero a personas necesitadas, y las ganas de comprar, son cosas que les parecen cada vez menos importantes, quizás porque de año en año todo cuesta más y más ... Otro pequeño detalle: el número creciente de personas que, como en otros países de Europa, ofrecen a los niños regalos ya el 24 ó 25 de diciembre, en Nochebuena o Navidad, en vez del día de Reyes – el 6 de enero – como es tradicional en España.

Pero, ¿se puede creer en las encuestas? ...

1. Verbengruppe mit der Veränderung -cer → -zco

conocer -zc- kennen		Wichtige Verben der Gruppe -**zc**-:	
cono-zc-o	conocemos	*conocer*	kennen; kennen lernen
conoces	conocéis	*parecer*	scheinen
conoce	conocen	*ofrecer*	(an)bieten; geben
		nacer	geboren werden; entstehen

2. Verbengruppe mit der Veränderung o → -ue-

poder -ue- können		Wichtige Verben der Gruppe -**ue**-:	
puedo	podemos	*poder*	können
puedes	podéis	*costar*	kosten
puede	**pueden**	*contar*	zählen; erzählen
		acostarse	ins Bett gehen

3. Das bezügliche Fürwort

el señor / la época / los niños / las cosas **que**	der Herr, der/den / die Zeit, die / die Kinder, die / die Dinge, die …	*que* – der, die, das, den – bezieht sich auf Substantive in der Einzahl und Mehrzahl.
lo que sienten	was sie empfinden	*lo que* – das, was – bezieht sich auf Sachverhalte, Inhalte usw.
No entiendo **lo que** quiere. No entiendo **qué** quiere.	was er will	*lo que* kann im Nebensatz das Fragepronomen *qué* ersetzen.

4. Vergleich und Steigerung

mucho	/ poco	dinero	Estudio	mucho	/ poco.	
tanto	/ tan poco			tanto	/ tan poco	(como tú).
más	/ menos			más	/ menos	(que tú).

tan	importante	**como**	el otro	so wichtig wie
más	importante	**que**	el otro	wichtiger als
menos	importante	**que**	el otro	weniger wichtig als
el más	importante			der Wichtigste

bueno – mejor – el mejor	gut – besser – der Beste
malo – peor – el peor	schlecht – schlechter – der Schlechteste

5. Die Grundzahlen

Lernen Sie die Grundzahlen von 0 bis 20, Seite 278.

Erklärung der Grammatikausdrücke Seite 275

Ejercicios

1 Lesen Sie die Umfrage noch einmal und vergleichen Sie. Was machen bei uns viele Leute, was machen sie nicht?

Nosotros también ...
Aquí también mucha gente ...
Nosotros tenemos la costumbre de ...
Aquí, la gente no ...

2 Stellen Sie sich gegenseitig diese Fragen und beantworten Sie sie.

¿Haces algo especial en los días de Navidad?
¿Tienes vacaciones en Navidad?
¿Cuántos (wie viele) días?
¿Te gustan más las vacaciones de Navidad o las de verano? ¿Por qué?
La Nochebuena, ¿la pasas con tu familia o con amigos?
Las fiestas de Navidad, ¿son para ti unas fiestas tristes?
Mucha gente prepara para el día de Nochebuena muchas cosas, regalos, hace muchas cosas para comer, etc. Por eso sienten agobio. ¿Qué te parece a ti?
¿Qué te gusta más o qué te parece mejor para los niños: la costumbre de dar los regalos en Nochebuena o la costumbre de darlos la noche del 5 al 6 de enero?

3 Setzen Sie an passender Stelle ein:
conozco – ofrezco – parezco

1. Yo no ______ las costumbres del Norte de Europa.
2. A doña Antonia, yo le ______ siempre un regalo en Navidad.
3. Yo ______ una persona tranquila, pero no lo soy.
4. Es un pueblo que ______ bastante bien.
5. Yo no ______ una playa con menos turistas que Belo Claudia.
6. Yo ______ ya algunos países de Europa, pero no ______ todavía Inglaterra.
7. No ______ el proyecto de que hablas.
8. Es una palabra que yo no ______ .
9. Yo ______ italiano, pero no lo soy, soy austríaco.
10. No ______ el villancico que cantan.
11. Hoy no tengo mucho en casa, pero te ______ lo que tengo.

4 Fragen Sie sich gegenseitig und antworten Sie mit Ja oder Nein.

1. **¿Puedes** venir a comer el día de Navidad?
2. **¿Podemos** poner un poco de música?
3. ¿Por favor, **puede** usted abrir las botellas?
4. ¿Podéis pasar el día con nosotros mañana?
5. ¿Podéis ir a la playa con los chicos?
6. ¿Puedo decir ahora una cosa?
7. ¿Puedo llamar por teléfono?
8. ¿Puedo comer hoy aquí?
9. ¿Puedo ir a la fiesta con vosotras?
10. ¿Podéis hacer tantas cosas al mismo tiempo?

11. **¿Te acuestas** pronto hoy?
12. **¿Os acostáis** siempre tarde?
13. ¿Se quieren ustedes acostar ya?
14. ¿Te acuestas tarde los días de Navidad?
15. Yo no me quiero acostar todavía, ¿tú te acuestas ya, verdad?

Ejercicios

5 Ergänzen Sie:

cuento – cuentas – cuenta – contamos – contáis – cuentan

1. ¿Me ______ (tú) lo que pasa aquí de momento?
2. ¿Me ______ (vosotras) algo de lo que hacéis?
3. ¿Me ______ (vosotros) lo que queréis hacer en fin de año?
4. ¿Te ______ (yo) qué regalos quiero comprar para los niños?
5. ¿No me ______ (tú) nada de las vacaciones?
6. ¿Os ______ (nosotros) lo que acostumbramos hacer el día de Nochebuena?
7. ¿Qué ______ (tú)? (Yo) ______ el dinero que tengo todavía.

6 Setzen Sie *que* oder *lo que* ein.

1. El libro ______ leo ahora me gusta mucho.
2. ______ leo ahora me gusta mucho.
3. El trabajo ______ hago es interesante.
4. ______ hago ahora es interesante.
5. La encuesta ______ hacemos es para EL PAIS.
6. ______ hacemos es para EL PAIS.
7. Las cosas ______ compro son para Navidad.
8. ______ compro ahora es ya para Navidad.
9. El disco ______ oigo es de villancicos.
10. ______ oigo son villancicos.
11. La música ______ oigo es argentina.
12. ______ oigo es música cubana.
13. ______ me regalas tú siempre me gusta mucho.

7 Formulieren Sie verschiedene Vergleiche:

Roma/Berlín (ser una ciudad antigua, grande, interesante)

Juan/Pedro (tener muchos libros, mucho tiempo, poco dinero)

el museo del Prado/el museo del Louvre (ser grande, famoso)

Belén/Gloria (ser tranquila, nerviosa)

aprender el inglés/aprender el español (ser difícil)

Juan/Carlos (hacer muchos regalos a los niños)

yo/tú (necesitar mucho dinero para vivir)

en Madrid/Toledo (vivir mucha gente)

8 Antworten Sie mit Vergleichen, z.B.:

– Yo trabajo mucho.
– *Pues yo trabajo ... (tanto como tú / más que tú / menos que tú / no ... tanto como tú).*

De momento salgo muy poco.
Yo no bebo mucho.
Creo que como demasiado, ¿no te parece?
Leo mucho.
De momento trabajo poco.
A mí me interesan también las costumbres de otros países.
De momento voy mucho al cine.
A mí me gusta la música pop.
Yo no entiendo mucho de política.
Yo necesito estudiar mucho todavía.

Ejercicios

9 Lesen Sie diese Telefonnummern Ziffer für Ziffer.

120349	540654	867056	432056
102938	475686	908742	192837

Jeder gibt seine eigene Telefonnummer an (Tengo el...), die anderen notieren. Vergleichen Sie miteinander.

Lesen Sie die folgenden Telefonnummern jetzt so: 11 – 03 – 19 usw.

12 01 17	19 03 15	20 07 18	11 00 13
14 05 16	13 07 19	17 09 20	14 06 15

10 Welche Monate oder Jahreszeiten verbinden Sie besonders mit welchen Dingen, die Sie tun?

	En junio	voy de vacaciones.
En verano	En julio	salgo mucho por la noche.
	En agosto	voy de paseo al bosque.
	En septiembre	tomo el sol.
En otoño	En octubre	doy fiestas o voy a fiestas.
	En noviembre	estoy en la playa.
	En diciembre	me gusta hacer fotos.
En invierno	En enero	preparo las fiestas de Navidad.
	En febrero	salgo poco y estudio mucho.
	En marzo	voy mucho al cine o al teatro.
En primavera	En abril	voy al carnaval con disfraz.
	En mayo	compro regalos.

11 Ergänzen Sie zunächst die fehlenden Wörter. Spielen Sie dann das Gespräch, auch mit eigenen Varianten.

(Dos señoras hablan de las fiestas de Navidad)

● ¿Qué hacéis en Navidades?

▲ Nada especial. ______ quedamos aquí, en casa. Así que lo de siempre: los niños ponen el nacimiento, que ______ encanta, y la familia de Juan, ______ vive fuera, creo que viene a ______ el día de Navidad con nosotros. Y yo, ______ momento, estoy harta de preparar regalos ______ todos.

● Yo también...

▲ ______ horrible, ¿verdad? Además, con ______ frío y ______ lluvia, los niños casi ______ salen de casa y no van de paseo, y no pueden más...

● ¿Les dais los regalos en Reyes o en Navidad?

▲ No, no, eso de esperar hasta Reyes, no. Les damos ya ______ regalos en Navidad, no ______ Reyes. Así ______ mejor las vacaciones y ______ más tranquilos todos.

Ejercicios

12 Schreiben Sie in ein paar Sätzen, was Sie an Weihnachten, an Silvester oder in den Weihnachtsferien machen. Verwenden Sie vor allem die Ausdrücke aus dem Text.

13 Helfen Sie einem deutschen Kind in Spanien folgenden Brief zu schreiben:

Liebe heilige drei Könige,

ich bin ein deutsches Mädchen/Kind und verbringe Weihnachten in einer spanischen Familie. In Deutschland bekomme ich Geschenke am 24. Dezember, aber jetzt bin ich in Spanien, und die Kinder haben die Gewohnheit, Ihnen zu schreiben, und ich mache es wie sie, weil ich auch am 6. Januar ein Geschenk bekommen will. Eigentlich will ich ein neues Fahrrad (bicicleta). Aber da (como) es nicht möglich ist, weil ich dann nicht mit dem Fahrrad nach Deutschland fahren kann, müssen Sie mir kleine Sachen schenken. Zum Beispiel: können Sie mir Bücher für KInder schenken oder Musikkassetten (casete) oder Schokolade? Das sind Sachen, die ich auch sehr gern habe. Vielen Dank!

Wenn ich Glück habe, hoffe ich Sie zu sehen am 5. Januar abends.

Küsse (besos) von

Monika

7 Dos cartas

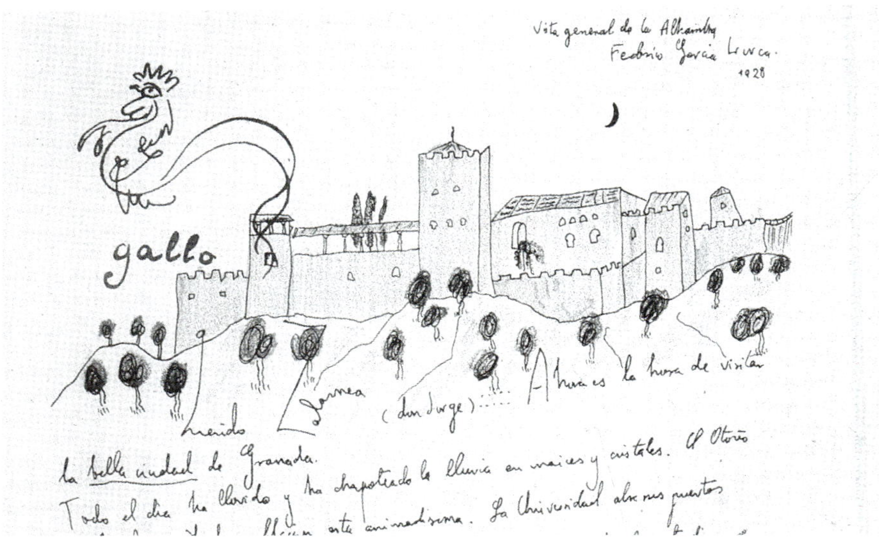

Federico García Lorca:
Vista general de la Alhambra.
(Dibujo en la carta).

Querido Zalamea (don Jorge):

Ahora es la hora de visitar la bella *ciudad* de Granada.

Todo el día ha llovido y ha chapoteado la lluvia en maíces y cristales. El otoño ha llegado. Ya la población está animadísima. La Universidad abre sus puertas ...

Granada, septiembre 1928

Querido Jorge:

Por fin he recibido la carta. Has pasado un mal verano. Yo también lo he pasado muy mal. Muy mal. Se necesita tener la cantidad de alegría que Dios me ha dado para soportar la cantidad de conflictos que he tenido últimamente.
He trabajado mucho. Todo el día tengo una actividad poética de fábrica. Y luego me lanzo a una bacanal de carne y de risa. Andalucía es increíble. Oriente sin veneno, Occidente sin acción. Todos los días me llevo sorpresas nuevas ...
A pesar de todo, yo no estoy bien ni soy feliz. Hoy hace un día gris en Granada. Desde la Huerta de San Vicente donde vivo, veo el panorama de sierras más bello de Europa.

Adiós, Jorge. Un abrazo cariñoso de
Federico

De dos cartas de Federico García Lorca (1898–1936) a un amigo ⓐ

1. Das Partizip

pas-ar	**ten-er**	**recib-ir**
pas-**ado** verbracht	ten-**ido** gehabt	recib-**ido** bekommen

2. Das zusammengesetzte Perfekt

he **has** tenido **ha**	ich habe gehabt	**hemos** **habéis** tenido **han**	wir haben gehabt

Das Perfekt wird mit *haber* gebildet: *He llegado.* Ich bin angekommen.
Es drückt eine vergangene Handlung aus, die eng mit der Gegenwart verbunden ist:
He recibido tu carta. = Tengo tu carta.
Das Partizip wird im Perfekt nicht verändert: *Las cartas, las he escrito ya.*
Stellung der Negation und des Pronomens: *No me ha gustado.*

3. hay que – man muss

se necesita tener	man muss … haben	Statt *se tiene que…*
hay que tener	man muss … haben	meist *hay que* – man muss.

4. bueno, malo, alguno, ninguno; grande

un **buen** vino	**algún** amigo	*bueno, malo, alguno* und *ninguno* werden
un **mal** verano	**ningún** libro	vor maskulinem Substantiv im Singular verkürzt.
un **gran** día	una **gran** alegría	*grande* wird vor Substantiv im Singular verkürzt: *gran.*

5. todo: alle, ganz, jeder

todo el día	den ganzen Tag	*todo,-a + Artikel + Substantiv:*
toda la tarde	den ganzen Abend	ganz
todos los días	alle Tage, jeden Tag	*todos,-as + Artikel + Substantiv:*
todas las tardes	jeden Abend	jeder, alle

6. Präposition + Infinitiv

para vivir	um zu leben	*para + Infinitiv:* um zu

7. Die Grundzahlen

Lernen Sie die Grundzahlen von 21 bis 100, Seite 278.

Erklärung der Grammatikausdrücke Seite 275

Ejercicios

1 Entsprechen die folgenden Sätze dem Inhalt des zweiten Briefes?

1. Federico no ha recibido todavía la carta.	sí	no
2. Los amigos han pasado juntos el verano.	sí	no
3. Jorge ha visitado a Federico en las vacaciones.	sí	no
4. Federico ha tenido problemas últimamente.	sí	no
5. Federico ha trabajado mucho en el verano.	sí	no
6. Federico no ha podido salir de noche.	sí	no
7. A Federico le encanta Andalucía.	sí	no
8. Federico ha sido muy feliz en los últimos meses.	sí	no
9. Federico vive en la costa.	sí	no

2 Lesen Sie zur Gewöhnung an die neuen Formen (Perfekt).

Hoy **he empezado** mal el día porque **me he levantado** demasiado tarde. Así que **he tomado** sólo un café y **he llegado** tarde a clase. Después **he dado** un paseo y **he estado** en una librería. También **he entrado** en una tienda de discos y **he mirado** qué nuevos discos hay de momento, y **he comprado** uno.

Después, en casa, **he descansado** un poco, y después **he salido** otra vez. **He ido** a varios sitios, y al final me **han cerrado** las tiendas y no **he podido** comprar nada para comer. Así que **he ido** a una pizzería para tomar algo; y más tarde, ya en casa, **he estudiado** un poco, **he oído** el disco que **he comprado** y me **he acostado** temprano.

Erzählen Sie diesen Tagesverlauf nun von einem Freund: Hoy **ha empezado** mal el día...

3 Fragen Sie sich gegenseitig und antworten Sie.

– *¿Has llegado a tiempo?*
– *Sí, he llegado a tiempo. / No, no he llegado a tiempo.*

1. ir al cine
2. subir hoy a la sierra
3. venir en autobús
4. salir de casa temprano
5. llegar tarde a clase
6. ser el último en llegar
7. ir al curso de francés
8. estar en Galicia
9. estar contento en el camping
10. estar con Jorge
11. estar en casa toda la mañana
12. estar todo el día aquí

4 Fragen Sie sich gegenseitig und antworten Sie.

– *¿Ha comprado el regalo?*
– *Sí, lo he comprado. / No, no lo he comprado.*

1. estudiar la lección
2. tomar el autobús
3. comer las naranjas
4. visitar el museo
5. mirar las fotos
6. leer la encuesta
7. oír el disco
8. entender la pregunta
9. pensar en la fiesta de mañana
10. preguntar la dirección
11. empezar la carta
12. contar lo que ha pasado
13. recibir el paquete

14. pasarlo bien en Navidad
15. visitar la nueva fábrica
16. recibir el regalo
17. preparar la sorpresa para los niños.
18. pasar un mal día

5 Sagen Sie Dinge, die Sie heute gemacht haben oder die Ihnen heute passiert sind. Verwenden Sie:

llegar a – dar – estar en – comprar – descansar – tomar – leer – pensar en – salir – ir a – tener – comer – beber – acostarse

Fragen Sie einen Freund, was er heute gemacht hat. Verwenden Sie:

estudiar – hablar – visitar – mirar – pensar en – tomar – leer – oír – recibir – estar en – pasar – trabajar – llevarse una sorpresa

6 Finden Sie verschiedene Kombinationen.

¿Tienes algún	chico, a pesar de todo.
¿Tienes un buen	restaurante cerca de aquí?
¿Conoces alguna	película, ¿no te parece?
¿No conoces ninguna	día, estoy fatal.
Es una buena	amigo en París?
¿Te quedas algún	ciudad de Andalucía?
¿Conoces algún	pensión barata?
Hoy he pasado un mal	libro sobre Granada?
Yo creo que es un buen	tiempo aquí.

7 Ergänzen Sie mit *todo el, toda la, todos los, todas las.*

1. Me quedo aquí _______ día.
2. ¿Recibes cartas _______ días?
3. He querido llamarte _______ tarde, pero no he podido.
4. _______ personas que han trabajado aquí han tenido conflictos con él.
5. A _______ amigos que tengo les interesa la política, como a mí.
6. ¿Conoces tú _______ Norte del país?
7. Quiero oír _______ discos nuevos que has comprado.
8. Me encanta estar en la sierra _______ Navidad.
9. ¿Has recibido _______ cartas?
10. Nosotros venimos aquí _______ veranos.
11. No me gusta hacer lo mismo _______ vida.
12. ¡Tú no has tenido _______ conflictos que he tenido yo!
13. No te puedo contar _______ sorpresas que me he llevado aquí.
14. Yo acostumbro dar un paseo por la noche _______ días.
15. Trabajo _______ día en la fábrica.
16. No a _______ españoles les gusta el calor (Wärme).
17. A _______ turistas del Norte les gusta venir aquí.
18. He estado _______ tiempo en la fábrica.

Ejercicios

8 Lorca spricht vom Wetter: *Hace un día gris.* Mehr vom Wetter:

Hace
- un día muy bueno.
- buen tiempo.
- sol.
- calor.
- frío.
- mal tiempo. Llueve.
- un tiempo fatal.
- un tiempo muy malo.
- 20 grados (bajo cero).

Sprechen Sie über das Wetter:

¿Qué tiempo hace hoy?
¿Aquí siempre hace un tiempo así?
¿Hace sol?
Qué buen día hace hoy, ¿verdad?
¿Qué tiempo hace aquí en verano?
¿Hace buen tiempo aquí en noviembre?
¿En qué meses hace calor aquí?
¿Y en qué meses hace mucho frío?
¿Le gusta la temperatura que hace?

9 Finden Sie verschiedene Kombinationen.

¿Para qué necesitas ahora dinero?
¿Para qué te acuestas tan temprano?
¿Para qué llamas un taxi?
¿Para qué estudias español?
¿Para qué estudias tanto?
¿Para qué vas a España?
¿Para qué has ido al pueblo?
¿Para qué has ido a casa de Inés? → Para contarle lo que me ha pasado.
¿Para qué escribes tantas cartas?
¿Para qué trabajas tanto?

Para no llevarme sorpresas en el examen.
Para poder hablar español.
Para entender el idioma.
Para recibir cartas yo también.
Para tener más dinero.
Para contarle lo que me ha pasado.
Para poder levantarme mañana.
Para comprar varias cosas.
Para comprar tabaco.
Para no llegar tarde al teatro.

10 Antworten Sie frei.

¿Para qué abres la botella ahora?
¿Para qué necesitas teléfono?
¿Para qué tienes una lavadora? (lavar)
¿Para qué vas a la tienda?
¿Para qué tienes una máquina de escribir?
¿Para qué necesitas papel y bolígrafo?

¿Para qué compras un libro sobre Andalucía?
¿Para qué vienen los turistas aquí?
¿Para qué necesitas todo el dinero?
¿Para qué pasas el verano en España?
¿Para qué aprendes idiomas?

Ejercicios

11 Kombinieren Sie:

Me fascina ...
Me gusta ... / me gustan
Me interesa ...
Me encanta ...
Me «da vida»...
No me gusta ...
Me horroriza ...
Me parece increíble ...
Me da risa ...
Me da alegría ...
Me pone nervioso ...
No soporto ...

el frío, el calor – la primavera, el verano, el otoño, el invierno – quedarme toda la vida en la misma ciudad – recibir cartas – ofrecer regalos a la gente – pasarlo bien con los amigos – la risa – las sorpresas – la actividad – la política – la Navidad – los conflictos con la gente – la alegría – la generosidad – la tristeza – los días grises – la actitud de otras personas – lo que dicen los políticos

12 Sagen Sie, was in diesen Situationen zu tun ist, z.B.:

– Federico está muy triste.
– *Hay que llamarlo. Hay que ayudarle.*

La lavadora no funciona.
Mañana cierran todas las tiendas.
La playa está muy lejos (weit) de aquí.
La televisión que has comprado no funciona bien.
Sólo tienen las piezas de recambio en la fábrica.
Pepe está en el hospital.
Ponen una película de Almodóvar en la televisión.
No tenemos más cerillas.
Mañana salimos muy temprano.
El avión (Flugzeug) sale en 25 minutos.
Vienen a comer en una hora.
No sabemos a qué hora sale el autobús.
El tren (Zug) sale a las siete de la mañana.

13 Antworten Sie frei.

¿Dónde ha pasado usted el verano?
¿Cómo lo ha pasado?
¿Es usted alegre?
¿Cuándo le gusta más trabajar o estudiar, de día o de noche?
El poeta cuenta tres cosas de Andalucía. ¿Cómo es la ciudad o el país donde vive usted?
El poeta escribe la carta en un día gris. ¿Cómo cree usted que es Andalucía? (¿Cree que es siempre así?)
Lorca habla del panorama más bello de Europa. ¿Qué panorama considera usted «el más bello» de todos?

14 ¿Cuánto cuesta...?

un árbol de Navidad – un disco – pasar una noche en un camping – un kilo de tomates – un paquete de tabaco – un bolígrafo – un billete de autobús – tomar un café – ir al cine – un paquete de papel para máquina de escribir

Ejercicios

15 Lesen Sie diese Telefonnummern:

98–86–74	73–69–51	57–48–32	30–21–15
23–34–45	57–68–79	13–04–27	39–44–55
40–50–60	73–03–76	67–69–64	72–79–08

Teilen Sie sich gegenseitig Ihre Telefonnummern mit und notieren Sie sie. Kontrollieren Sie gemeinsam.

16 Versuchen Sie diesen Brief auf Spanisch zu schreiben.

Lieber Freund,

heute habe ich einen Brief von Marta bekommen. Es ist eine Überraschung gewesen für mich. Sie schreibt aus Granada. Es ist ihr in letzter Zeit sehr schlecht gegangen. Mir scheint, sie hat viele Probleme gehabt. Jetzt geht es ihr gut, und trotz allem gefällt ihr die neue Tätigkeit, die sie jetzt hat. Sie ist glücklich. Sie ist ein unglaublicher Mensch (persona)! Wenn du ihr schreiben willst, kann ich dir die neue Adresse sagen, die sie in Granada hat, denn in dem Brief spricht sie von dir und fragt, wie es dir geht. Im Herbst will sie nach Cádiz kommen, um uns zu besuchen. Willst du auch kommen?

Einen herzlichen Gruß

Alfredo

Ejercicios

17 Sehen Sie einige Briefanfänge und Schlussformeln, die zusammenpassen:

Querida Carmen: .....

Besos,
Antonia

Querido amigo: .....

Un saludo cariñoso
Manuela Pérez

Estimado señor Pérez: .....

Atentamente,
Raúl García

Muy señores míos: .....

Les saluda muy atentamente,
Alfonso González

Queridos amigos: .....

Abrazos,
Mercedes

8 Un flechazo

Rafael Esteve (1772–1847): Amor maligno.

Y de pronto, sin saber por qué, misteriosamente, Diego ha vuelto la cabeza y ha visto a doña Inés. La mirada del poeta ha quedado clavada en los ojos de la dama; la mirada de la dama se ha posado en los ojos del poeta.

El aire es más transparente ahora. Los pájaros cantan con más alegría. Las flores tienen los colores más vivos. Las montañas son más azules. El agua es más cristalina. El cielo es más brillante. Todo parece en el mundo fuerte, nuevo y espléndido. ¿Es el primer día de la creación? ¿Ha nacido ahora el primer hombre?

Los ojos del poeta no se apartan de la dama, ni los ojos de la dama se apartan del poeta. Una flecha – invisible – ha volado de corazón a corazón.

Azorín (1873–1967): *Doña Inés* ⓐ

1. Unregelmäßige Verben: saber, ver

saber wissen			**ver** sehen		
sé sabes sabe	ich weiß	sabemos sabéis saben	**veo** ves ve	ich sehe	vemos veis ven

2. Die unregelmäßigen Partizipien

ver	visto	abrir	abierto	escribir	escrito
poner	puesto	morir	muerto	hacer	hecho
volver	vuelto	romper	roto	decir	dicho

3. Akkusativ der Person (wen?)

Allí **veo a Inés.** **Tengo un amigo.**	Der Akkusativ der Person (wen?) wird durch **a** angezeigt (meist nicht vor unbestimmtem Artikel).

4. Verwendung des Artikels: el statt la

el agua : las aguas **El agua** está **fría.**	Weibliche Substantive, die mit betontem **a-/ha-** beginnen, haben im Singular den Artikel *el.*

5. Das Adverb

misterioso,-a	misterios**amente**	Weibliche Form des Adjektivs + *-mente* = Adverb.
posible,–	posible**mente**	

Das Adjektiv sagt, wie etwas ist: *Diego es misterioso.*
Das Adverb auf *-mente* sagt, wie etwas geschieht: *Diego mira misteriosamente.*

6. Verneinung: ni

Los ojos de él **no** se apartan de ella, **ni** los ojos de ella se apartan de él. No me gusta **ni** el uno **ni** el otro.	An eine Verneinung *(no)* werden weitere Verneinungen mit *ni* angeschlossen. *ni ...ni ...*: weder ... noch

Erklärung der Grammatikausdrücke Seite 275

Ejercicios

1 Ersetzen Sie im Text die Wörter *doña Inés, dama, poeta* durch andere, alltäglichere: *chico, chica* (oder Namen von Verliebten, die Sie kennen).

2 Füllen Sie die Lücken mit folgenden Verbformen:

se han enamorado – se ha clavado – se han clavado – ha entrado – ha visto – es

Romeo ______ en la clase y ______ a Julieta. La mirada de Romeo ______ en los ojos de Julieta, los ojos de Julieta ______ en los ojos de Romeo. De pronto, todo ______ diferente. Todo ______ nuevo. La tarde no ______ tan fría. El profesor ______ diferente. La gente ______ más simpática. Estudiar ______ apasionante. Romeo ya no necesita tener «toda la alegría que Dios le ha dado» para soportar la clase. Romeo y Julieta ______.

3 Schreiben Sie selbst eine kleine Geschichte von zwei jungen Leuten, die sich am Strand, in einer Diskothek oder einer Cafetería gesehen haben. Verwenden Sie einige dieser Wörter:

mirado – gustado – preguntado – hablado – tomado – contado – dado – llamado – entrado – ayudado – pasado – visitado – pensado – encantado – interesado – fascinado – estado – volado – salido – pedido – oído – nacido – visto – escrito – vuelto – hecho – dicho – enamorado

4 Lesen Sie zur Gewöhnung.

- ● ¿Qué **has hecho hoy? ¿Has visto** a Julia?
- ▲ No, no la **he visto**. Porque **he vuelto** a casa después de la clase y me **he quedado** toda la tarde. Ah, en el autobús **he visto** a Clara y me **ha dicho** que te **ha escrito** también en las vacaciones, y tú, nada ... Bueno, pues **he estado** toda la tarde en casa, **me he preparado** para el examen de mañana y no **he hecho** nada más. Y ahora, estoy harto de estudiar y quiero salir un poco a tomar el aire.

Sagen Sie das alles im Plural: *¿Qué habéis hecho hoy?*

5 Sagen Sie jetzt Dinge, die Sie heute gemacht haben oder die Ihnen heute passiert sind. Verwenden Sie einige der folgenden Verben (oder andere, die Sie kennen):

hacer – ver – abrir – poner la televisión – volver – decir – escribir

Fragen Sie einen Freund, was er heute getan hat. Verwenden Sie dieselben Verben oder andere.

6 *saber: sé, sabes, sabe, sabemos, sabéis, saben*

1. Lo hago sin ______ por qué.
2. El no ______ todavía por qué lo llamo.
3. ¿______ tú por qué se ha quedado aquí Ramón? ¿______ vosotros por qué no ha subido con los otros? Yo no lo ______ .
4. Yo no ______ qué les pasa hoy a los chicos.
5. Ella todavía no ______ qué ha pasado.

6. Nosotros no ______ dónde están ellos.
7. ¿Vosotros ______ italiano?
8. Nosotros no ______ mucho italiano, la verdad.
9. No se ______ qué ha pasado con ellos, nadie ______ dónde están.
10. A mí me gusta Juan, no ______, es una persona que tiene algo especial (etwas Besonderes).
11. Yo no ______, me parece demasiado difícil.
12. ¿Usted ______ algo de Pepe? Yo, de momento, no ______ nada de él.

7

ver: veo, ves, ve, vemos, veis, ven, visto

1. Yo no ______ a nadie, ¿y tú?
2. Aquí se ______ muy bien, ¿no te parece?
3. Hoy hemos ______ una película francesa muy antigua.
4. ¿No ______ que ya cierran la tienda?
5. Con la niebla, no se ______ la montaña hoy.
6. ¿No ______ qué fría está el agua?
7. Hoy se ______ muy bien la costa de Africa.
8. ¿Has ______ a Juan?
9. ¿Habéis ______ a Antonio?
10. ¿Han ______ ustedes al guarda?

8

Sagen Sie von jeder dieser Personen etwas, was sie getan hat oder was ihr passiert ist, z.B.: *Buñuel ha hecho películas.*

Saura – Delibes – Torrente Ballester – Buero Vallejo – Isidoro, el guarda de Belo Claudia – el visitante de las ruinas – la fanática del consumo – doña Inés – Diego, el enamorado

comprar – horrorizar siempre – hacer películas – mirar – publicar – descansar – salir – beber a la salud de – poner en orden – hablar del pasado – enamorarse de

9

Finden Sie sinnvolle Kombinationen.

Es algo que a mí no me interesa	misteriosamente.
Sin saber por qué,	últimamente.
El otoño empieza ya,	afortunadamente.
He tenido muchos problemas	afirmativamente.
El 10 por ciento responde	personalmente.
Es lo que quieres, ¿verdad?	difícilmente.
Afortunadamente,	brillantemente.
Posiblemente,	han llegado bien.
Es una actitud que se puede explicar	Sí, exactamente.
Ha hecho el examen	ahora está en casa.
Lo he comprado	tranquilamente.
Podemos quedarnos aquí	exactamente lo mismo.
Reciben los regalos el 6 de enero	especialmente para ti.
Es una música	tradicionalmente.
Nosotros hemos dicho	increíblemente bella.

Ejercicios

10 Setzen Sie, wo nötig, *a* ein. *(a + el = al)*.

1. Voy a Madrid unos días y quiero ir ______ el Museo de Arte Contemporáneo, porque no he estado nunca en él. 2. Y después, voy a Toledo, a visitar ______ Denise, una amiga francesa que tengo. 3. Además, yo no conozco ______ Toledo todavía. 4. Así que tengo que ver ______ Claudine, o llamar por teléfono ______ Isabel, que saben exactamente dónde vive. 5. Quiero ver también en Illescas, un pueblo que está en el camino (Weg), ______ un Greco muy famoso que está allí.

11 Setzen Sie den Artikel ein.
(de + el = del).

1. ______ poeta habla de ______ sol, de ______ aire, de ______ agua, de ______ árboles...
2. ______ señora fanática de ______ disco habla de ______ radios, de ______ televisores, de ______ problemas que tiene a veces, etc.
3. ______ guarda, en ______ bar, me habla de ______ turistas, de ______ gente de ______ pueblo, de ______ ciudad romana, y de ______ emperador romano.
4. Lorca habla de ______ día gris, de ______ parte de Granada en donde vive, de ______ problemas que tiene, de ______ últimos meses.
5. ______ encuesta habla de ______ porcentajes o, por ejemplo, de lo que hacen ______ personas ______ fin de año.
6. ______ escritor habla de ______ orden y de ______ sistema en que pone apuntes y papeles, etc.

12 Sagen Sie, was Sie alles gleich ungern oder gleich gern haben, z.B.:

No me gusta ni el vino ni el champán.
Me gusta tanto el vino como el champán.

ella/él
el café/el té
la lluvia/la niebla
estudiar/trabajar
cómo habla/cómo es
la radio/la televisión
los ojos/la mirada que tiene
el sur/el calor
el norte/el frío
cómo canta/cómo habla
los pájaros/las flores
comer demasiado/beber mucho
salir de noche/acostarme tarde, etc.

13 Lesen Sie die Wochentage auf Spanisch: *los días de la semana.*

Domingo	Día del señor. (En latín: *dies domenica*).
Lunes	Día de la luna.
Martes	Día de Marte, dios de la guerra.
Miércoles	Día de Mercurio, dios del comercio y de las comunicaciones (Handel und Verkehr).
Jueves	Día de Júpiter.
Viernes	Día de Venus, diosa del amor y la belleza.
Sábado	Día de descanso.

Sagen Sie, was Sie immer an einem bestimmten Tag tun, also z.B. „an den Dienstagen“: *Los martes voy siempre a la sauna.*

Ejercicios

14 Versuchen Sie das Folgende auf Spanisch zu sagen oder zu schreiben. (Sie können dieselbe Geschichte natürlich auch auf einen jungen Mann beziehen, den Sie kennen gelernt haben.)

Heute, am Vormittag, habe ich ein interessantes Mädchen kennen gelernt. Ich habe sie in einer Cafeteria kennen gelernt. Sie ist nicht von hier, und wir haben ein wenig gesprochen. Sie hat mir sehr gefallen. Dann bin ich zu einem Geschäft gegangen und habe sie in dem Geschäft gesehen, und dann bin ich zur Buchhandlung gegangen und habe sie in der Buchhandlung gesehen, und am Abend bin ich ins Kino gegangen … Und plötzlich, ohne zu wissen warum, habe ich den Kopf umgedreht und habe sie gesehen. Ich habe sie angeschaut, und sie hat mich angeschaut … „Es ist unglaublich, nicht wahr?" hat sie gesagt …

15 Ergänzen Sie die fehlenden Wörter. Spielen Sie dann den Dialog, auch mit freien Variationen.

En el autobús.
● Ah, hola, ¿ya vuelves a casa también?
▲ Sí, ________ salido para comprar un regalo y he estado de tienda en tienda, total, para nada, porque vuelvo ________ regalo … Todo lo que ________ gusta cuesta un ojo de la cara (Gesicht). ¿Y tú?
● Yo he estado ________ una amiga en el cine, y ahora me vuelvo ya a casa porque me quiero acostar pronto hoy.

16 Ergänzen Sie die fehlenden Wörter. Spielen Sie dann diesen Dialog oder andere. (Es geht um Verspätungen und Erklärungen oder Entschuldigungen …).

● Hola, ya estoy aquí, perdón, chica, perdón …
▲ Desde luego, es increíble, siempre me haces ________ mismo, siempre llegas tarde. Yo ________ aquí desde las cinco.
● Es que ________ tenido que volver a casa a por dinero y me han llamado ________ teléfono …
▲ Ya lo sé, he llamado allí dos veces.
● Bueno, ________ fin, ¿________ tomado tú ya algo?
▲ Te puedes imaginar: tres cafés …
● Pues pagamos y ________ ya al cine. Porque si llegamos también tarde allí y ya ha empezado la película …

9 El milagro

A un señor se le caen al suelo los anteojos*, que hacen un ruido terrible al chocar con las baldosas. El señor se agacha afligidísimo porque los cristales de anteojos cuestan muy caro, pero descubre con asombro que por milagro no se le han roto.

Ahora este señor se siente profundamente agradecido, y comprende que lo ocurrido vale por una advertencia amistosa, de modo que se encamina a una casa de óptica y pide un estuche de cuero almohadillado doble protección.

Una hora más tarde se le cae el estuche, y al agacharse sin mayor inquietud descubre que los anteojos se han hecho polvo. A este señor le lleva un rato comprender que, en realidad, el milagro ha ocurrido ahora.

Julio Cortázar (1914 – 1984) ⓐ

* En España: las gafas

1. Unregelmäßige Verben mit -g- in der Ich-Form (II)

caer fallen		**traer** (her)bringen		**decir** sagen		**valer** wert sein	
caigo	caemos	**traigo**	traemos	**digo**	decimos	**valgo**	valemos
caes	caéis	traes	traéis	**dices**	decís	vales	valéis
cae	caen	trae	traen	**dice**	**dicen**	vale	valen

2. Verbengruppe mit der Veränderung -e- → -i-

pedir bitten	**pido**	pedimos	In allen Formen, deren Endung kein **-i-** enthält, wird das **-e-** im Stamm zu **-i-**.
	pides	pedís	
	pide	**piden**	

Wichtige Verben dieser Gruppe:

pedir	bestellen; bitten	*repetir*	wiederholen	*seguir*	folgen
servir	dienen; bedienen	*vestirse*	sich anziehen	*reírse (de)*	lachen (über)

3. Anwendungen des rückbezüglichen Pronomens beim Verb

Aquí **cae** mucha lluvia. Hier fällt viel Regen.
Se caen las gafas. Die Brille fällt hinunter.
Me he caído. Ich bin hingefallen.

Das reflexive Pronomen kann Bedeutungen des Verbs verändern, z.B. *caer* fallen; *caerse* (aus Versehen) hinfallen/hinunterfallen.

Die betroffene Person wird wie im Deutschen angegeben: *Se me han caído las gafas.*

4. Das hinweisende Fürwort

este señor	**estos** señores
esta señora	**estas** señoras
ese señor	**esos** señores
esa señora	**esas** señoras
esto das hier	**eso** das dort

este señor: dieser hier (nahe dem Sprecher)
ese señor: der dort (etwas entfernter oder näher beim Angesprochenen)
(aquel, aquella, aquello: größere Entfernung, „jener", L 18)

5. Präposition + Infinitiv

al agacharse	beim Bücken, als er sich bückt(e)	*al + Infinitiv:* in dem Moment, in dem...; als
sin saberlo	ohne es zu wissen	*sin + Infinitiv:* ohne zu...

Erklärung der Grammatikausdrücke Seite 275

Ejercicios

1 Lesen Sie diese Sätze zum Gewöhnen: *caer/caerse.*

Este año **ha caído** mucha agua aquí.
Me he caído al salir a la calle.
Ana **se ha caído** esta mañana en la playa.
Los libros **se han caído** al suelo.
Se ha caído al entrar en el restaurante.
Me he caído al subir al autobús.
Si no me ayudas, **me caigo.**

Al señor **se le caen** al suelo los papeles.
¡A este chico **se le caen** siempre las cosas!
Se me ha caído todo al suelo, lo siento (tut mir leid).
Se me han caído las botellas al suelo y **se me han roto**.
¿**Se les ha caído** algo?
Se te ha caído al suelo un poco de café.
A Juan **se le ha roto** un cristal del coche (Auto).

Füllen Sie jetzt die Lücken:

1. Esta mañana ______ he caído al entrar en clase.
2. Los chicos ______ han caído en la playa.
3. Las botellas ______ han caído al suelo.
4. ¿______ has caído al salir del agua?

5. ¡No sé qué hago, hoy ______ me cae al suelo todo!
6. ______ me ha caído la botella de vino y se ______ ha roto.
7. ______ le han caído los libros en el autobús.
8. ¿Se ______ han caído los paquetes a ustedes?
9. ¿A ti se ______ ha caído algo?
10. Al señor se ______ han caído al suelo los papeles.
11. ______ me han caído las gafas y no se ______ han roto, ¡qué suerte!

2 Suchen Sie sinnvolle Kombinationen.

Yo no	traigo unas cosas para comer.
Si quieres,	valgo para esto.
Me caigo	digo nada.
Yo no	ni un rato libre, en realidad.
No tengo	siempre en el mismo sitio, al salir.
No vengo	ahora un rato de paseo.
Yo no hago	música en la radio cuando voy en coche.
Te pongo	ruido, son los chicos fuera.
Yo salgo	muchas veces aquí.
Siempre oigo	las gafas de sol aquí.

Ejercicios

3 Setzen Sie die Formen von *pedir* ein.

1. (Yo) Yo ______ un té con limón (Zitrone).
2. (Tú) Y tú, ¿qué ______?
3. (El) Juan ______ un taxi por teléfono. ¿No lo oyes?
4. (Usted) ¿______ un Jerez para mí también, por favor? Ahora vuelvo.
5. (Nosotros) Os ______ un poco de puntualidad.
6. (Vosotros) ¿Por qué me ______ una cosa así?
7. (Ellos) ______ información sobre los autobuses que van a Toledo.

4 Ergänzen Sie die passende Form des gleichen Verbs.

1. Ellos *piden* protección. Nosotros también la ______.
2. Ellos *sirven* para esto. Nosotros no ______ para este trabajo.
3. Ellos no *se ríen* de nada. Nosotros nos ______ de todo.
4. Ellos *siguen* un curso de francés. Nosotros ______ otro curso.
5. Ellos se *visten* ya para salir. Nosotros no nos ______ todavía.
6. Ellos *repiten* el curso. Nosotros no lo ______ .
7. Ellos *dicen* que están hechos polvo. Nosotros no ______ nada.
8. Vosotros *pedís* un milagro. Yo no ______ tanto.
9. Vosotros *servís* para esto, pero yo no ______ para este trabajo.
10. Vosotros no *os reís* de nada. Yo me ______ de todo.
11. Vosotros *seguís* un curso de francés, ¿verdad? Yo ______ otro curso.
12. Vosotros *os vestís* así para ir al teatro, pero yo me ______ como quiero.
13. Vosotros *repetís* siempre lo mismo. Yo no ______ más lo que ya os he dicho.
14. Vosotros *decís* siempre que yo hago ruido. Yo os ______ lo mismo...

5 Antworten Sie mit der Verstärkung wie im Beispiel:

– ¿Está «afligido» ese señor?
– *Sí, está afligidísimo.*

1. ¿Está triste Federico?
2. ¿Te ha costado caro este vídeo?
3. ¿Está agradecido Luis?
4. Me gustan estas baldosas del suelo, ¿han sido caras?
5. Te ha costado mucho este cristal, ¿verdad?
6. Este niño es muy tranquilo, ¿verdad?
7. ¿Está contento el chico con el regalo?
8. Has comido muy poco hoy, ¿verdad?
9. ¿Te ha llevado mucho rato comprender la lección?...

6 Fragen zum Text

¿Qué se le cae al suelo al señor del texto?
¿Qué se oye al caer los anteojos?
¿Qué hace el señor después?
¿Por qué está triste?
¿Qué descubre, qué ve con asombro?
¿Cómo se siente al ver lo que ha pasado?
¿Adónde va después?
¿Qué compra en la tienda?
¿Qué le pasa una hora más tarde?
¿Qué descubre / qué ve al abrir el estuche?
¿Qué piensa, después de un rato, el señor?

Ejercicios

7

Wie stellen Sie sich den Herrn aus dem Text vor? Unterstreichen Sie die Adjektive, die Ihrer Meinung nach auf ihn zutreffen, und sprechen Sie gemeinsam darüber.

amable – tranquilo – nervioso – amistoso – terrible – mayor – fanático – malo – bueno – un poco especial – misterioso – interesante – importante – feliz – cariñoso – enorme – bien vestido – puntual – exacto – contento – apasionante – irónico

8

Beantworten Sie diese Fragen schriftlich.

¿Qué cosas se le caen a usted al suelo a veces?
¿Se oye mucho ruido donde usted vive?
¿Existen ruidos que le gustan?
¿Necesita usted gafas para leer?
¿Se pone usted gafas de sol en verano o cuando va a la playa?
¿Dónde las ha comprado?
¿Tiene usted también un estuche-de-cuero-almohadillado-doble-protección?
¿Está usted hecho polvo después de estudiar?
¿Está hecho polvo cuando se levanta muy temprano?
¿Cuando se acuesta usted muy tarde, cómo está después por la mañana?
¿Está hecho polvo después de las vacaciones?
¿Cree usted que ocurren milagros a veces...?
¿Le lleva mucho rato hacer bien los ejercicios?
¿Es para usted un milagro hablar bien español?

9

Ergänzen Sie:
al – sin – para (+ Infinitivo)

1. – ¿Cuándo te has caído?
   – _______ salir del hotel.
2. – ¿Cuándo ha ocurrido el milagro?
   – _______ abrir el estuche.
3. – ¿Por qué has venido aquí?
   – _______ poder hablar contigo.
4. – ¿Ellos te han contado cosas de mí? – Sí, _______ saber que yo te conozco.
5. – ¿Te han dicho que vienen el domingo? – Sí, pero _______ decir la hora exacta.
6. – ¿Para qué te has agachado?
   – _______ buscar las cerillas que se me han caído.
7. – ¿Para qué va a tantos sitios?
   _______ descubrir otras cosas.
8. – ¿Cuándo se te han roto los cristales del coche? – _______ chocar con otro coche.

10

Stellen Sie sich die Gegenstände in Ihrer unmittelbaren Nähe vor. Fügen Sie das entsprechende Pronomen ein:

este, esta, estos, estas

1. Me han regalado _______ flores, ¿te gustan?
2. Toda _______ ropa es para lavar.
3. No sé qué le pasa a _______ lavadora, pero no funciona.
4. _______ libro es un regalo para ti.
5. ¿Puedo escribir con _______ bolígrafo un momentito?
6. ¿Dónde has comprado _______ radio?
7. ¿Qué hace toda _______ gente aquí?
8. No sé cómo puedes vivir con _______ problema.
9. ¿Necesitas de momento _______ diccionario?

10. ______ idioma no me parece muy difícil.
11. Los apartamentos de ______ bloque creo que son carísimos.
12. ______ carretera va a la playa.

11 Stellen Sie sich nun Gegenstände in der Nähe Ihres Gesprächspartners vor und fügen Sie jeweils ein passendes Wort ein:

gafas – apuntes – bolígrafo – radio – flores – máquina de escribir – libro – estuche

Esa ______, ¿es todavía de tu padre?
Ese ______, ¿ha sido caro?
Esos ______, ¿de qué son? ¿De la clase de español?
¿Ese ______ te interesa de verdad?
¿Con esa ______ puedes oír programas de Francia?
¿Para qué necesitas ese ______? ¿Para los bolígrafos?
¿Dónde has comprado esas ______? Me gustan mucho, te están muy bien.
¡Qué colores! ¿Quién te ha regalado esas ______?

12 Ergänzen Sie die fehlenden Wörter. Spielen Sie dann den Dialog, auch mit freien Variationen.

● Por favor, quiero unas ______ de sol como esas que tienen fuera...
▲ Sí, son éstas mismas de aquí.
● Ya, éstas son, sí. Estos cristales ______ de plástico, claro...
▲ Bueno, estas gafas ______ baratas son todas de plástico... Pero aquí, en esta misma calle, tiene Vd. una tienda de óptica, y ésa sí que las tiene buenas. Claro, mucho ______ caras.
● Bueno, son ______ esta semana sólo, así que... Y los sombreros, esos grandes ______ tiene Vd. fuera, ¿cuánto cuestan?
▲ Muy baratos. Ahora, ______ agosto, en todo lo de verano estamos de rebajas ya. Este de aquí, 300 pesetas, y esos de fuera, no sé, pero creo ______ cuestan lo mismo.
● Bien..., entonces me llevo uno también.

13 Schreiben Sie auf Spanisch:

Heute haben wir einen Text (texto) von einem Herrn gelesen, der sehr traurig ist, weil ihm die Brille auf den Boden gefallen ist. Dann geht der Herr in ein Optikergeschäft und kauft ein sehr teures Etui für die Brille. Eine Stunde später fällt ihm das Etui mit der Brille auf den Boden. Als er sich bückt, entdeckt dieser Herr, dass die Brille total kaputtgegangen ist. Er denkt, dass dieses Mal ein Wunder passiert ist...

10 Balada de la bicicleta

A los 50 años, hoy, tengo una bicicleta.
Muchos tienen un yate
y muchos más un automóvil
y hay muchos que también tienen ya un avión.
Pero yo,
a mis 50 años justos, tengo sólo una bicicleta.

He escrito y publicado innumerables versos.
Casi todos hablan del mar
y también de los bosques, los ángeles y las llanuras.
He cantado las guerras justificadas,
la paz y las revoluciones.

Ahora no soy nada más que un desterrado.
Y a miles de kilómetros de mi hermoso país,
con una pipa curva entre los labios,
un cuadernillo de hojas blancas y un lápiz
corro en mi bicicleta por los bosques urbanos,
por los caminos ruidosos y calles asfaltadas
y me detengo siempre junto a un río
a ver cómo se acuesta la tarde...

Rafael Alberti (1903–): *Balada de la bicicleta con alas*
(Fragmento)

1. Der Gebrauch von estar und hay

Aquí hay un museo. **¿Cuántos hay? Hay muchos.**	Bei unbestimmtem Artikel oder Zahlwort: *hay* (nicht *estar!*).
El museo está allí.	Ortsangabe bei bestimmtem Artikel: *estar.*

2. Die Uhrzeit

¿Qué hora es? Wie viel Uhr ist es? *¿A qué hora?* Um wie viel Uhr?

Es la una	**y cinco** (minutos).	Son las dos	**menos cuarto.**
	y cuarto.	A las dos	**menos cinco.**
A la una	**y media.**		

Achtung: Voy **por la mañana**. Aber: Voy **a las diez de la mañana.**

3. Präpositionen

Präpositionen haben eine oder mehrere Grundbedeutungen:

Voy **a** casa.	Ich gehe nach Haus.	**a**	Richtung, Ziel
a miles de kilómetros	Tausende von km entfernt.		Entfernung
a los 50 años	im Alter von 50 Jahren		Alter
a la una	um ein Uhr		Uhrzeit
estar **en** Cádiz	in Cádiz sein	**en**	Ort
en bicicleta	mit dem Fahrrad		Verkehrsmittel
un telegrama **para** ti	ein Telegramm für dich	**para**	Bestimmung
¿por qué?	warum? „wegen was"?	**por**	Grund, Ursache
correr **por** el bosque	durch den Wald laufen		Ort + Bewegung
comprar **por** mil ptas.	für 1.000 Peseten kaufen		Preis

In festen Verbindungen spielt die Grundbedeutung oft keine Rolle:

beber **a la salud** del emperador	„auf" die Gesundheit trinken
por ejemplo	„zum" Beispiel

4. Die Grundzahlen

Lernen Sie bitte die restlichen Zahlen, Seite 278.

Ejercicios

1 Einige Fragen zum Text

El poeta habla de cuatro cosas que tiene. ¿Qué cosas son?
El poeta habla de otras cosas que otros tienen. ¿Qué cosas son?
El poeta ha escrito mucho. ¿Qué temas le interesan?
¿Cómo sabemos que el poeta no escribe esta poesía en España?
¿Cómo sabemos que está en una gran ciudad?
¿Qué hace el poeta en Roma (que es la ciudad donde está)?
¿Cuántos años dice que tiene?

2 Finden Sie heraus, welches Wort in jeder Gruppe stört, und sagen Sie, warum.

bicicleta – moto (motocicleta) – automóvil – carretera – autobús – avión – yate – tren – labios – kilómetro – volar

bosque – mar – llanura – sol – playa – parque – pájaro – paraíso – costa – verano – montaña – desterrado – agua – cielo – niebla – país seco – país húmedo – río – flores – camino

escribir – máquina de escribir – poeta – escritor – publicar – verso – poesía – papel – revolución – autobiografía – palabra – cuaderno – apuntes – bolígrafo

3 Sprechen Sie über verschiedene **Personen**. Verwenden Sie:

fanático – contento – famoso – ocupado – desconocido – puntual – terrible – vivo – importante

Sprechen Sie über eine **Stadt**. Verwenden Sie:

antiguo – vivo – ruidoso – pequeño – enorme – caro – barato – bello – terrible

Sprechen Sie über ein **Land**. Verwenden Sie:

húmedo – frío – seco – hermoso – enorme – importante

4 Setzen Sie *estar* oder *hay* ein, z.B.:

El río está a un kilómetro de aquí.
Hay un río a un kilómetro de aquí.

1. Después de este camino ______ una carretera nueva asfaltada.
2. La tienda de bicicletas ______ cerca de aquí.
3. El cuaderno y el lápiz ______ en el cuarto de estar.
4. Este autobús no se detiene en el camping, pero ______ otro que sí se detiene.
5. El garaje (Werkstatt) ______ a un kilómetro de aquí.
6. Por las mañanas corro por un camino que ______ junto al río.
7. En el cuarto de estar ______ las hojas blancas que necesitas.
8. ______ mucha gente que viene a ver los apartamentos nuevos.
9. ______ muchas personas que vienen a ver a Alberti.
10. ______ muchos turistas que se detienen aquí a ver el panorama.

5 Lesen Sie laut zur Übung der Zahlen:

Una bicicleta cuesta 400 marcos, más o menos. – Un yate vale miles de francos suizos, ¡sabe Dios! – Una pipa, si es barata, puede costar sólo mil pesetas. – Un cuaderno cuesta 250 pesetas. – Un lápiz no cuesta nada más que 100 pesetas. – Un bolígrafo, si es bueno, cuesta 700 u

Ejercicios

800 ó 900 pesetas. – Un billete de avión de Barcelona a Roma cuesta unas 60 000 pesetas. – Una guerra, justificada o no, cuesta miles de millones, e innumerables vidas...

6 *¿Qué hora es?*

7.00	10.15	12.30
12.45	13.00	13.20
13.50	15.55	23.10
23.40		

¿A qué hora sale el tren?

6.20	8.30	9.45
10.15	11.40	12.50
13.15	13.30	21.40
22.58		

7 Fragen Sie sich gegenseitig und antworten Sie.

¿A qué hora te levantas generalmente?
¿A qué hora sales de casa?
¿Cuánto tiempo necesitas para ir al trabajo o a la escuela, etc.?
¿Vas en coche, en autobús, en tren, a pie (zu Fuß), en bicicleta?
¿A qué hora empiezas a trabajar o a qué hora empiezan las clases?
¿A qué hora tomas algo a media mañana?
¿A qué hora vuelves a casa para comer?
¿Cuánto tiempo descansas después de comer?
¿Cuánto tiempo estudias o trabajas por la tarde?
¿A qué hora vuelves a casa?
¿Sales otra vez? ¿Vas al cine?
¿A qué hora te acuestas generalmente?

8 Achten Sie auf *a* und *en* und finden Sie passende Kombinationen.

Ha vivido desterrado	en bicicleta.
En verano va	en automóvil.
Ahora ya no va	en España.
Ha publicado libros	a un río.
Nunca va	en varios países.
Corre por los caminos	a Andalucía.
Va poco	a Roma.
Por las tardes va ↗	en avión.

9 Achten Sie auf *en* und *por* und finden Sie passende Kombinationen.

Me gusta correr ↘	en la tienda de óptica.
Hoy quiero pasar	en casa.
El río pasa	por la carretera nueva.
He venido	en un restaurante argentino.
Hemos comido	por el centro de la ciudad.
Hemos estado	por casa de María.
He dado un paseo	por un bosque.
Al venir hemos pasado	por Burgos.
Hoy nos hemos quedado	por el bosque.

Ejercicios

10 Welche Präposition?

a – de – con – contra – desde – en – por – sobre

1. ¿A qué hora llegas ______ Roma?
2. ¿Has hablado un poco ______ ese chico inglés?
3. Hemos hablado ______ ti.
4. Los dos automóviles han chocado el uno ______ el otro.
5. ¿Has pensado ______ comprar el billete?
6. Yo no creo ______ esto.
7. ¿Entramos un momento ______ este bar para tomar algo?
8. Me gusta mucho el francés y el italiano, ______ todo el italiano.
9. Mañana puedo llamarte ______ teléfono.
10. Hoy tengo mucho que hacer, ______ eso no puedo ir a la fiesta.
11. ______ momento no hago nada, tengo unos días de vacaciones.
12. ______ lo mejor nos vemos mañana.
13. ______ veces salimos por la noche.
14. En agosto casi siempre estamos ______ Galicia.
15. Ha salido el sol ______ pronto, ¿has visto?
16. El está ______ contra de todo lo nuevo.
17. Yo, ______ realidad no como mucho.
18. ¡ ______ fin hemos llegado!
19. ______ luego tengo tiempo esta tarde para ayudarte.

11 Ergänzen Sie die fehlenden Wörter. Spielen Sie dann das Gespräch mehrfach durch und variieren Sie es nach eigenen Ideen.

● ¿Adónde vas ahora?
▲ Ahora me voy a casa, a comer ya, porque hoy ______ clase otra vez a las dos.
● ¿Y por qué no ______ quedas aquí y ______ algo en la cafetería?
▲ Porque tengo ______ coger en casa un cuaderno que necesito.
● Ah, por eso. Pues, yo me voy, porque hoy no hay clase de doce a una, ______ el profesor está fuera.
▲ ¿No vas hoy ______ bicicleta?
● No, se me ______ roto. Pero como vivo ______ unos metros de aquí ... y ahora me voy con un amigo a ______ un poco por el bosque. Hacemos «jogging» todos ______ días. ¡Así que ______ mañana!

12 Schreiben Sie auf Spanisch:

Alberti ist ein spanischer Dichter. In dieser Ballade spricht er von den Dingen, die er hat, wie zum Beispiel: viele veröffentlichte Bücher, ein schönes Fahrrad, eine gekrümmte Pfeife, ein kleines weißes Heft und einen Bleistift zum Schreiben. Er spricht auch von den Themen, die ihn interessieren: das Meer, die Engel, der Frieden, die Revolutionen und die gerecht(fertigt)en Kriege.

Test 2

1 Setzen Sie die 1. Person Singular *(yo)* ein.

1.	(caer)	Casi me ______ al salir a la calle.
2.	(saber)	No ______ a qué hora llega el autobús.
3.	(traer)	Aquí te ______ unas flores.
4.	(valer)	Yo no ______ para este tipo de trabajo.
5.	(decir)	Yo ______ lo mismo.
6.	(ver)	No ______ ningún problema en esto.
7.	(pedir)	Te ______ sólo un favor...
8.	(poder)	¿ ______ visitarle en Navidades?
9.	(contar)	Yo ______ contigo para esta fiesta.
10.	(conocer)	Casi no ______ a nadie aquí.
11.	(acostarse)	Yo me ______ ya, no puedo más.
12.	(reírse)	Yo me ______ de esas tonterías.
13.	(seguir)	Yo ______ por la carretera de la costa.
14.	(ofrecer)	Os ______ algo que os puede interesar.
15.	(vestirse)	Me ______ así porque me gusta.
16.	(repetir)	Te ______ por última vez que no quiero ir.
17.	(servir)	Señores, ¿les ______ ya el vino?

Setzen Sie die 3. Person Singular ein (*él, ella, usted* bzw. unpersönlich).

18.	(servir)	Esto no ______ para nada, no funciona.
19.	(costar)	Esto ______ dinero y tiempo.
20.	(valer)	Esto ______ unas 4.000 pesetas.
21.	(parecer)	Esto me ______ increíble.
22.	(decir)	Esto es lo que ______ él.
23.	(reírse)	¿De qué ______ el niño?

2 Setzen Sie die entsprechenden Formen von *bueno, malo, alguno, ninguno, grande* ein.

1. Este café es muy ______ .
2. Hoy hace ______ tiempo.
3. Hoy no ha llegado ______ carta.
4. Pedro es un ______ amigo de Juan.
5. Es una ______ costumbre que tengo.
6. ¿Conoces ______ poesía de Alberti?
7. ¿Tienes ______ libro sobre Alberti?
8. No hay ______ problema.
9. Le has dado una ______ sorpresa.
10. Necesitamos una casa ______ , para 10 personas.
11. Me he comprado unas ______ gafas de sol.
12. Hemos pasado un ______ rato.

3 Setzen Sie das zusammengesetzte Perfekt in der angegebenen Person.

1. (ver; nosotros)	No ______ los regalos todavía.
2. (llamar; yo)	Te ______ hoy ya cuatro veces.
3. (leer; vosotros)	¿ ______ la encuesta en EL PAIS?
4. (entender; yo)	No ______ la pregunta.
5. (llevarse; él)	Me dice que ______ una gran sorpresa.
6. (decir; tú)	¿Les ______ que no puedes ir?
7. (hacer; ella)	Lo ______ justo para ayudarnos.
8. (escribir; yo)	Le ______ innumerables veces.
9. (poner; ellos)	______ las botellas en el suelo de la cocina.
10. (romper; yo)	______ el cristal al cerrar.
11. (volver; ellos)	______ muy contentos.
12. (ser; impersonal)	______ como un milagro.
13. (abrir; vosotros)	¿ ______ el libro de español alguna vez en casa?
14. (volar; tú)	¿ ______ alguna vez con Iberia?
15. (reírse; tú)	¿Por qué ______ tanto?
16. (acostarse; vosotros)	¿A qué hora ______ hoy?
17. (quedarse; ellos)	______ aquí todo el día.

4 Setzen Sie *que* oder *lo que* ein.

1. El año ______ viene voy a Cuba.
2. ¿Sabes tú ______ ha ocurrido?
3. Me ha contado ______ hace últimamente.
4. Las baldosas ______ habéis puesto en la cocina me gustan mucho.
5. El cristal ______ se me ha roto vale muchísimo.
6. No me puedo creer ______ ha dicho.

5 Ergänzen Sie die fehlenden Wörter.

1. Yo gasto ______ dinero que tú.
2. Tú no gastas tanto ______ yo.
3. Tengo ______ poco tiempo que este año no puedo ir a la playa.
4. A mí no me han regalado ______ cosas como a ti.
5. Tienes que oír este disco, es ______ mejor que tengo.
6. No me gusta gastar demasiado; en realidad, gasto cada vez ______ .
7. El verano ha sido malísimo, ha sido el ______ de los últimos años.
8. Granada tiene uno de los panoramas ______ bellos de España.
9. No he visto nunca un aire tan transparente ______ aquí.
10. De todos los chicos, Juan es el ______ fuerte.

6 Schreiben Sie die Zahlen – wie auf einem Scheck – in Worten.

114.600 Ptas.	219.000 Ptas.	75.000 Ptas.	16.800 Ptas.
175.000 Ptas.	7.500 Ptas.	15.900 Ptas.	27.300 Ptas.

Schreiben Sie die Uhrzeiten, wie man sie in der Umgangssprache spricht.

15.15	12.30	14.45	15.10
16.40	18.00	13.20	10.25

7 Falls ein Wort fehlt, setzen Sie es ein.

1. Visito ____ Celia.
2. Visito ____ profesor.
3. Yo no conozco ____ nadie aquí.
4. Tengo ____ un bueno amigo.
5. No veo ____ Juan.
6. Necesito ____ un cuaderno nuevo.

8 Setzen Sie die entsprechenden Formen ein (Adjektiv oder Adverb: z.B. *afirmativo* oder *afirmativamente*).

1. (afirmativo) Muchos han respondido ______ .
2. (amable) El acostumbra explicar las cosas muy ______ .
3. (terrible) Es ______ pesimista.
4. (general) A esta hora está ______ en casa.
5. (posible) Es ______ lo mejor que puedes hacer.
6. (amable) José siempre es tan ______ ...
7. (profundo) Está ______ agradecido.
8. (último) ¡He tenido una cantidad de problemas ______ !
9. (exacto) Es ______ lo que quiero.
10. (cariñoso) Te mando un saludo ______ .
11. (especial) Lo he pedido ______ para ti.
12. (imposible) Resulta ______ entender lo que dice.
13. (misterioso) Es un caso muy ______ .

9 Setzen Sie *para* oder *por* ein.

1. Lo he comprado ______ poco dinero.
2. Lo he traído ______ ti especialmente.
3. Siempre paso ______ esta calle.
4. He venido ______ hablar contigo.
5. Este señor viene ______ arreglar la lavadora.
6. De pronto, quiere salir ya mañana ______ la mañana.

10 Setzen Sie *es*, *está* oder *hay* ein.

1. Ahora ______ unas gafas de sol muy baratas.
2. ______ una casa de óptica muy buena cerca de aquí.
3. La tienda ______ en la calle donde vivo.

4. ______ gente muy amable que te ayuda siempre.
5. ¿ ______ el coche en el garaje?
6. En Valladolid ______ un museo que tienes que ver.
7. Dónde ______ la playa de que hablas?
8. ______ Burgos a muchos kilómetros de Zaragoza?
9. Tiene un amigo que ______ director de un hotel.
10. De momento, la cosa del dinero ______ un problema para mí.

11 Setzen Sie die fehlenden Wörter ein.

1. Este año, nosotros no ponemos árbol de ______.
2. ¿Vas con los otros a la fiesta de ______ de año?
3. Las fiestas me dan ocasión ______ ver a toda la familia.
4. Este pueblo me gusta cada ______ más.
5. ¿Lo has pasado ______ en la costa?
6. Me he ______ una sorpresa.
7. Lo quiero hacer, a pesar ______ todo.
8. Hoy no ha ______ mucho calor.
9. ______ pronto los he visto a todos.
10. ______ le ha roto un pie.
11. ¡Qué mala suerte tengo!, se ______ han caído al suelo todos los papeles.
12. Mis planes se han ______ polvo.
13. La tienda de óptica está ______ pocos minutos de aquí.

12 Ergänzen Sie die fehlenden Wörter.

Querida Elvira:

He recibido vuestra carta desde París. Ha ______ una sorpresa. Veo que ______ pensado en mí, y ______ he reído mucho con ella. Ha sido una tontería no ir yo también con vosotros. Pero siempre me pasa algo a última hora y ______ funciona. En fin, a ______ mejor en verano tengo suerte...

Yo estoy hecha polvo de tanto estudiar, pero ______ empiezan las vacaciones de Navidad, ¡qué alegría! No pienso hacer ______ especial, pero ya es algo poder acostarme más tarde y no ______ a las siete de la ______. ¡Con este frío tan terrible que ______! En enero quiero ir dos o tres ______ a esquiar con Amparo, no lo sé todavía exactamente, depende un poco del ______. A lo mejor me regalan algo en Navidad...

Bueno, y como ya estamos casi en Navidad, os deseo (wünsche) a todos, especialmente a ti, unas ______ Pascuas y mucha felicidad para el ______ que empieza y todas esas cosas... A ver si hay suerte, ¿no?

Bueno, un ______ cariñoso y muchos recuerdos para todos,

Elena

Test 2

13 Setzen Sie nach freier Wahl ein passendes Wort ein.

Este ______, ¿te gusta?
Estas ______ son nuevas, ¿te gustan?
Estos ______ los necesito hoy.
Esta ______ ya no funciona.
Esta ______ es bastante vieja.
Estas ______, ¿cómo se llaman?
Esta ______ es de Julio, es para ti.
Estos ______ los he recibido hoy.
Este ______, ¿es interesante?
Este ______, ¿lo necesitas de momento?

14 Ergänzen Sie die fehlenden Wörter.

● Hoy me ha ocurrido una cosa increíble. Me he comprado ______ gafas nuevas muy caras y...
▲ ¿De sol?
● No, no, para leer, para leer.
▲ ¿Otras gafas más?
● Sí, se ______ han roto otra vez las viejas. Bueno, y nada más salir ______ la tienda se me caen ______ suelo y...
▲ Se te ______ roto también, claro.
● Pues no, ha ______ un milagro, pero no se han ______ . Total: que he ido otra vez ______ la tienda y me ______ comprado un buen estuche, buenísimo y, la verdad, carísimo.
Entonces me voy ______ autobús y, al subir, se me caen ______ vez, dentro del estuche, claro. He pensado: Menos mal que (nur gut, daß) ______ comprado el estuche. Y ya no lo he abierto ______ mirar...
▲ Por Dios, ¿se ______ cae todo al suelo, o sólo ______ gafas?...
● ... y bueno, que cuando he llegado a casa, ______ abierto el estuche para leer ______ periódico con las gafas nuevas, y... ¿sabes qué?
▲ ¿Rotas otra vez?
● No, ¡hechas polvo!

11 La familia

Diego de Velázquez (1599–1660): Las Meninas

Estamos en 1656 en el Palacio Real. Un palacio donde – según Lope de Vega – «hasta las figuras de los tapices bostezan de aburrimiento»... Sin embargo, hay un lugar allí lleno de vida: el taller de Velázquez.

A él van con frecuencia el rey, la reina, su esposa, y las princesas... Una visita de la princesa Margarita, de 5 años de edad, hija menor de los reyes, es el motivo de una de las pinturas más bellas que existen: *La familia de Felipe IV*, llamada más tarde *Las Meninas*.

La pequeña Margarita nos cuenta desde el cuadro:

«Es un día de primavera. Don Diego trabaja en un retrato de mis padres. Yo vengo a verlo acompañada, como siempre, de mis damas, mis criados, mis bufones...

Tengo un poco de sed, y doña Isabel, la menina que está a mi lado derecho, me ofrece agua perfumada para beber.

A mi izquierda, Nicolasillo, uno de mis bufones, intenta jugar con nuestro perro, que está delante de él, a sus pies. El perro se llama Sultán y es muy tranquilo. Es mío y de mi hermana mayor, María Teresa, que va a venir más tarde al taller...

Ahora acaba de entrar un empleado de Palacio. Viene a visitar a don Diego, es un primo suyo.

Al fondo, en el espejo, se ve a mi padre y a mi madre, que están enfrente de mí... Y tú, visitante, que has venido siglos después a vernos y estás detrás de mis padres, puedes asomar tu cabeza entre las suyas: tal vez vas a ver la tuya también reflejada en el espejo...»

1. Nahe Zukunft und nahe Vergangenheit

Ella va a venir. Sie wird kommen.	*ir a + Infinitiv:* Zukunft (vor allem: nahe Zukunft).
El acaba de entrar. Er ist gerade eingetreten.	*acabar de + Infinitiv:* unmittelbare Vergangenheit.

2. Das besitzanzeigende Fürwort

mi	mein	mío,-a
tu	dein	tuyo,-a
su	sein, ihr, Ihr	suyo,-a
nuestro,-a	unser	nuestro,-a
vuestro,-a	euer	vuestro,-a
su	ihr, Ihr	suyo,-a

mi, tu, su usw. stehen vor dem Substantiv: *mi padre, tu madre, su hermano.*

mío, tuyo usw. werden für drei wichtige Ausdrucksmöglichkeiten gebraucht:

El perro **es mío**.	*ser + mío*	gehört mir
Este libro **es el tuyo**.	*Artikel + mío*	der meine
Hoy viene **un primo mío**.	*un + Subst. + mío*	ein... von mir

3. Ordnungszahlen, Datum

1º primero	3º tercero,-a	6º sexto,-a	9º noveno,-a
1ª primera	4º cuarto,-a	7º séptimo,-a	10º décimo,-a
2º segundo,-a	5º quinto,-a	8º octavo,-a	

en el **décimo** piso en el piso **once**	im 10. Stock im 11. Stock	Ordnungszahlen werden meist nur bis 10. gebraucht. Ab 11. Grundzahlen.
el **primer día** el **tercer día**		*primero* und *tercero* werden vor männlichem Substantiv Einzahl verkürzt. (Vgl. *bueno, malo* usw. L 7)
una tercera parte **la tercera parte**	ein Drittel ein Drittel	*una/la + Ordnungszahl + parte:* gebräuchliche Umschreibung von Bruchzahlen.
el primero de julio **el dos de julio de 1999**		Beim Datum wird nur der Monatserste mit der Ordnungszahl angegeben.

Ejercicios

Falls Sie mehr über die Familie sprechen wollen...

mi abuelo, mi abuela	los padres de mis padres
mi tío, mi tía	los hermanos de mi padre o de mi madre
mi nieto, mi nieta	los hijos de mi hija o de mi hijo
mi primo, mi prima	los hijos de mi tía o de mi tío
mi sobrino, mi sobrina	los hijos de mis hermanos
mis suegros, mi suegro	los padres de mi mujer/marido
mis cuñados, mi cuñada	los hermanos de mi marido/mujer

Estados civiles: soltero – casado (casarse) – divorciado (divorciarse) – viudo

1 Einige Fragen zum Text

¿Cómo se llama el cuadro?
¿En qué año pinta Velázquez el cuadro?
¿Quién «bosteza de aburrimiento» en ese palacio?
¿Dice esto el rey?
¿Es un lugar aburrido el taller del pintor?
¿Quién va de visita allí?
¿Qué le sirve a Velázquez de motivo para una de sus pinturas?
¿Viene la niña sola a visitar al pintor?
Doña Isabel ofrece algo a la niña. ¿Por qué?
¿Quiénes acompañan a la princesa?
¿De quién es el perro?
¿Margarita es mayor que su hermana?
¿Está en el taller también María Teresa?
¿Qué es el primo de Velázquez?
¿A quiénes se ve reflejados en el espejo?

2 Setzen Sie Possessivpronomen ein: *mi, tu, su* usw. Spielen Sie dann das Gespräch über die Familie mehrmals durch und verändern Sie es nach Wunsch.

● ¿Dónde vives?
▲ Cerca de aquí, en la calle del Príncipe, al final, casi al lado del teatro Español.
● ¿Vives solo?
▲ Vivo con ______ padres, pero bueno, con casi toda ______ familia, porque mis hermanos mayores, que están casados, también viven en la misma casa. ______ hermano y ______ mujer en el primer piso, y en el segundo piso, ______ hermana, ______ marido y ______ hijos.

Erzählen Sie das Gleiche gemeinsam mit einem Bruder oder einer Schwester:
– ¿Dónde vivis? – Vivinos...

Erzählen Sie das Gleiche nicht von sich, sondern von Ihrem Freund:
– Mi amigo Pablo vive cerca de aqui, ...

Ejercicios

3 Mögliche Fragen an einen Freund, den Sie länger nicht gesehen haben.

– Hombre, Pedro, ¡tú por aquí! ¿Dónde vives ahora? Estás en Valencia, ¿no? ¿Estás contento allí? ¿Y cómo siguen ______ padres? Siempre quiero llamar a ______ madre para pedirle ______ dirección o ______ número de teléfono allí porque ahora voy de vez en cuando (ab und zu) a Valencia... ¿Y ______ hermano mayor, el soltero, sigue con ______ novia? ¿Y ______ hermanas, qué tal?

Sie treffen einen Freund mit seiner Schwester: *Hombre, ¡vosotros por aquí!...*

Sie treffen nach längerer Zeit einen Bekannten mit seiner Frau. Stellen Sie den beiden ähnliche Fragen.

4 Ergänzen Sie die fehlenden Wörter. Spielen Sie dann das Gespräch mehrfach durch und ändern Sie nach Belieben.

● A ver si vienes alguna vez ___ casa a tomar café, y conoces ___ mi familia. Ahora ___ verano se está muy bien ___ el jardín; y mis padres están ___ momento de visita aquí, con nosotros, y no ___ conoces.
▲ Bueno, no conozco ___ nadie de tu familia...
● Pero a Juan ya ___ conoces, ¿no?
▲ No, hija, ___ tu marido lo he visto a veces, contigo, cuando te viene a buscar, pero nunca me ___ has presentado (vorgestellt).
● Ah, ¿sí? ¿Es posible? Pues ___ próxima vez (nächstes Mal) lo voy a hacer...

5 Finden Sie mögliche Verbindungen.

Voy a intentar	con tus hermanos al tenis, ¿no?
Vas a jugar	en la fábrica de su padre.
El va a entrar	con mi perro un rato por el bosque.
Voy a correr	hablar con tu familia.
Vas a venir	en vuestro coche, si hay sitio.
Ella va a ir	más tarde con tu hermana, ¿no?
Vamos a llamar	a nuestra fiesta de fin de curso, ¿verdad?
Vais a venir	un rato más aquí.
Ellos van a intentar	en nuestro piso durante las vacaciones.
Vamos a quedarnos	a tu madre por teléfono.
Vais a salir también	salir a las 6 de la mañana.
Ellas van a estar	esta noche, ¿no?

Ejercicios

6 Sagen Sie, ob Sie das tun wollen/ werden:

– ¿Quieres tomar el café?
– *Sí, lo voy a tomar. / No, no lo voy a tomar ahora.*

1. ¿Puedes ayudarme un momento?
2. ¿Has empezado ya a hacer tu maleta?
3. ¿Quieres intentar una cosa así?
4. ¿Vas a comprar por fin el espejo?
5. ¿Tienes que arreglar tu bicicleta?
6. ¿Quieres mirar ahora la televisión un rato?
7. ¿Quieres contar lo que pasa?
8. ¿Necesitas tanto dinero para el viaje (Reise)?
9. ¿Llamas ahora?
10. ¿Llevas hoy el coche al taller?

7 Sie haben das noch nicht erledigt, werden es aber gleich tun, z.B.:

– ¿Ha comprado usted ya el cuadro?
– *Todavía no. Lo voy a comprar ahora.*

1. ¿Ya ha arreglado su bicicleta?
2. ¿Ha pedido ya las piezas de recambio?
3. ¿Ya han llegado sus padres?
4. ¿Ya ha llamado a su familia?
5. ¿Ha preguntado ya a qué hora llega su tren?
6. ¿Ya ha abierto el paquete?
7. ¿Ya ha dicho a qué hora quiere salir mañana?
8. ¿Ya ha comprado sus regalos?
9. ¿Has visitado ya a nuestros amigos?

Sie haben das alles gerade schon gemacht:

– ¿Ha comprado usted ya el papel?
– *Sí, acabo de comprarlo.*

8 Wiederholen Sie wichtigen Wortschatz (Gegensatzpaare).

1. Tengo muchas/ ______ ganas de salir.
2. Vivimos en una calle ruidosa/ ______.
3. Hoy es el último/______ día de vacaciones.
4. Hay poca/______ agua.
5. Es un país seco/______.
6. Son unas gafas de sol baratas/ ______.
7. Ahora me siento fatal (o: muy mal)/______.
8. La tienda ya está cerrada/ ______.
9. Escribo con la mano izquierda/ ______.
10. Hay poca/______ gente.
11. Siempre llega temprano/______.
12. Trabaja en una fábrica grande / ______.
13. Esta es la mayor /______ de sus hijas, ¿verdad?
14. Es una película buena /______.
15. Hablo bien /______ el inglés.
16. Es una ciudad antigua /______.
17. Nunca se levanta tarde/______.

Diese Gegensatzpaare verstehen Sie sicher auch:

débil	fuerte
caliente	frío
alegre	triste
fácil	difícil
feo	bello/bonito
igual	diferente

9 Es gibt viele sprachliche Möglichkeiten, Vergleiche anzustellen, z.B.:

Sevilla / Toledo
Sevilla es más grande que Toledo.
Toledo no es tan grande como Sevilla.
Toledo es menos grande que Sevilla.
A mí, Sevilla me interesa más que

Toledo. A mí, Toledo me gusta más que Sevilla. Yo conozco Sevilla menos que Toledo.

Vergleichen Sie jetzt:

mi calle / la calle donde vives tú
mi pueblo / el pueblo donde viven mis padres
mis discos / los de tu hermana
mi nueva máquina de escribir / la vieja
mi perro / el tuyo
este perfume / el tuyo
tus padres / los míos
nuestro piso / el vuestro

el nuevo modelo / el antiguo
esta playa / la playa de Benidorm
la poesía / la ciencia ficción
el Norte de Europa / el Sur
el programa de la radio / el de la televisión
los cuadros de Velázquez / los de Picasso
ir en avión / ir en tren

10

Fragen Sie einen anderen (tú), ob diese Dinge ihm gehören:

– *¿Este libro es tuyo?*
– *Sí, es mío. / No, no es mío.*

1. estas fotos
2. estos cuadernos
3. estas cerillas
4. esta máquina
5. este perro
6. esta bicicleta
7. este cuadro
8. esta pipa
9. este espejito
10. este retrato

Fragen Sie andere Personen:

– *¿Este libro es el suyo?*
– *Sí, es el nuestro. / No, no es el nuestro.*

11. este coche
12. estas fotos
13. estas pesetas
14. esta botella de agua mineral
15. estos billetes de avión

11

Lesen Sie ein kleines Villancico.

Ya vienen los Reyes
por el encinal*
Gaspar va delante,
Melchor va detrás
y el último viene
el gran Baltasar.

*el encinal: Eichenwald

12

Schreiben Sie einige Sätze über diese (oder andere) Personen:

mis padres – mis hermanos mayores – una hermana mía – mis primos – una prima mía – mi hermana pequeña – otra hermana mía – un amigo mío

13

Lesen Sie laut zur Übung der Ordnungszahlen.

1. Se van a ir el 1° de agosto.
2. Eres la 1ª persona que conozco aquí.
3. En 1^{r} lugar te digo una cosa: ...
4. Mi hermano está en el 2° curso de francés.
5. Es la 3ª vez que llama.
6. El cuadro de «Las Meninas» se llama en realidad «La familia de Felipe IV».
7. Es la 5ª vez que intenta pasar el examen.
8. Vivo en el 5° piso de este bloque de apartamentos, y en el 6° viven unos compañeros de clase míos.
9. Ya pronto va a nacer el niño; Ana está en el 8° mes.
10. Creo que lo que te interesa está en los capítulos IX y X del libro.
11. Lo que ves aquí es sólo la 10ª parte de los discos que tiene.
12. Esto no es ni la 10ª parte del trabajo que hay que hacer.

12 Por fin tengo un amigo

Por fin tengo un amigo,
otro pequeño imbécil como yo, sonriente,
que no lee los periódicos,
que no está preocupado,
que no tiene opinión formada sobre Europa.

Nos paseamos juntos charlando tontamente,
contándonos mentiras,
repitiendo en voz alta los nombres de los barcos
o inventando otros nuevos
para las pobres nubes que los están esperando.

¡Qué bonitas mañanas con aeroplanos blancos!
¡Qué bonitos los pinos,
la yerbecilla mansa,
la brisa siempre alegre,
las parejas amigas, de la mano, volando!

Gabriel Celaya (1911–1991)

Villanueva de Arosa (Galicia)

1. Das Gerundio

tom	**-ando**	Gerundio wird mit den Endungen *-ando* bzw. *-iendo* gebildet. Es hat im Deutschen selten eine direkte Entsprechung (z.B. *cantando* singend).
com	**-iendo**	
escrib	**-iendo**	

Unbetontes **i** zwischen Vokalen und am Wortanfang vor Vokal wird (nicht nur im Gerundio) **y** geschrieben: *leer* →*le****y****endo, ir* →***y****endo.*

2. Gerundio: unregelmäßige Formen

Einige Verben ändern im Gerundio **-e-** in **-i-** bzw. **-o-** in **-u-**. Beispiele:

decir	d**i**ciendo	sentir	s**i**ntiendo
venir	v**i**niendo	poder	p**u**diendo
pedir (L 9)	p**i**diendo	dormir	d**u**rmiendo
reír	r**i**endo	morir	m**u**riendo

3. Anwendung des Gerundio

Estamos charlando.	Wir reden gerade.	*estar + Gerundio:* Die Handlung ist gerade im Gang.
Seguimos estudiando.	Wir lernen weiter.	*seguir + Gerundio:* Die Handlung wird fortgesetzt.
Paseamos charlando.	Wir spazieren und unterhalten uns.	*Verb + Gerundio:* Zwei Handlungen sind eng verbunden.

4. Gerundio und Personalpronomen

Nos estamos contando mentiras. **Estamos contándonos** mentiras.	Personalpronomen steht vor dem konjugierten Verb oder angehängt an das Gerundio.

5. ¡Qué mañana más bonita!

¡Qué mañana más bonita!	Was für ein schöner...!	*¡qué + sust. + más + adj.!* ist als Ausruf üblich, (statt *¡qué bonitas mañanas!* wie im Gedicht).
¡Qué mañanas más bonitas!	Was für schöne...!	

6. Verkleinerungsformen

el cuadern-**illo** la yerb-ec-**illa**	*-ito, -illo, -ico* sind Verkleinerungsformen, die auch Sympathie, Verniedlichung usw. ausdrücken.

Ejercicios

1 Versuchen Sie jeder einen Satz aus dem Gedicht zu sagen, der Ihnen besonders gefallen hat oder einfach noch in Erinnerung ist.

2 Einige Fragen zum Gedicht.

¿Ha tenido esta persona muchos amigos en la vida?
¿Cómo es su nuevo amigo?
Los dos amigos, ¿son iguales o son diferentes? ¿Por qué?
¿Cree usted que son de verdad tontos?
¿Cree usted que Gabriel Celaya se identifica con estos dos amigos?
¿Los amigos hablan de cosas importantes?
¿Cree usted que de verdad se cuentan mentiras o tienen los dos mucha imaginación (Phantasie)?
¿Qué inventan?
¿Qué cosas les parecen bonitas?
¿Por qué «van de la mano, volando», las parejas amigas?

3 Colores

Hasta ahora han salido el **gris**, el **azul** y el **blanco**. Vamos a hablar ahora de otros colores:

El chocolate es **marrón**, los tomates son **rojos** (o **colorados**), las nubes son blancas o grises, las hojas de los árboles y la yerba son **verdes**, las primeras películas de Buñuel son en blanco y **negro**, las últimas en color, el agua del mar puede ser de muchos azules diferentes: **azul claro**, **azul oscuro** (o **azul marino**), y por las tardes, cuando el sol se pone (o se acuesta, como dice Alberti), las montañas y el cielo parecen a veces de **color rosa** o **violeta**, y el sol no tiene color, pero los niños lo pintan **amarillo** o **color naranja** y, como dice Picasso, hay pintores que pintan el sol como una mancha (Fleck) amarilla y hay otros que hacen de una mancha amarilla un sol...

4 Sagen Sie, was Sie im Augenblick tun:

– *¿Qué haces?*
– (descansar) *Ya ves, estoy descansando...*

1. estudiar la lección
2. esperar el autobús
3. leer el periódico
4. no hacer nada especial
5. escribir una carta a mis padres
6. contar dinero
7. tomar café
8. pasear
9. dar un paseo
10. llamar por teléfono.

Sagen Sie, was Sie im Augenblick zusammen tun:

– *¿Qué hacéis? ¿Qué estáis haciendo?*
– *Pues, estamos...*

11. oír un poco de música
12. charlar un rato
13. tomar el sol
14. dar un paseo
15. llamar por teléfono a mi hermano
16. arreglar esta máquina
17. estudiar español
18. mirar a la gente
19. contarnos cosas
20. hablar de la película que hemos visto
21. ayudar a mi madre
22. comer un poco
23. preparar todo para el café
24. cantar un rato
25. jugar
26. esperar a un amigo nuestro

Ejercicios

5 Sagen Sie, was das Kind im Augenblick tut:

—¿Qué está haciendo el niño?
—Pues, está...

1. pedir dinero a su padre
2. esperar a su primo para jugar
3. reírse mucho con su amigo
4. vestirse para ir al colegio
5. seguir un curso de inglés en la televisión
6. decir que no quiere venir con nosotros
7. charlar con su hermana mayor
8. pasearse con el perro
9. repetir en voz alta su lección

6 Teilen Sie sich die Rollen: A fragt, ob Pepa immer noch das Gleiche tut. B bestätigt das, z. B.:

– *¿Está hablando todavía con su amiga?*
– *Sí, sigue hablando con ella.*

1. escribir la carta
2. hablar por teléfono
3. ver la televisión
4. estudiar sus lecciones
5. preparar la comida (Essen)
6. arreglar su ropa
7. leer el periódico
8. oír música

Antworten Sie, dass Luis immer noch dasselbe tut (oder nicht):

– ¿Qué tal está Luis? ¿Hace todavía lo mismo?
– *Sí, sigue haciendo lo mismo. / No, ya no sigue haciendo lo mismo que antes (früher).*

9. ¿Vive todavía aquí?
10. ¿Vive todavía con vosotros?
11. ¿Sale con la misma chica?
12. ¿Vuelve tan tarde por las noches?
13. ¿Canta todavía en ese grupo musical?
14. ¿Se viste igual que antes?
15. ¿Se inventa todavía tantas cosas?
16. Trabaja todavía con su padre?
17. ¿Está harto, como siempre, de él?
18. ¿Está preocupado todavía con sus estudios?

7 Verknüpfen Sie die beiden gleichzeitigen Handlungen. Beispiel:

entrar en ... + hablar con ...
Entra en el bar hablando con un amigo.

descansar + tomar el sol
charlar + comer en el bar
estudiar + oír música
mirar fotos + pensar en ...
estar preocupado + pensar en sus problemas
ir al autobús + correr
pasar la mañana + trabajar
preparar la comida + cantar
escribir una carta + contar tonterías
pasearse + charlar con un amigo
dar la mano + sonreír
contar su vida + repetir las mismas cosas
formarse una idea + oír lo que dices
preocuparse + ver cómo está su mujer
inventar mucho + hablar de sus vacaciones

8 Einige Fragen an Sie.

¿Tienes muchos amigos?
¿Te resulta difícil en la ciudad donde vives tener nuevos amigos?
¿Adónde (wohin) te gusta ir cuando sales con tus amigos?
Ya has leído de qué cosas les gusta

hablar a los dos amigos de la poesía. ¿De qué te gusta a ti hablar con tus amigos?
¿Hay muchas cosas que pasan en el mundo que te preocupan?
¿Tienes «una opinión formada» sobre Europa...?
A los dos amigos les gustan la mañana, los pinos, la yerba, las nubes, la brisa...
¿Qué cosas de la naturaleza te gustan a ti? (sol, mar, playa, costa, agua, río, lluvia, niebla, montaña, llanura, bosque, pájaro, parque, flores, cielo, aire)

9 Betonen Sie stärker, dass die Handlung im Gang ist:

Me espera mi amigo.
Me está esperando mi amigo.

1. Esta señora me habla siempre de sus hijos.
2. No sé por qué se enfada conmigo siempre...
3. No sé por qué me miran así.
4. Miguel se prepara para un examen.
5. Mi hermano se levanta ahora.
6. Mi madre ya se acuesta, no puede más.
7. Ernesto pinta muy bien. Me hace un retrato.
8. Mis padres me esperan.
9. ¡Qué suerte tiene! Le regalan constantemente entradas.
10. ¿Ves cómo se pone el sol?
11. Me preocupa mucho lo que dices.
12. Anita se pone nerviosa.

Wenn Sie wollen, können Sie die zweite mögliche Stellung üben:

Me espera mi amigo. – *Está esperándome mi amigo.*

10 Stellen Sie sich die folgenden Sachen oder Personen mit etwas Phantasie vor und sagen Sie – begeistert oder entsetzt oder überrascht – etwas darüber, z.B.:

mañana
¡Qué mañana más bonita!

casa	bonito
naranjas	feo
chico	caro
tiempo	barato
coche	alto
hotel	fuerte
música	simpático
flores	etc.
cuadro	
vino	
etc.	

11 Schreiben Sie einige Sätze darüber, was Sie gemeinsam mit einem Freund/einer Freundin unternehmen und worüber Sie sprechen.

12 Ergänzen Sie die fehlenden Wörter. Spielen Sie dann dieses Gespräch oder ähnliche Szenen, die Sie sich ausdenken, mehrfach durch.

● Hombre, ¿qué hacéis los dos por aquí?
▲ Pues ya veis, dando un ______ por la playa. ¿Y vosotros?
● Nosotros estamos esperando ______ unos amigos. Queremos ir juntos ______ barco a Tossa de Mar, en ese barco ______ sale de aquí y va ______ toda la costa. Y tenemos ______ salir a las doce, y ellos no llegan, y ya ______ preocupados.
▲ A lo mejor ______ comprando algo para ______ o para beber, en el bar, ahí.

● No sé, pero se va a ______ el barco y ______ vamos a quedar aquí todo el día como unos tontos...

13 Schreiben oder erzählen Sie auf Spanisch:

Ich habe einen neuen Freund, der wie ich ist. Uns gefallen die gleichen Dinge. Wir machen zusammen Spaziergänge und unterhalten uns dabei über die Dinge, die wir sehen, zum Beispiel die Schiffe auf dem Meer, die Wolken am Himmel, die schönen Pinien, das Gras, die Brise...
Wir erzählen uns manchmal auch schöne Lügen, Dinge, die nicht wahr (Wahrheit) sind, aber die schön sind. Wenn wir zusammen spazieren gehen, sind wir sehr glücklich. Die Leute verstehen uns nicht ganz (no comprender del todo), aber das macht uns keine Sorgen (preocupar).

13 Arlequín y Colombina

P. Picasso: El Arlequín y su compañera

Un final típico de la «comedia del arte», entre Arlequín y Colombina: Arlequín, siempre inocente y enamorado, y Colombina, pícara hasta el último momento...

Lacayo	Señores, Arlequín es descendiente del duque de Sermonetta.
Todos	¿Eh?
Lacayo	Sí, señores. Y va a vivir en su palacio.
Don Perfecto	Entonces... si Su Excelencia necesita un profesor...
Veterinario	O un veterinario...
Doctor	O un médico...
Sargento	Zi quiere aprender a tirar...
Lacayo	Se lo diré.
Todos	Estamos a su disposición.

(Entra Colombina)

Arlequín	¿Sabes, Colombina? Soy duque. Soy duque del Salmonete, digo no, de Sermonetta. Esta señora es mi madre. Mamá mía, he pedido a la señorita Colombina para mujer... y ahora que voy a ser duque no pienso dejarla.
Duquesa	Harás bien.
Arlequín	¿Ahora me aceptarás, Colombina?
Colombina	Según... No basta ser duque para tener mi corazón. ¿Serás siempre amable con tu Colombina?
Arlequín	Sí.
Colombina	¿No tendrás nunca mal genio?
Arlequín	No.
Colombina	¿No te enfadarás si lo tengo yo?
Arlequín	No.
Colombina	¿Me obedecerás siempre?
Arlequín	Sí.
Colombina	¿Me llevarás al teatro?
Arlequín	Sí.
Colombina	¿Me obligarás a ir a la compra?
Arlequín	No.
Colombina	¿Me elogiarás si estoy guapa y bien vestida?
Arlequín	Sí.
Colombina	¿No estarás celoso de Lelio, si viene a verme?
Arlequín (de mala gana)	No...
Colombina	¿Me lo prometes?
Arlequín	Te lo prometo.
Colombina	Entonces acepto.
Arlequín	¡La mano!

Pío Baroja (1872 – 1956):
Los pretendientes de Colombina

1. Futur

tomar-**é** tomar-**ás** tomar-**á**	tomar-**emos** tomar-**éis** tomar-**án**	Regelmäßige Verben bilden das Futur mit Infinitiv + Endungen, die für alle Verben gleich sind: *comer-é, vivir-é.*

2. Futur: unregelmäßige Formen

poder	**podré**	hacer	**haré**	Diese Verben verändern im Futur den Stamm; die Endungen sind regelmäßig: *har-é, har-ás, har-á, har-emos, har-éis, har-án.*
tener	**tendré**	saber	**sabré**	
salir	**saldré**	decir	**diré**	
venir	**vendré**	haber (hay)	**habré (habrá)**	
poner	**pondré**	querer	**querré**	

3. Anwendung des Futurs: Zukunft oder Vermutung

Vivirá en su casa. **Va a vivir** en su casa.	Das Futur drückt Zukunft aus. Häufig steht dafür auch *ir a + Infinitiv* (L 12).
¿Qué hora es? – **Será** la una. Luis **se habrá acostado** ya...	Futur als Vermutung: Es wird ein Uhr sein. Luis wird ins Bett gegangen sein.

4. me lo, te lo, se lo

(el palacio)	te lo regalo	Zwei Personalpronomen beim Verb: die Person kommt vor der Sache. Mögliche Stellungen: *Te lo voy a contar.* *Voy a contártelo.* (Vgl. L 4)
(la mano)	te la doy	
(los regalos)	te los ofrezco	
(las cartas)	te las escribo	
(esto)	te lo prometo	

Le	doy	un libro	a Antonio/a Carmen.	~~Le lo~~	doy. →	**Se lo** doy.
Le	doy	la carta	a usted.	~~Le la~~	doy. →	**Se la** doy.
Les	doy	los libros	a mis amigos/amigas.	~~Les los~~	doy. →	**Se los** doy.
Les	doy	las cartas	a ustedes.	~~Les las~~	doy. →	**Se las** doy.

Vor *lo, la, los, las* wird *le/les* zu **se**.
Dies hat nichts zu tun mit dem reflexiven *se: se vive* (L 4), *se cae* (L 9).

Ejercicios

1 Arlequín antwortet nur mit Ja oder Nein. Ergänzen Sie seine Antworten:

– ¿Serás siempre amable con tu Colombina?
– *Sí, lo seré.*

1. ¿No te enfadarás conmigo?
2. ¿Me obedecerás siempre?
3. ¿Me llevarás al teatro?
4. ¿Me obligarás a ir a la compra?
5. ¿Me elogiarás si estoy guapa?
6. ¿No estarás celoso de Lelio?
7. ¿Me dejarás hacer tonterías?
8. ¿Estarás siempre de buen humor?
9. ¿Me dejarás volver tarde?
10. ¿No me preguntarás nunca qué hago con el dinero?
11. ¿Te levantarás a hacer el desayuno?
12. ¿No invitarás mucho a tus padres?
13. ¿Me comprenderás siempre?
14. ¿Me darás sorpresas?
15. ¿No te convertirás en un pequeño imbécil?
16. ¿Irás de vacaciones conmigo?
17. ¿Darás paseos conmigo, de la mano?
18. ¿Te reirás mucho conmigo?
19. ¿Lo pasaremos siempre bien?
20. ¿Viajaremos mucho?
21. ¿Viviremos siempre felices?

Sagen Sie, wie Sie die Zukunft der beiden sehen:
El (no) se enfadará mucho con ella...

2 Bevor wir zwei Personalpronomen kombinieren, eine kurze Wiederholung mit einem Pronomen.

– ¿Necesitas el libro?
– *Sí, lo necesito. / No, no lo necesito.*

¿Qué? – Was?

1. ¿Necesitas el periódico?
2. ¿Aprendes las palabras?
3. ¿Has dejado tu cuaderno en casa?
4. ¿Te bastará el dinero que llevas?
5. ¿Aceptas lo que dice?
6. ¿Preguntas a qué hora llega el tren?
7. ¿Le obligas de verdad a hacer esto?

¿A quién? – Wen?

8. ¿Esperas a tus padres?
9. ¿Comprendes al chico?
10. ¿Vas a ver a Alicia allí?
11. ¿Conoces ya a las nuevas profesoras?

¿A quién? – Wem?

12. ¿Pregunta* usted a su marido, por favor?
13. ¿Pregunta usted a sus amigos?
14. ¿Pregunta usted a la profesora?
15. ¿Escribe usted a su mujer?
16. ¿Responde usted misma al señor Alvarez?

*preguntar algo (was?): etwas (er)fragen
preguntar a alguien (wem?): jemandem eine Frage stellen

3 Fragen Sie sich gegenseitig und antworten Sie, z.B.:

– Alberto no sabe que vamos. ¿Se lo dices tú?
– *Sí, sí, yo se lo digo.*

1. Jaime dice que hoy no tiene tiempo. **¿Se lo crees tú?**
2. Tenemos que pedir el dinero a tu padre. **¿Se lo pides tú?**
3. Inés sabrá dónde vive Ana. **¿Se lo preguntas tú?**
4. Tu madre quiere un poco de café. **¿Se lo haces tú?**
5. Isabel y Pedro me han pedido las fotos del verano. **¿Se las mandas tú?**

6. Tus padres necesitan estas cosas para el piso nuevo. **¿Se las llevas tú?**
7. ¿Cuántos años tendrá Miguel? **¿Se lo preguntas tú?**
8. Ellas todavía no saben nada de esto. **¿Se lo cuentas tú?**
9. Ellas quieren saber nuestra nueva dirección. **¿Se la das tú?**
10. A mí, Pedro no me dice adónde va mañana. **¿Se lo preguntas tú?**
11. María necesita el coche esta tarde. **¿Se lo dejas?**
12. El no puede ahora ir a comprar el billete. **¿Se lo compras tú?**

4

Fragen Sie sich gegenseitig und antworten Sie, z.B.:

– ¿Nos dices por fin qué te ha pasado?
– *Sí, ahora os lo digo...*

1. ¿Nos repites tu número de teléfono?
2. ¿Nos explicas cómo se va a tu casa?
3. ¿Nos cuentas cómo te ha ido en el viaje?
4. ¿Nos traes luego la televisión pequeña?
5. ¿Nos crees ahora lo que te decimos?
6. ¿Nos pones el nuevo disco?
7. ¿Nos escribes esto a máquina?
8. ¿Nos prometes que vienes mañana?
9. ¿Nos traduces este telegrama?

– ¿Os han traído ya la ropa limpia?
– *Sí, sí, nos la han traído.*

10. ¿Os han dicho a qué hora salimos?
11. ¿Os han explicado su idea?
12. ¿Os han servido ya la comida?
13. ¿Os han conseguido las entradas para el teatro?
14. ¿Os han hecho ya la foto?
15. ¿Os han traído ya la lavadora nueva?
16. ¿Os han prometido venir hoy?
17. ¿Os han dado ya los cuadernos?
18. ¿Os han contado el proyecto que tienen?

5

Fragen Sie sich gegenseitig und antworten Sie, z.B.:

– ¿Me comprarás el libro?
– *Sí, te lo compraré. / – No, no te lo compraré.*

1. ¿Me comprarás el periódico?
2. ¿Me explicarás por fin lo que ha pasado?
3. ¿Me contarás lo que queréis hacer?
4. ¿Me escribirás las cartas a máquina?
5. ¿Me traducirás este texto?
6. ¿Me llevarás las cartas a Correos (zur Post)?
7. ¿Me aceptarás el cheque (Scheck)?
8. ¿Me darás ese dinero?
9. ¿No me dejarás luego tu coche?
10. ¿Nos abrirás las botellas?
11. ¿Nos presentarás por fin a tu amigo?
12. ¿Nos traerás la ropa limpia?
13. ¿Nos dirás por fin lo que piensas?
14. ¿Nos prometerás no enfadarte?

Stellen Sie die gleichen Fragen an mehrere Freunde:

– *¿Me compraréis el libro?*
– *Sí, te lo compraremos. / No, no...*

Ejercicios

6 Machen Sie diese Übung wie im Modell in zwei Schritten. So wird Ihnen die Umwandlung *le/les* → *se* noch besser vertraut.

Yo escribo una carta [a Pepe.]

↓

Yo le escribo [una carta.]

↓ ↓

Yo se la escribo.

1. Contaré la verdad a Juan.
2. Llevaré un regalo a tu madre.
3. Daré una sorpresa a todos.
4. Diré a mis amigos lo que pienso.
5. Explicaré al niño cómo se hace.
6. Compraré el periódico a mis hermanos.
7. Mandaré un paquete a tu madre.
8. Haré una visita a tu padre.
9. El le repetirá a Vd. lo mismo.
10. Arlequín contará a Colombina lo que acaba de pasar.
11. Prometerá a Colombina no estar celoso nunca.

7 Ergänzen Sie die Antworten mit demselben Verb.

1. – ¿*Podrá* usted venir mañana? – Sí, creo que ______.
2. – ¿*Tendrá* usted tiempo más tarde? – Sí, creo que lo ______.
3. – ¿*Saldrá* ya de viaje esta misma semana? – Pues sí, ______ este fin de semana.
4. – ¿*Hará* usted el viaje en primavera? – No, lo ______ en verano.
5. – ¿Nos *pondrá* usted un telegrama desde allí? – Sí, se lo ______.
6. – ¿Cuándo *sabrá* lo que cuestan los billetes? – Pues lo ______ hoy mismo.
7. – Por favor, ¿le *dirá* al señor Ayuso que he llamado? – Sí, naturalmente, se lo ______.
8. – ¿*Vendrá* usted mañana más pronto? – Sí, ______.
9. – ¿*Sabrá* usted luego si basta con este dinero? – Sí, luego lo ______.
10. – ¿*Dirá* usted al médico que he estado aquí? – Sí, se lo ______.
11. – ¿*Habrá* mucha gente en el concierto? – Sí, creo que ______ bastante gente.

8 Häufig wird statt des Futurs einfach *ir a + Infinitiv* verwendet.

– ¿Le dejarás el coche esta noche?
– *Sí, se lo voy a dejar. / No, no se lo voy a dejar.*

1. ¿Le dejarás la bicicleta mañana?
2. ¿Le preguntarás si viene mañana?
3. ¿Le comprarás lo que quiere?
4. ¿Le llevarás la pieza de recambio?
5. ¿Les leerás la carta?
6. ¿Les darás la respuesta hoy?
7. ¿Les explicarás lo que piensas hacer?
8. ¿Les repetirás otra vez lo mismo?
9. ¿Les ofrecerás el coche para el fin de semana?
10. ¿Les preguntarás a qué hotel van?
11. ¿Le dirás a Pepe adónde vamos?
12. ¿Le pondrás los regalos en su cuarto?
13. ¿Le harás esta pregunta al profesor?

Ejercicios

9 Setzen Sie die Verben ein (Futur).

(hacer)	Me ha escrito Ramón y dice que _______ todo lo posible
(poder)	y cree que sí, que _______ venir; pero
(venir)	que _______ a finales de julio, porque antes
(tener)	_______ que pasar un examen,
(ser)	que _______ el 15 de julio, y después quiere quedarse todavía una semana más,
(haber)	porque _______ una fiesta de fin de curso que le interesa.
(saber)	Como no _______ hasta el último momento el día
(poder)	exacto en que _______ salir de allí,
(poner)	nos _______ un telegrama al salir o nos lo
(decir)	_______ por teléfono, si lo sabe antes.

10 Antworten Sie mit einer Vermutung, z.B.:

– ¿Qué edad tiene Colombina?
– No sé, tendrá unos 20 años.

1. – ¿Y qué edad tiene Arlequín?
   – Yo creo que _______ la misma edad que ella.
2. – ¿Cuánto cuesta el palacio de la duquesa de Sermonetta?
   – Uy, _______ un ojo de la cara...
3. – ¿Por qué acepta ahora Colombina a Arlequín?
   – Lo _______ por el dinero que tiene.
4. – ¿Por qué le hace prometer tantas cosas?
   – Lo _______ para estar bien segura de que le obedecerá.
5. – ¿Por qué ofrecen todos su ayuda?
   – La _______ para poder trabajar en el palacio.
6. – ¿Por qué quieren trabajar allí?
   – Seguramente porque _______ ganar (verdienen) más dinero.
7. – ¿Por qué dice Arlequín a todo que sí?
   – Lo _______ porque es un inocente.

11 Antworten Sie frei mit einer Vermutung: *No sé, ...*

1. ¿Dónde están tus amigos ahora?
2. ¿Qué hora es?
3. ¿A qué hora empieza el cine?
4. ¿Cuántas personas vienen hoy?
5. ¿A qué hora han llegado?
6. ¿Qué sabe Pepe de esto?
7. ¿Cuándo vuelve Alicia?
8. ¿Qué está haciendo tu amigo?
9. ¿Por qué está hoy de tan mal genio el profesor?

12 Antworten Sie auf die Fragen und achten Sie darauf, dass „bekommen" in bestimmten Fällen *conseguir* (durch eigenes Zutun), in anderen *recibir* (z. B. mit der Post) entspricht.

¿Es difícil conseguir discos españoles aquí?
¿Consigues en alguna librería los libros más baratos?
¿Consigues periódicos españoles en algún quiosco?
¿Qué te gusta más: hacer regalos o recibirlos?
¿Recibes muchas cartas?
¿Has conseguido entender el texto?
¿Consigues generalmente hacer los ejercicios solo?
¿Consigues llegar a tiempo a clase generalmente?

13 Fragen Sie sich gegenseitig.

¿Qué idiomas aprendes de momento?
¿Qué más cosas estás aprendiendo de momento?
¿Adónde piensas ir después de la clase?
¿Qué piensas hacer mañana por la mañana?
¿Piensas acostarte hoy temprano?
¿En las tiendas aceptan cheques?
¿Tienes mal genio? ¿Te enfadas mucho con tus amigos?
Cuando vas a la compra, ¿vas a un supermercado?
¿Te gusta ir de compras?
¿Te sientes obligado a ayudar en casa?
¿Te gusta elogiar a otra persona? ¿Qué elogias?
¿Te vienen a ver a casa muchos amigos?
¿A quién vas a ver o a visitar tú, generalmente?

14 ¿Qué harás después de la clase?

llamar – ir a la compra – pensar lo que voy a hacer – esperar a... – hablar con – pasear – volver a – leer – acostarse

¿Qué harás (o no harás) en las próximas vacaciones?

trabajar – hacer un viaje – hacer deporte (Sport) – tomar el sol – empezar a – ayudar a – visitar a – escribir a – seguir aprendiendo – quedarse en – descubrir – levantarse – acostarse – ir a – no hacer nada

15 Trennen Sie sich in Gruppen. Damen gemeinsam, Herren gemeinsam. Überlegen Sie, welche Bedingungen – oder Fragen – Sie einem künftigen Partner stellen würden, und schreiben Sie alle Fragen auf. Wenn beide Gruppen fertig sind, stellen Sie sich gegenseitig die Fragen und beantworten Sie sie, soweit Sie das auf Spanisch schon können.

16 Schreiben Sie einige Dinge, die – in Ihrem Leben oder ganz allgemein – in 5 Jahren anders sein werden:
Dentro de unos 5 años, ...

17 Versuchen Sie auf Spanisch auszudrücken:

● Weißt du schon, was du am nächsten Wochenende tun wirst?
▲ Ich glaube, ich werde hier bleiben, weil ich viel zu tun und zu lernen habe.
● Du arbeitest immer so viel!
▲ Ich werde diesmal nicht meine Eltern besuchen gehen. Ich habe

es ihnen schon am (por) Telefon gesagt. Ich werde am Samstagabend (por la noche) mit einem Freund ausgehen, weil ich es ihm versprochen habe ...
● Und am Sonntag?
▲ Am Sonntag werde ich spät aufstehen und den ganzen Tag ausruhen.
● Wirst du den ganzen Tag zu Haus bleiben?
▲ Vielleicht werde ich am Nachmittag einen kleinen Spaziergang durch den Wald machen. Wenn du willst, werde ich dich vorher (antes) anrufen ...

Spielen Sie nun gemeinsam das Gespräch.

18 Ergänzen Sie die fehlenden Wörter. Spielen Sie dann dieses oder ähnliche Gespräche, die Sie sich ausdenken, ein paar Mal durch.

Hablando de los próximos años ...

● ¿Piensas quedarte a vivir aquí?
▲ Bueno, ________ momento un año más todavía, pero luego me iré dos años ________ Francia, y después un ________ a Inglaterra. Pero luego volveré otra vez aquí e intentaré encontrar ________ trabajo, aquí o cerca ________ aquí, no sé ... ¿Y tú?
● Pues yo quiero irme ________ verano a Chile. Tengo familia allí, mis tíos, y ya veremos qué tal. No sé cuánto tiempo ________ quedaré allí ...

19 Ergänzen Sie die fehlenden Wörter. Spielen Sie dann dieses oder ähnliche Gespräche, die Sie sich ausdenken, ein paar Mal durch.

● Hola, Adriana, ________ llamo por si quieres venir mañana a casa a cenar (zu Abend essen) y a ver un vídeo de «Martes y Trece» que me han dado.
▲ ¿Sí? Muy bien. ¿Por qué no se lo dices también a Marta, sé que ________ ella le gusta mucho «Martes y Trece».
● Sí, claro, muy bien, pero no tengo de momento ________ teléfono. ¿Me lo dices y ________ llamo?
▲ Sí, o se lo digo yo, ¿quieres?, la veré ________ tarde. Entonces, iremos mañana a eso de las diez, ¿ ________ parece?

14 Mi pintura lleva en sí el mensaje del dolor

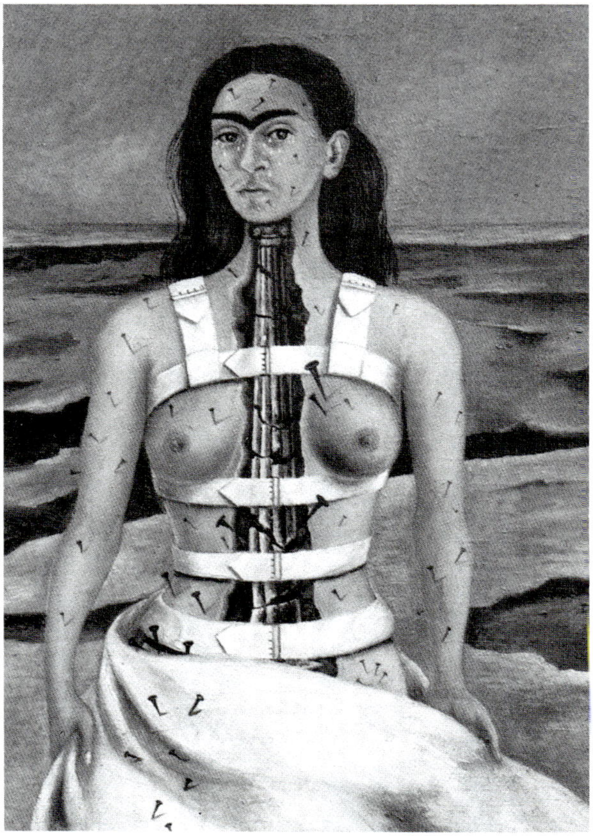

Frida Kahlo: La columna rota

«Me gustan mucho las cosas, la vida, la gente. El dolor no, eso no lo soporto. No tengo miedo de la muerte, pero quiero vivir.»

«A mí me gustaría vivir a mi manera... Yo querría vivir a gusto detrás de la cortina de la locura: arreglaría las flores todo el día, pintaría el dolor, el amor y la ternura, me reiría de la estupidez de los otros y todos dirían: pobre, está loca. (Sobre todo me reiría de mí.) Construiría mi mundo, que estaría de acuerdo con todos los mundos.»

«He estado enferma un año: 1950–1951. Siete operaciones en la columna vertebral. El doctor Farril me ha vuelto a dar la alegría de vivir. Todavía estoy en la silla de ruedas y no sé si pronto empezaré a andar.»

«La *big* operación ha pasado. Y el médico es tan maravilloso, y mi *body* está tan lleno de vitalidad que hoy me han hecho levantar sobre mis *poor feet* durante dos minutos, pero ni yo misma me lo *believo*. Las dos *first* semanas han sido de sufrimientos y lágrimas, no deseo estos dolores a *nobody*.»

Frida Kahlo (1907–1954) @

1. Konditional: ich würde...

estar-**ía**	ich würde sein	podré →	**podría**	sabré →	**sabría**
estar-**ías**		tendré	**tendría**	haré	**haría**
estar-**ía**		saldré	**saldría**	diré	**diría**
estar-**íamos**		vendré	**vendría**	querré	**querría**
estar-**íais**		pondré	**pondría**		
estar-**ían**		habré	**habría**		

Die Endungen sind für alle Verben gleich.
Sie werden wie beim Futur an den Infinitiv angehängt.
Die Verben mit unregelmäßigem Stamm im Futur (L 13) haben im *Condicional* dieselbe Veränderung.

2. quisiera

Yo **querría** vivir a gusto. Yo **quisiera** vivir a gusto.	„Ich möchte gern" wird häufig mit *quisiera* statt *querría* ausgedrückt (L 28).

3. volver a + Infinitiv: wieder, noch einmal

Me **vuelve a** dar la alegría.	Er gibt mir die Freude wieder.
Me **ha vuelto a** dar la alegría.	Er hat mir die Freude wieder gegeben.
Vuelve a hacerlo./Lo vuelve a hacer.	Er macht es wieder.

Zur Wiederholung und Ergänzung:

está pintando	sie malt gerade
acaba de pintar	sie hat gerade gemalt
va a pintar	sie wird bald malen
suele pintar por las mañanas	sie malt meistens vormittags (sie pflegt zu malen)

4. Verbengruppe construir -y-

construir bauen	constru**y**o constru**y**es constru**y**e	construimos construís constru**y**en	In den stammbetonten Formen der Verben auf *-uir* wird ein *-y-* eingeschoben.

Ebenso:

destruir zerstören
reconstruir wieder aufbauen

Ejercicios

1 Was trifft auf Frida Kahlo zu?

1. Le gusta vivir.	sí	no
2. Soporta mal los dolores.	sí	no
3. Tiene miedo de la muerte.	sí	no
4. Le gustaría vivir de otra manera.	sí	no
5. No le importaría (nichts ausmachen) parecer una loca.	sí	no
6. Le gustaría pintar el dolor, el amor y la ternura.	sí	no
7. Le gustaría reírse de sí misma y de los demás.	sí	no
8. Le gustaría vivir en su mundo especial.	sí	no
9. No estaría de acuerdo con los otros mundos.	sí	no

2 Fragen Sie sich gegenseitig und antworten Sie.

1. ¿Te gustaría pintar?
2. ¿Os gustaría salir esta noche?
3. ¿Les gustaría ir a Cuba?
4. ¿Te gustaría ir a ver a alguien en especial este fin de semana?
5. ¿Os gustaría «vivir a vuestra manera»?
6. ¿Te gustaría vivir como un loco?
7. ¿Le gustaría ser médico?
8. ¿Te gustaría poder soportar mejor a la gente?
9. ¿Os gustaría reíros de todo y vivir a gusto?
10. ¿Le gustaría (a usted, señor/señora) arreglar este país?

3 Sagen Sie, dass Sie (nicht) dasselbe machen würden, z. B.:

Pepe estudia italiano.
– *Yo estudiaría también italiano (en su caso).*
– *Yo no estudiaría italiano.*

1. El admira mucho a su padre.
2. Ella se calla siempre.
3. Ella acepta todo lo que le pasa.
4. Ella se enfada mucho.
5. El se inventa muchas cosas.
6. Ellos están de acuerdo con el plan.
7. Ella soporta bien el dolor.
8. El se queda siempre en casa.
9. El ofrece regalos absurdos.
10. Ella está harta de su amigo.
11. Juan bebe mucho ahora.
12. Ella desea irse de aquí.

13. El vuelve siempre muy tarde.
14. Ella se acuesta tempranísimo.
15. El piensa lo mismo que su hermano.
16. El empieza a trabajar muy temprano.
17. El cierra la tienda todas las tardes.
18. El entiende todo esto.
19. El se siente a gusto en su trabajo.
20. Ella se viste sólo con cosas caras.
21. El sigue estudiando mucho.
22. El se ríe de esto.
23. Ella pide siempre lo mismo de comer.

Antworten Sie jetzt im Plural:

Pepe estudia italiano.
– *Nosotros estudiaríamos también italiano.*
– *Nosotros no estudiaríamos italiano.*

Ejercicios

4 Fragen Sie sich gegenseitig und antworten Sie mit Ja, z.B.:

– ¿Tendrías ganas también de ir con ellos?
– *Sí, tendría ganas de ir con ellos. / No, no tendría ganas...*

1. ¿**Podrías** arreglarme este reloj (Uhr)?
2. ¿**Tendrías** tiempo (Zeit) esta noche?
3. ¿**Sabrías** contestar a esta pregunta?
4. ¿**Querrías** hacer un viaje a Perú?
5. ¿**Dirías** una tontería tan grande?
6. ¿**Harías** una locura así?
7. ¿**Saldrías** de viaje ahora mismo?
8. ¿**Vendrías** también a clase a otra hora?
9. ¿**Pondrías** un cuadro de Frida Kahlo en tu casa?

Stellen Sie die Fragen in der ihr-Form und antworten Sie:

– *¿Tendríais (vosotros) tiempo mañana?*
– *Sí, tendríamos tiempo ...*

5 Stellen Sie sich vor, Sie gewinnen zehn Millionen Peseten. Was würden Sie bzw. Sie und Ihre Familie tun? (Verwenden Sie einige der folgenden Formen.)

viviría(mos) – cambiaría(mos) – me lanzaría – me quedaría – seguiría – ofrecería – daría – regalaría – volaría – ya no necesitaría – daría una sorpresa – me gustaría – tendría ocasión de – me interesaría – creería – desearía – podría – tendría – me bastaría – no sabría – estaría – sería – empezaría – compraría – arreglaría – construiría – volvería – soportaría

6 Sagen Sie, was Sie tun würden oder nicht tun würden, z.B.:

comprar
– *Yo, la verdad, compraría otra cosa.*
– *Yo, desde luego, no compraría esto.*

beber – volver – quedarse – veranear – tomar – explicar – necesitar – mirar – descansar – leer – oír – gustar – arreglar – estar de acuerdo – desear – llevar – ir

7 Lesen Sie, wie jemand anderer gern leben würde und was er/sie gern täte. Ergänzen Sie.

(querer/hacer)	Yo ______ vivir a mi manera... ______ sólo
(saber)	cosas agradables (angenehm). No ______ lo que es
(venir)	levantarme temprano, no ______ nunca a
(tener)	clase, y como ______ mucho tiempo libre,
(poner)	______ muy alta mi música favorita
(oír)	y la ______ todo el día,
(salir/hacer)	______ con mis amigos, ______ viajes
(poder)	constantemente porque ______ pagármelos,
(reírse)	claro, y ______ de todo el mundo. A lo
(decir)	mejor, la gente ______: «La pobre está
(importar)	loca.», pero a mí no me ______ nada. Lo
(ser)	que no sé es si ______ feliz así, pero me
(gustar)	______ saberlo ...

Schreiben Sie jetzt, wie Sie selbst gern leben würden oder was Sie gern täten.

Ejercicios

8 Ergänzen Sie: *ser* (Grundeigenschaften) oder *estar* (Zustand).

1. El médico ______ maravilloso.
2. El niño ______ lleno de vitalidad.
3. Mi padre ______ enfermo del corazón.
4. Frida Kahlo ______ desconocida en Alemania.
5. Este país ______ muy frío.
6. Me gusta esta pintura, ______ muy bella.
7. Este coche ______ muy barato.
8. Este sitio ______ lleno de gente.
9. Esta parte del país ______ muy pobre.
10. ______ difícil comprenderlo.
11. Juan ______ contento con su trabajo.
12. La diferencia ______ enorme.
13. Juan ______ muy bueno con todos.
14. ______ harto de esperar.
15. ______ tantos los problemas que tengo ahora...
16. Juan ______ muy misterioso.
17. El libro que estoy leyendo ______ interesante.
18. ______ importante no llegar tarde.
19. El niño ______ pequeño, tendrá unos cinco años.
20. El río ______ completamente seco.
21. El Norte ______ muy húmedo.
22. ______ mejor llamar antes.
23. La casa ______ azul.

9 Sagen Sie, dass Sie dasselbe noch einmal tun werden:

explicarlo → *Si quieres, vuelvo/ volveré a explicarlo.*

hacerlo – visitarlos – pedirles el dinero – preguntárselo – pasar por su casa – contárselo – escribirle – explicárselo – leérselo – llamarlo – empezar – arreglarlo

Sagen Sie jetzt, dass Sie es nicht noch einmal machen würden:

explicarlo → *No volvería a explicarlo otra vez.*

10 Finden Sie mögliche Kombinationen.

Mi padre acaba	a pintar la casa de un color feísimo.
Me ha vuelto	a telefonear otra vez.
El chico ha vuelto	de salir del hospital.
Frida acostumbra	a caerse.
El niño va	pintar por la mañana.
Han vuelto	de tener un niño.
María acaba	a empezar a andar pronto.
El médico va	de volver de un viaje.
Acabo	de levantarme.
Mis amigos acaban	acostarte muy tarde, ¿no?
Allí van	a hacer una operación a vida o muerte.
Acostumbramos	a arreglar la lavadora esta tarde.
Tú acostumbras	a construir una casa nueva.
Han vuelto	salir por la tarde.

Ejercicios

11 Ergänzen Sie die fehlenden Wörter. Spielen Sie dann das Gespräch mit eigenen Varianten, z.B. mit anderen Vorschlägen.

● Hola, Clara, soy yo, Gloria.
▲ Hola, ¿qué hay? ¿_______ tal?
● Bien, bien ... Clara, te llamo porque _______ a salir esta noche _______ Luis, Pilar, Javier, Tony y ... bueno, ya sabes, Fernando y Lola, todo _______ grupo, los de siempre. Y he pensado que a _______ mejor tú querrías venir también.
▲ Mujer, claro que _______ gustaría, ¿pero por qué me _______ dices tan tarde? Voy a ir a _______ de mis padres, y si le digo a _______ madre en el último momento que no voy, se enfada muchísimo, ya _______ conoces... Pero otra cosa: ¿Por qué no _______ hacemos mañana, domingo?
● Chica, no sé, ahora volver _______ llamar a todos y decirles que no... Fernando y Lola, ya sé _______ mañana no pueden.
▲ Bueno, ellos _______ los únicos (einzig) que no me importaría no ver. Ya sabes que no soporto _______ Fernando ...
● Sí, está loco ...
▲ ... como una cabra (verrückt „wie eine Ziege").
● ... pero yo me lo paso de miedo con él ...
▲ Sí, ya sé que os reís mucho con él, pero a _______ me pone enferma, hija. Bueno, pero de verdad: _______ encantaría ir también. Así que, ¿no podríamos ver _______ funciona el domingo?
● Si los otros están _______ acuerdo, a mí me da igual (ist mir gleich).
▲ Si quieres, te vuelvo _______ llamar más tarde para ver si lo has podido arreglar. Ya sabes que yo ahora tengo clase, si no (sonst) los llamaría yo. Así que luego te voy a llamar. Y gracias, ¿eh?

12 Schreiben Sie 10 Dinge auf, die Sie wirklich gern tun würden. Vergleichen Sie mit den anderen.

13 Schreiben Sie den letzten Absatz des Textes und ersetzen Sie die englischen Wörter durch spanische.

14 Schreiben Sie diese Gedanken auf Spanisch.

Dieses Jahr ist es mir sehr schlecht gegangen. Ich bin sehr krank gewesen. Sie haben mich an der Wirbelsäule operiert (hacer una operación). Es geht mir schon besser, aber ich habe noch sehr starke Schmerzen am Rücken. Ich wünsche diese Schmerzen niemand. Aber ich habe Glück gehabt, ich habe einen wunderbaren Arzt gehabt. Er hat mir die Lebensfreude wieder gegeben.

15 Por Castilla

En un pueblo de cuyo nombre no me acuerdo

Es lunes y en el mercado de la plaza, en medio de un guirigay artesano, se vende y se regatea y se compra el chorizo de Candelario, y el queso de la sierra, y la nívea harina, y la aromática yerba del país al lado de la especia de Ultramar, y el pimentón de la Vera, y el vino de Toro, y el cordero, y la trucha, y el infalible remedio para la calvicie, y el elixir de la eterna juventud ...

Camilo José Cela (1916–):
Por tierras de judíos, moros y cristianos ⓐ

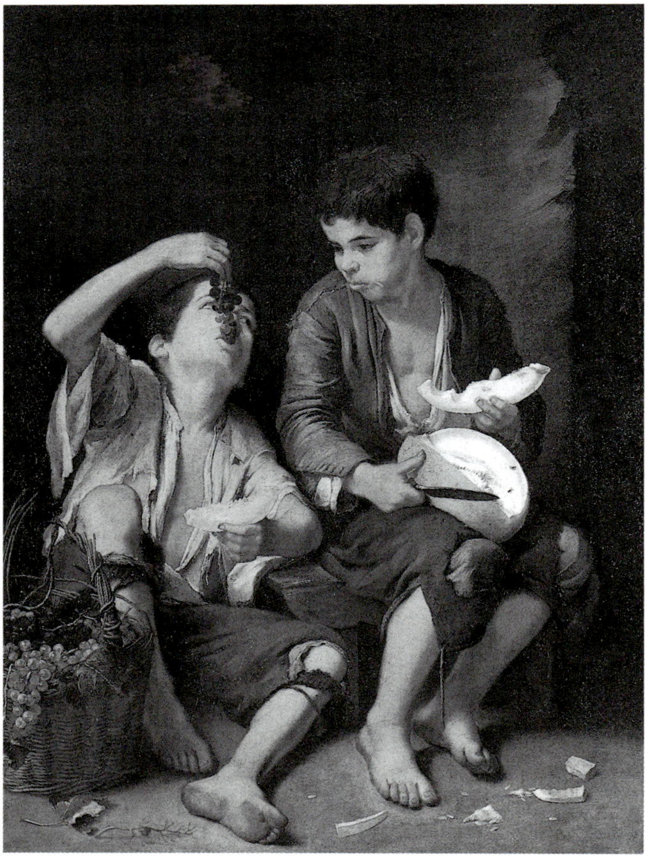

Bartolomé Esteban Murillo: Dos niños comiendo melón y uvas.

Una sopa cuya receta es famosa

La mesa, en Avila, es un poco el «huevo de Colón» del arte culinario. Los productos empleados son de finísima calidad y las cosas, naturalmente, salen bien. Los platos de Avila recuerdan a la famosa receta de la sopa de piedras:
Se toman unas piedras del río, bien redonditas, se lavan bien y se echan al puchero, en el que, antes, se han puesto dos pollos, kilo y medio de jamón serrano, un kilo de ternera, unos chorizos, unas morcillas, etc. Se echa sal y pimienta y, una vez todo bien cocido, se tiran las piedras cuidadosamente ...

Camilo José Cela: *Avila* ⓐ

1. se cuece / se cuecen

Se cuece un pollo. **Se cuecen dos pollos.**	man kocht man kocht	Unpersönliche Form: *se* + *Verb* (L 4). Wenn das Objekt (wen/was?) ein Plural ist, steht auch das Verb im Plural.
El pollo se cuece. **Los pollos se cuecen.**	wird gekocht werden gekocht	Diese Form ersetzt im Spanischen meist auch das Passiv (L 30).

2. el que / el cual

la mesa la mesa	que en que	está allí comemos	*que* (der, die, das) steht unmittelbar nach dem Substantiv oder nach einsilbigen Präpositionen *(a, en)*.
el trabajo la sopa los productos las recetas	para el que de la que con los que para las que	te necesito hablamos se prepara compro todo	*el que, la que, los que, las que* stehen nach Präpositionen (meist auch nach einsilbigen).
el chico la casa las tiendas los chicos	con el cual para la cual delante de las cuales detrás de los cuales	sale ella trabajo lo venden vienen ellas	*el cual* usw. wird vor allem nach zusammengesetzten, längeren Präpositionen verwendet.

3. cuyo

el médico	cuya	dirección	te he dado	dessen Adresse
la señora	cuya	dirección	te he dado	deren Adresse
mi amigo,	a cuyos	hermanos	conoces	dessen Geschwister
mi amiga,	a cuyos	hermanos	conoces	deren Geschwister

cuyo (dessen, deren) richtet sich als Adjektiv nach dem *folgenden* Substantiv, nicht wie im Deutschen nach dem Geschlecht des „Besitzers".

4. unos

unos chorizos	ein paar	*unos + Substantiv:*	unbestimmte Menge
tiene **unos** 20 años	etwa 20	*unos + Zahl:*	ungefähre Zahlenangabe

Ejercicios

1 Ergänzen Sie das Verb in der entsprechenden Form.

1. (vender) En el mercado se ______ todo más barato que en las tiendas.
2. (cerrar) Las puertas se ______ automáticamente.
3. (controlar) Ahora, se ______ mucho los coches por la carretera.
4. (estar) Se ______ preparando las fiestas de Navidad.
5. (estar construyendo) Allí se ______ más casas todavía.
6. (estar abriendo) Se ______ cada vez más tiendas.
7. (ir a vender) Se ______ la casa de al lado.
8. (ir a cerrar) Se ______ el restaurante de ahí enfrente.
9. (haber descubierto) Se ______ un remedio nuevo para la calvicie.
10. (ir a repetir) Se ______ el concierto del domingo.
11. (haber inventado) Se ______ nuevos aparatos.
12. (echar) A esta sopa se le ______ muchas especias.
13. (tirar) Aquí se ______ mucho el dinero.

2 Setzen Sie ein passendes Relativpronomen ein:

que oder *el que/el cual* usw.

1. Ahí está mi amigo de ______ te he hablado.
2. Esa es la plaza detrás de ______ está el parking.
3. Esta es la novela de ______ te he hablado.
4. Aquella es la calle por ______ hemos pasado ya antes.
5. En marzo serán los exámenes para ______ me estoy preparando.
6. Son cosas a ______ no estamos acostumbrados.
7. Son sorpresas con ______ tienes que contar.
8. Son unos aparatos de ______ yo no entiendo nada.
9. Este es el parque por ______ corro por las mañanas.
10. Hay un ruido por ______ siempre me despierto.
11. Es el mercado en ______ compro todos los lunes.
12. Son unos problemas sobre ______ no quiero pensar.
13. Son los amigos con ______ estuvimos anoche.
14. Es el hotel al lado ______ hay un supermercado.
15. Es un tema de ______ no te he hablado todavía.
16. Es un viaje para ______ estoy ahorrando.
17. Esta es la mesa en ______ comemos siempre.
18. ¿Recuerdas la receta de ______ te he hablado?
19. Esta es la receta para ______ necesito un poco de jamón.
20. Lo he comprado en la tienda enfrente de ______ está el nuevo restaurante.
21. Es el chorizo con ______ siempre hago los bocadillos (Sandwich).
22. Es el cine delante de ______ siempre venden flores.

Ejercicios

3 Verbinden Sie die beiden Ausdrücke mit *cuyo*, z.B.:

un restaurante – no me acuerdo de su nombre
un restaurante de cuyo nombre no me acuerdo

1. un remedio para la calvicie – no me acuerdo de su nombre
2. el médico – te he dado su nombre
3. un amigo – no conoces a su hermana todavía
4. una amiga – ya conoces a su marido
5. un señor – sus hijas viven en Chile
6. una señora – sus hijos van al mismo colegio que los míos
7. un chico – no te voy a contar sus problemas
8. unos primos – en su casa hemos vivido

Wiederholen Sie die Übung mit kompletten Aussagen, z.B.
Hemos comido en un restaurante de cuyo nombre no me acuerdo.

4 Lesen Sie einige Menüs:

1	*Sopa del día* *Huevos fritos con chorizo* *Fruta o queso*	*Tagessuppe* *Spiegelei mit Chorizo* *Obst oder Käse*
2	*Judías verdes con jamón* *Chuletas de cerdo* *Fruta del tiempo*	*Grüne Bohnen mit Schinken* *Schweinekoteletts* *Obst nach Jahreszeit*
3	*Judías blancas con chorizo* *Filete de vaca o ternera con patatas fritas* *Helado de fresa*	*Weiße Bohnen mit Chorizo* *Rinder- oder Kalbssteak mit Pommes frites* *Erdbeereis*
4	*Caldo gallego* *Cordero asado con patatas* *Helado tres gustos*	*Eintopfsuppe* *Lammbraten mit Kartoffeln* *Gemischtes Eis*
5	*Sopa de pescado* *Pollo asado con ensalada* *Fresas con nata*	*Fischsuppe* *Brathuhn mit Salat* *Erdbeeren mit Sahne*

¿Qué menú pediría usted de los cinco que acaba de leer?
¿Qué cosas le gustan o no le gustan de estos menús?
También podría usted pedir algo de diferentes menús. ¿Qué pediría?
¿Qué piensa comer hoy?
¿Qué menú le gustaría para un cumpleaños?
¿Qué menú le gustaría para un día de invierno?
¿Qué menú le gustaría para un día de verano?

Ejercicios

5 Ergänzen Sie die fehlenden Wörter und spielen Sie dann die Szene im Café mit eigenen Varianten.

● Buenos días, señores, ¿qué les pongo, _______ van a tomar?
▲ Dos cafés, _______ favor.
● ¿Solos?
▲ Un _______ solo, y uno con leche (Milch), _______ mí.
● Uno solo _______ uno con leche ¿no?
▲ Sí, y un vaso _______ agua mineral.
● ¿Con gas o _______ gas?
▲ Mejor sin gas.
● Ahora mismo. ¿Alguna cosita _______ comer?
▲ No, nada, gracias. Y, por favor, ¿_______ podría decir dónde está el teléfono?
● Allí, al fondo.
▲ Vale, gracias.

6 Schreiben Sie einen Dialog Kellner/Gäste. Verwenden Sie dazu die vorangehenden Speisekarten und einige der folgenden Sätze.

¿Qué van a tomar?
¿Han pedido ya los señores?
Un momentito, ahora mismo voy.
Sí, enseguida se lo traigo.
¿Van a tomar el menú del día?
La carne, ¿poco hecha?
El pescado, ¿a la plancha?
El agua, ¿con gas o sin gas?

Por favor, ¿nos trae la cuenta?
¿Van a tardar mucho en servirnos?
¿Nos podemos sentar en esta mesa?
¿Nos quiere traer el menú?
Para beber, vamos a tomar el vino de la casa.
Y por favor, una botella de agua mineral grande.
Por favor, ¿nos trae otra botella de vino tinto?
Por favor, me trae la sal y la pimienta?
¿Nos trae un poco más de pan, por favor?
Vamos a tomar...
Por favor, ¿me trae otro tenedor/cuchillo (Gabel/Messer) limpio?
¿Me da una cuchara, por favor?

7 Schreiben Sie wieder zwei Dialoge im Restaurant (Kellner, Gäste). Spielen Sie sie dann gemeinsam und variieren Sie nach Ihren Wünschen.

● Guten Tag. Wie viele sind Sie?
▲ Wir sind sechs.
● Wollen Sie sich an diesen Tisch setzen, bitte? Der dort ist reserviert...
Hier bringe ich Ihnen die (Speise)karten. Was werden/wollen Sie trinken?
▲ Also („wir werden sehen")... Einen Krug Rotwein des Hauses, eine große Flasche Mineralwasser, ohne Kohlensäure, und einen Orangensaft.
● Sehr gut, ich bringe es Ihnen sofort.

▲ Können wir schon bestellen?
● Ja, ja, was wollen Sie nehmen?
▲ Also, zwei Tagesmenüs, ein Menü Nummer 4, und für mich, Fischsuppe und ein Kalbssteak mit Salat.
● Für den Nachtisch komme ich später wieder (= zurück). Vielen Dank.
▲ Werden Sie lang brauchen, bitte?
● Nein, nein, ich bringe es Ihnen sofort.

Test 3

1 Bestätigen Sie, dass Sie diese Dinge gerade gemacht haben bzw. gleich tun werden.

1. ¿Lo has comprado? – Sí, acabo ______.
2. ¿Lo comes? – Sí, lo ______.
3. ¿Los has visto? – Sí, ______.
4. ¿Nos ayudas? – Sí, ______.
5. La carta, ¿la has escrito? – Sí, ______.
6. ¿Ah, ya has vuelto? – Sí, ______.
7. ¿Ya le has llamado? – No, ______.
8. ¿Habéis tomado ya café? – No, ______.

2 Setzen Sie jeweils eine dieser Formen ein:
su, sus – suyo, suyos, suya, suyas – el suyo, los suyos, la suya, las suyas

1. Estas no son mis cosas. Son ______ .
2. Estas cosas no son mías. Son ______ .
3. ¿Va a venir también ______ familia?
4. Me hace siempre muchos regalos. Esto es también un regalo ______.
5. Paco me ha dicho que Elena es una amiga ______ de siempre.
6. Federico ha escrito una carta a ______ amigo Jorge.
7. Esta receta me gusta. ¿Es ______ ?
8. Mi tren sale a las ocho. El ______ sale más tarde.

3 Schreiben Sie die in Klammern angegebenen Zahlen in Worten.

1. el (1^{r}) ______ día del mes
2. el (2) ______ de julio
3. en el (5°) ______ piso
4. en la (2^{a}) ______ semana
5. el (31) ______ de agosto de (1999) ______.

4 Setzen Sie die fehlende Form ein.

1. (hablar) Pepe está ______ por teléfono, pero va a venir enseguida.
2. (buscar) ¿Sigues ______ recetas españolas?
3. (vender) ¿Siguen ______ en el mercado esos chorizos tan ricos?
4. (construir) ¿Siguen ______ en el pueblo?
5. (oír) Yo me pasaría el día ______ música.
6. (decir) Ha salido ______ que va a volver esta noche.
7. (leer) Rafael está ______ el periódico en la cocina.
8. (esperar) Estoy ______ a mis padres.

5 Setzen Sie die fehlenden Wörter (Personalpronomen) ein.

1. Ellos tienen mucho que hacer. ¿ ___ ayudamos?
2. No sé dónde venden esas especias. ___ voy a preguntar.
3. Pedro me ha preguntado dónde estás, y ___ ___ he dicho.
4. Te voy a escribir pronto, ___ ___ prometo.
5. Si le ha gustado tanto esa sopa, ___ ___ voy a hacer otro día.
6. Hoy no os he traído los periódicos, ___ ___ traeré mañana.
7. Dice que la quiere mucho, pero no ___ ___ creo.
8. ¿Ustedes no tienen mi nueva dirección? Aquí ___ ___ escribo.

6 Sprechen Sie von der Zukunft.

1. (venir)	Mañana ______ a verle el médico.
2. (hacer)	Y vosotros, ¿qué ______ allí?
3. (decir)	Yo no le ______ nada.
4. (salir)	¿A qué hora ______ ustedes mañana?
5. (intentar)	Mi hermano ______ hacer el viaje en un día, pero no sé...
6. (tener que)	Por la mañana ______ ir a la compra, ¿vienes conmigo?
7. (entender)	Voy a hablar con él, y estoy seguro de que ______ por qué lo hago.
8. (costar)	Nos han ofrecido para otoño un piso aquí que no ______ mucho.
9. (volver)	¿El año que viene ______ al mismo sitio que este año?

7 Ergänzen Sie. Es geht um Vermutungen.

1. (dejar)	El no te ______ la bicicleta porque la necesita él mismo.
2. (poder)	En esa tienda no ______ regatear, tendrás que pagar ese precio.
3. (pintar)	No ______ la casa porque no tienen tiempo, o yo qué sé.
4. (estar)	Creo que mi hermano ______ de acuerdo.
5. (tener)	¿Cuánto tiempo ______ que soportar yo estos dolores?
6. (bastar)	No necesitamos más, con esto ______ .
7. (ser)	Yo creo que el chico ______ un poco mayor que la niña.
8. (contar)	No te lo ______ porque no se acuerda.

8 Ergänzen Sie. Es geht darum, was die betreffende Person machen würde bzw. was geschehen würde.

	En una situación así, ...
1. (pensar)	yo no ______ tanto en el dinero.
2. (poner)	nosotros nos ______ nerviosos también.
3. (ir)	tú ______ a hablar con un médico, ¿no?
4. (venir)	vosotros ______ a ayudarnos, estoy seguro.
5. (esperar)	yo ______ un poco más.
6. (volver)	Vd. no ______ a hacer lo mismo, ¿no?
7. (tener)	yo ______ mucho miedo.
8. (haber)	______ que llamar a su familia.

9 Setzen Sie die entsprechenden Formen ein *(que, el que, el cual, cuyo).*

1. Es una persona de ______ me acuerdo mucho.
2. Es una chica de ______ nombre no me acuerdo nunca.
3. Voy a ir a un médico ______ dirección me han dado en el hospital.
4. Es una receta en ______ se cuece todo al mismo tiempo.
5. Allí venden los jamones ______ siempre compramos.
6. Este es el señor con ______ hermana hemos viajado.
7. Esta es la plaza detrás de ______ está el mercado.
8. Siempre venden unos productos ______ calidad es buenísima.

10 Setzen Sie das Verb in der erforderlichen Form ein.

1. (construir) Allí se ______ una casa.
2. (construir) En mi pueblo se ______ varias casas nuevas.
3. (escribir) «Tossa» se ______ con dos eses: ss.
4. (vender) En el mercado se ______ unos chorizos muy buenos.
5. (comprar) El mejor jamón del pueblo se ______ aquí, en esta tienda.
6. (poder) Esto se ______ comprar en la tienda de enfrente.

11 Setzen Sie die entsprechende Form von *ser* oder *estar* ein.

1. La casa ______ llena de gente.
2. Margarita ______ la menor de las tres hermanas.
3. La casa ______ rodeada de árboles.
4. En el retrato, el perro ______ a la izquierda de la niña.
5. Este coche no ______ el nuestro.
6. Yo ______ el tercero de cinco hermanos.
7. Nos gusta ______ juntos.
8. Para mí, el color más bonito ______ el blanco.
9. Juan ______ enamorado de Inés.
10. Arlequín ______ un poco inocente.
11. ¿______ tú también en la foto?
12. Los jamones de Jabugo ______ famosos.

12 Ergänzen Sie das fehlende Wort.

1. No sé ______ vienen hoy mis amigos.
2. La carretera que van a ______ pasará por delante de nuestra casa.
3. Con todas esas fábricas ______ la Naturaleza.
4. Es muy fácil, esto lo entiende ______ un niño.
5. En este pueblo no pasa absolutamente nada. Te mueres de ______.
6. Ya he visto la película, pero no me importaría ______ a verla.
7. El niño ya tiene 10 años de ______.
8. Al ______ derecho de la plaza hay una tienda muy buena.
9. Enfrente ______ la tienda hay un bar.
10. Yo no sé por qué estás tan ______, si todo sale tan bien.

16 El viajero que llegó a tiempo

Don Antonio se despertó en la habitación del hotel. Primero abrió un ojo. Luego abrió el otro. Vio lo mismo. Saltó de la cama al suelo. Miró su reloj de pulsera. ¡Las siete y veinticinco! «Y a las ocho tengo que estar en la Compañía Aérea para coger el autobús del aeropuerto», pensó. Llamó a la recepción y encargó un taxi.

Renunció a afeitarse, se lavó y se peinó la calva. Empezó a vestirse a velocidad de transformista: primero la camiseta, luego los calzoncillos con la cintura reforzada para comprimir su panza y reducirla a un tamaño discreto. A continuación, los calcetines, que se metió al revés para no perder tiempo. También en la camisa ahorró varios segundos, dejando sin abrochar los últimos botones. Luego, el pantalón y la corbata.

Al fin, después de meter a presión en la maleta el pijama y las zapatillas, salió corriendo al pasillo, dejando en el lavabo un frasco de colonia, un peine y una pastilla de jabón.

«Me quedan veinte minutos – pensó un poco más tranquilo – . Cinco para bajar y pagar la cuenta. Otros cinco para desayunar, y cinco más de taxi hasta la Compañía Aérea...»

Alvaro de Laiglesia (1922-1981):
La caza del avión ⓐ

1. Das einfache Perfekt

mirar	ver	abrir	
mir**é** mir**aste** mir**ó** mir**amos** mir**asteis** mir**aron**	**vi** **viste** **vio** **vimos** **visteis** **vieron**	abr**í** abr**iste** abr**ió** abr**imos** abr**isteis** abr**ieron**	Im einfachen (d.h. nicht zusammengesetzten) Perfekt sind die Endungen der Verben auf *-er* und *-ir* gleich. Einsilbige Formen – *vi, vio* – tragen keinen Akzent.
empe**cé**, empe**zaste**, ... lle**gué**, lle**gaste**, ... bus**qué**, bus**caste**, ...			Bei Verben auf *-zar*, *-gar* und *-car* ergeben sich Veränderungen in der Schreibung.

2. Anwendung des einfachen und des zusammengesetzten Perfekts

Llegó a tiempo.	Einfaches Perfekt: eine Vergangenheit, die nicht in Verbindung zur Gegenwart gesehen wird. So steht diese Form auch in Sätzen mit *ayer, la semana pasada, el mes pasado, el año pasado.*
Ha llegado a tiempo.	Zusammengesetztes Perfekt (L 7): enge Verbindung zur Gegenwart. So steht es auch in Sätzen mit *hoy, esta tarde, esta semana, hasta ahora.*

In den lateinamerikanischen Ländern ersetzt das einfache Perfekt häufig das zusammengesetzte Perfekt.

3. quedar – quedarse

Einzelne Verben ändern die Bedeutung, wenn sie reflexiv gebraucht werden:

quedar: übrig sein	**(Me) queda** una hora.	Es bleibt (mir) noch 1 Stunde.
quedarse: dableiben	**Me quedo** aquí.	Ich bleibe hier.
ir: gehen	**Voy a** casa.	Ich gehe nach Haus.
irse: weggehen	**Me voy** a casa.	Ich gehe (weg und) nach Haus.

4. reducir -zc-

reducir -zc-	reduzieren	Die Verben auf *-ducir* haben in der Ich-Form die gleiche Veränderung wie die Gruppe *conocer* -zc- (L 6).
conducir-zc-	Auto fahren	
producir -zc-	herstellen	

Ejercicios

1 Denken Sie beim Lesen dieser Sätze daran, dass die Handlung keine unmittelbare Verbindung zum jetzigen Augenblick hat.

1. Ayer **me desperté** a las nueve. **Me lavé, me afeité** y **me peiné** rápidamente. No **desayuné** y **llegué** muy tarde a la estación (Bahnhof).

2. El año pasado **trabajé** mucho y **ahorré** algún dinero. En verano **pasé** cuatro semanas en México. **Volé** con una compañía aérea mexicana. **Pasé** unos días de vacaciones maravillosas.

3. La semana pasada **recibí** una carta de mis amigos franceses. La **abrí,** la **leí** y **me reí** mucho con ella. Después les **escribí** yo también.

Sagen Sie das Gleiche im Plural: Ayer **nos despertamos...**

2 Können Sie auf diese Fragen antworten?

¿A qué hora se despertó usted ayer?
¿Saltó usted de la cama o se levantó tranquilamente?
¿Tomó un taxi para llegar a tiempo a sus cosas?
¿Cuánto tiempo tardó en lavarse, peinarse y vestirse?
¿Desayunó usted en casa?
¿Corrió mucho para no llegar tarde?
¿Leyó usted el periódico?
¿Qué comió usted al mediodía?
¿Volvió a su casa muy tarde?
¿Perdió ayer el tiempo o lo empleó bien?
¿Salió con algún amigo?
¿Se acordó usted de reírse?

Fragen und antworten Sie – soweit sinnvoll – auch in der Mehrzahl:
– *¿A qué hora se despertaron ustedes ayer? – Nos despertamos...*

3 Antworten Sie nach der Rückkehr von einer Reise.

¿Viajaste solo?
¿Dejaste al perro aquí o te lo llevaste?
¿Te quedaste mucho tiempo allí?
Trabajaste algo en un restaurante, ¿no?
¿Ahorraste algo?
¿Descubriste esta vez cosas nuevas allí?
¿Subiste alguna vez a la montaña?
¿Volviste en tren o en avión?

4 Hier sind Antworten. Wie könnte die Frage *(tú)* heißen?

– Me compré el reloj en Portugal.
– *¿Dónde te compraste el reloj?*

1. Pagué muy poco dinero por él.
2. Sí, pasé todo el verano en Portugal.
3. Me quedé allí hasta septiembre.
4. Sí, soporté el calor sin problemas. Me gustó mucho.
5. Trabajé en un supermercado.
6. Gané bastante dinero.
7. No te escribí porque no me acordé, la verdad.
8. No, no volví con mis amigos.
9. Volví en avión.

5 Ergänzen Sie die folgenden Sätze mit einer dieser Zeitangaben:

hoy – esta tarde – esta semana – hasta ahora – ya – todavía no / ayer – la semana pasada – el año pasado

1. He desayunado en el aeropuerto.
2. Comí en la plaza del pueblo.
3. Volví de Inglaterra.
4. He vuelto a las tres.
5. ¿Has lavado ya tu ropa?

6. ¿Lavaste las camisas?
7. ¡No has comido nada!
8. ¿Comiste en casa de tus amigos?
9. ¿Has comprendido lo que quiere decir?
10. Comprendiste mal lo que te escribí.
11. ¿Cuántos kilómetros ha corrido Juan?
12. ¿Corrió por el bosque, como siempre?
13. José ha recibido un telegrama.
14. Recibió un telegrama de su amigo de París.
15. Llegó tarde al cine.
16. Ha llegado tarde a clase.
17. Nos despertamos por el ruido.
18. Nos hemos despertado muy temprano.
19. Miramos la televisión hasta las doce de la noche.
20. Hemos mirado un poco las tiendas que hay por aquí.
21. Hemos metido todo en la maleta.
22. ¿Habéis cogido el autobús?
23. ¿Cogisteis el primer tren para ir a la sierra?
24. ¿Has empezado el curso de francés?
25. Tú empezaste a estudiar italiano, ¿verdad?
26. Tus amigos han perdido mucho tiempo esperando, ¿no?
27. ¿Es verdad que perdieron el avión porque llegaron tarde?
28. No han salido en todo el día.
29. Salieron con el perro a dar un paseo, ¿verdad?

6 Drücken Sie die Sätze anders aus, z.B.:

No hemos hecho la comida. → *La comida está sin hacer.*

1. Todavía no hemos abierto la botella.
2. Todavía no hemos pagado la cuenta del hotel.
3. Todavía no han arreglado el coche.
4. No he hecho todavía las maletas.
5. No han arreglado todavía la habitación.
6. No he lavado todavía ni los calcetines ni los pantalones.
7. No he desayunado todavía.
8. No se ha abrochado los botones.

7 Finden Sie mögliche Kombinationen und sagen Sie, was sie bedeuten.

Me quedo Me queda Me quedan	aquí porque me gusta el sitio. una noche más aquí. con mis amigos. mucho tiempo antes de salir. una hora para llegar al aeropuerto. algún dinero. veinte kilómetros hasta Toledo. mucho que hacer. algunos días en la costa.

Ejercicios

8 Ergänzen Sie zunächst die fehlenden Wörter.

Desde la habitación del hotel, don Antonio llama a la recepción.

● Por favor, ¿me ______ preparar la cuenta rápidamente? Es muy tarde, y tengo que ______ en unos minutos, si no, pierdo el ______...
▲ Sí, señor, ahora mismo se ______ preparo.
● ¿Y podrían pedirme ya un taxi, ______ ganar tiempo?
▲ ¿No va a desayunar el señor?
● Me parece que no me va a ______ tiempo de tomar nada.
▲ ______ acuerdo, el taxi viene enseguida (sofort), a esta hora... Y la ______, se la preparamos en un momento.
● Muchas ______. Enseguida bajo.

1. Spielen Sie dieses Telefonat gemeinsam.

2. Rufen Sie die Rezeption an. Man soll Sie morgen früh wecken (despertar).

3. Rufen Sie die Rezeption an. Fragen Sie, wie lange man frühstücken kann.

4. Rufen Sie die Rezeption an. Man soll Ihnen das Frühstück aufs Zimmer bringen.

5. Rufen Sie die Rezeption an. Fragen Sie, wie lange das Restaurant offen ist.

Ejercicios

9 Ergänzen Sie die fehlenden Wörter. Die Szene: zwei Jungen (● und ▲) und eine Verkäuferin (■) in einem Kaufhaus. Spielen Sie dann die Szene gemeinsam, nachdem Sie alle bisher bekannten Wörter zum Thema Kleidung gesammelt haben.

● – ¿Dónde venderán ropa interior (Unterwäsche)?
▲ – Vamos ______ ver aquí, en Información. A ver: planta primera, no..., segunda planta... aquí: Caballeros. Subimos, ¿no?
● – Sí. ¿Qué es lo que ______ comprar?
▲ – Pues, calcetines, ______ camiseta y ______ pantalón para el tenis, ya sabes.
● – Aquí ______ los calcetines.
▲ – Pero éstos no, ______ carísimos... Señorita, calcetines blancos... ¿sólo hay ______ de aquí, o tienen otros?
■ – Aquí los hay ______ baratos, éstos de colores...
▲ – No, no, los necesito blancos y ______ algodón. Son ______ el tenis.
■ – Podéis ______ en la planta sexta, en Deportes. Pero ya ______ tarde y ______ a cerrar enseguida.
● – Vamos a subir corriendo, ¿no?, nos quedan cinco minutos...

10 Schreiben Sie auf Spanisch:

Gestern wachte ich sehr spät auf. Ich schaute auf die Uhr, sprang aus dem Bett und wusch mich schnell. Ich ging hinaus auf die Straße, ohne zu frühstücken. Ich kam eiligst (laufend) bis zur Bushaltestelle (la parada). Ich verpasste ihn nicht, wie durch ein Wunder. Im Autobus, schon etwas ruhiger, dachte ich: „Was könnte ich diesmal erzählen? Es ist das dritte Mal, dass ich diese Woche zu spät komme..."

17 El viajero que llegó a tiempo

(Continuación)

Angel del «Comentario del Apocalipsis» (miniatura del siglo XI)

Las ocho y veinticinco. ¡Dios mío, sólo me quedan unos minutos!

Un minuto después, desde el taxi, don Antonio vio, esperanzado, el aeropuerto.
Dos minutos después, el coche se detuvo en la puerta principal.
Tres minutos después, fue a la oficina de la línea aérea y presentó su billete.
Cuatro minutos después, corriendo, congestionado y sudoroso, llegó al avión.
Cinco minutos después, don Antonio se puso en su butaca el cinturón de seguridad, pensando satisfecho: «He logrado vencer las fuerzas ocultas.»
Seis minutos después, el avión emprendió una veloz carrera por la pista para elevarse hacia el cielo.
Siete minutos después, no logró despegar del suelo ...
Ocho minutos después, al llegar al final de la pista, siguió rodando hasta estrellarse contra un muro.
Y nueve minutos después, una llamarada luminosa y alegre envolvió todo el aparato.

El ángel protector de don Antonio dijo para sí murmurando:
–Los tipos tan testarudos como éste siempre le hacen a uno quedar mal. ¡Se molesta uno para nada! Hice todo lo que pude por salvarlo, le puse obstáculos ... y él se los saltó todos como un imbécil.

Y el ángel, encogiéndose de alas, se alejó enfadado.

Alvaro de Laiglesia (1922–1981):
La caza del avión ⓐ

1. Einfaches Perfekt: unregelmäßige Formen

tener	estar	poner	poder	decir	hacer	ir/ser
tuve	**estuve**	**puse**	**pude**	**dije**	**hice**	**fui**
tuviste	estuviste	pusiste	pudiste	dijiste	hiciste	fuiste
tuvo	estuvo	puso	pudo	dijo	hizo	**fue**
tuvimos	estuvimos	pusimos	pudimos	dijimos	hicimos	fuimos
tuvisteis	estuvisteis	pusisteis	pudisteis	dijisteis	hicisteis	fuisteis
tuvieron	estuvieron	pusieron	pudieron	dijeron	hicieron	**fueron**

ir und *ser* sind im einfachen Perfekt gleich: *fui* – ich war/ich ging.
Nach *j-* entfällt das *-i-* der Endung *-ieron: dij-eron.*

2. Einfaches Perfekt: Verbengruppen mit der Veränderung e → i

seguir

seguí	seguimos
seguiste	seguisteis
siguió	**siguieron**

Die Endungen sind regelmäßig. Das *-e-* des Stamms wird zu *-i-*, wenn die Endung kein betontes *-i-* enthält (vgl. L 9).
Ebenso *sentir: s**i**ntió, s**i**ntieron.*

3. Unpersönliche Aussagen: uno

Se molesta **uno** en ayudarles.	Man bemüht sich, ihnen zu helfen.
Uno queda muy mal.	Man macht einen schlechten Eindruck.
Le hacen **a uno** quedar mal.	Sie lassen einen einen schlechten Eindruck machen.

uno (man) steht bei Verben, die reflexiv sind (z.B. *molestarse*) und daher nicht die unpersönliche Form mit *se* bilden können; ebenso bei Verben, die reflexiv etwas anderes bedeuten würden (z.B. *quedarse*).

4. Beweggrund: por

Hice lo que pude **por** salvarlo.	um ihn zu retten / weil ich ihn retten wollte
¿Puedo hacer algo **por** usted?	für Sie / Ihretwegen

por weist auf den inneren Beweggrund hin, nicht auf den „Empfänger" *(para)*.

Ejercicios

1 Ergänzen Sie die Sätze mit einer passenden Zeitangabe:

hoy – esta noche – esta semana – este año – esta mañana – esta tarde – ya – todavía no

ayer – anoche (= ayer por la noche) – la semana pasada – el año pasado – el verano pasado

1. ______ he tenido carta de mis padres. ______ no **tuve** ninguna.
2. ______ **estuve** en París. ______ he estado en casa enferma.
3. ¿No **pudiste** leer ______ el periódico? Pero ______ sí que has podido leerlo tranquilamente, ¿no?
4. ______ te **pusiste** un cinturón nuevo. ¿Por qué no te lo has puesto ______?
5. ______ el avión no **pudo** despegar por la niebla. ______ ha podido salir, aunque con dificultades.
6. ¿Ha dicho Pepe ______ en su oficina que se quiere ir? ¿O lo **dijo** ya ______?
7. ______ **estuvimos** trabajando todo el día. Pero ______ hemos estado toda la mañana sin hacer nada.
8. ______ hemos hecho la comida nosotros, ______ la **hicieron** ellos.
9. ______ no os **pusisteis** corbata. ¿Por qué os la habéis puesto ______?
10. ______, **hicisteis** el viaje con una compañía aérea colombiana, ¿no? Lo habéis hecho otra vez con ella ______?
11. ______ **tuvieron** mucha suerte con el tiempo, ¿no? Pero ______ me parece que no han tenido ninguna.
12. ______ se **detuvo** el autobús aquí. ¿Sabe Vd. por qué no se ha detenido ______?

2 Lesen Sie die Geschichte und erzählen Sie sie eine Woche später.

¡Qué mala suerte!

Hoy he pasado la noche en un hotel de Frankfurt, para no llegar tarde por la mañana al aeropuerto. No he podido dormir bien. Me he despertado ya a las 3 y he estado leyendo y pensando: mal día es mañana para hacer un viaje, ¡martes y trece...! Luego me he levantado temprano, me he duchado y me he vestido tranquilamente y he metido todo en la maleta. Después he bajado, he desayunado, he pagado la cuenta y he pedido un taxi en la recepción. He esperado un cuarto de hora, y nada... Entonces me he puesto nervioso, he cogido la maleta y me he ido andando a toda velocidad hasta la estación para tomar el autobús que va al aeropuerto. Pero el autobús ha tardado muchísimo en llegar al aeropuerto y he llegado tarde. ¡He perdido el avión por cuatro minutos!... Así que me he ahorrado un taxi, pero he perdido el avión. Ahora estoy con mi maleta en el bar del aeropuerto, «al borde de un ataque de nervios» (am Rande eines Nervenzusammenbruchs)...

Vielleicht wollen Sie eine Geschichte erzählen, in der Sie nichts als Glück gehabt haben?

Ejercicios

3 Ergänzen Sie.

1. (ir)
   Carlos _______ ayer a Toledo.
2. (tener; yo)
   El sábado pasado _______ visita otra vez.
3. (poder; yo)
   Anoche no _______ dormir bien.
4. (ponerse)
   María _______ nerviosísima cuando se lo conté.
5. (hacer; nosotros)
   El domingo pasado no _______ nada especial.
6. (decir; ella)
   Cuando abrió el paquete no _______ nada.
7. (ser)
   Anoche, la sorpresa _______ muy agradable.
8. (seguir)
   El no respondió, y _______ hablando como si nada.
9. (conseguir)
   Ayer, Ana no _______ entradas para el teatro.
10. (pedir)
    Cuando estuve allí, ellos me _______ tu número de teléfono.
11. (servir)
    Corrí mucho, pero no _______ de nada.
12. (repetir)
    Cuando le llamé, me _______ no sé cuántas veces lo mismo.
13. (sentirse)
    Emilia de repente (plötzlich) _______ mal y se fue.
14. (tener que)
    Anoche llegué tarde al concierto y _______ quedarme fuera.
15. (estar)
    Lo que hizo Manuel no _______ bien.
16. (lograr)
    Por fin _______ hablar con él por teléfono...

4 Schreiben Sie einige Dinge, die Sie machten oder die Ihnen passierten (gestern, letzte Woche, im letzten Sommer usw.). Vielleicht können Sie einige dieser Verben verwenden:

reírse – enfadarse (con alguien) – ponerse – ofrecer – necesitar – pagar – ahorrar – perder – quedar mal (con alguien) – ir – hacer un viaje – estudiar – encargar – estar – conseguir – pedir – poder – tener – empezar – correr – lograr

5 Eine englische Freundin war ein Jahr in Spanien „au pair", um Spanisch zu lernen. Nach ihrer Rückkehr fragen Sie sie:

1. (ir) ¿Qué tal te _______ allí?
2. (pasar) ¿Lo _______ bien?
3. (poder) ¿_______ ir a la escuela de idiomas que (yo) te (decir) _______?
4. (estar) ¿_______ viviendo todo el tiempo con la misma familia?
5. (tener) ¿_______ tiempo de ir a Sevilla a ver a Peter?
6. (hacer) ¿_______ algún viaje por España?
7. (tener) ¿_______ ocasión de conocer a otros chicos?
8. (hacer) ¿Te _______ trabajar mucho en la familia?
9. (ir) ¿Te _______ a ver tus padres en verano?
10. (tener) ¿_______ problemas con el idioma?

Erfinden Sie jetzt entsprechende Antworten auf diese Fragen. Spielen Sie den entstehenden Dialog gemeinsam.

Ejercicios

6 Ergänzen Sie *por* oder *para.*

1. Se lo dije anoche _______ teléfono.
2. Me trajo la maleta ayer _______ la tarde.
3. Fue a la oficina _______ encargar el billete.
4. No tuvo un accidente _______ milagro.
5. Estuvo un año viajando _______ América.
6. Ayer se despertó tempranísimo _______ la mañana.
7. El año pasado ahorró mucho _______ comprarse una moto.
8. Lo siento (tut mir leid), pero no pude hacer nada _______ él en esa ocasión.

7 Setzen Sie statt der persönlichen Form die unpersönliche („man"), z.B.:
El habla español. → *Se habla español.*
El se levanta tarde. → *Se levanta uno tarde.*
El tiene que esperar. → *Hay que esperar.*

1. No duermo bien en ese hotel.
2. Me despierto por el ruido.
3. Veo la sierra desde la ventana.
4. A las ocho tengo que estar allí.
5. Tenemos que llamar a la recepción.
6. Me pregunto qué hay que hacer ahora.
7. Con el autobús pierdo mucho tiempo.
8. Me pongo muy nervioso.
9. Tengo que ponerme ahora el cinturón de seguridad.
10. Tenemos que tener mucha paciencia.
11. Tiene que tener más optimismo.
12. Me canso de esperar.
13. Aquí comemos siempre muy bien.

8 Schreiben Sie ein paar Antworten auf diese Fragen:

¿Qué *tiene que hacer* usted (o su amigo) hoy o mañana?
¿Qué *ha tenido que hacer* esta mañana?
¿Qué *tendrá que hacer* la semana que viene?
¿Qué *tendría que hacer* (pero no tiene tiempo o no tiene ganas...)?
¿Qué *tuvo que hacer* la semana pasada?

9 Antworten Sie der Polizei nach dem Unglück kurz auf diese Fragen...

¿Llegó al aeropuerto en taxi?
¿De qué habló con el taxista?
¿No le contó Vd. nada especial durante el viaje?
Compró el billete en el último momento, ¿verdad?
Vd. ha dicho que preparó la maleta con mucha prisa. ¿Qué metió en ella?
¿Está seguro que no metió nada más?
¿Llamó Vd. por teléfono a alguien desde el aeropuerto?
¿Habló Vd. allí con alguna persona conocida?
¿Vio Vd. en los pasillos o en algún sitio a don Angel Bueno?
¿Por qué salió Vd. corriendo, a toda velocidad, en el último momento y no subió al avión?

Ejercicios

10 Ergänzen Sie die fehlenden Wörter. Spielen Sie dann das Gespräch gemeinsam und variieren Sie nach Belieben.

- ● Buenos días. Querría informarme sobre lo que ______ un billete de avión a Buenos Aires.
- ▲ ¿Ida y vuelta?
- ● Sí, ida y vuelta, ______ Madrid.
- ▲ ¿Ahora, ______ febrero?
- ● Sí, o en marzo.
- ▲ No, se lo pregunto porque en marzo es temporada alta y cuesta más.
- ● Entonces, ahora, en febrero.
- ▲ Voy a ver... Sí, son 133.500 ptas., ______ Aerolíneas Argentinas.
- ● ¿Y ______ varios vuelos a la semana?
- ▲ Dos. Los martes ______ los sábados.
- ● ¿Y no hay otro vuelo ______ barato?
- ▲ A ver..., pues con BEA, vía Londres, son 130.400, un poquito menos.
- ● Sí, es poca diferencia. Bien, pues ______ momento muchas gracias, y ya veré.
- ▲ De nada.

11 Erzählen Sie auf Spanisch:

Acht Uhr zwanzig. Mein Gott, ich habe nur noch 30 Minuten, dachte ich. Ich werde den Zug verpassen! Ich sprang aus dem Bett.

1 Minute später wusch ich mich (mehr oder weniger...).
2 Minuten später kämmte ich mich.
3 Minuten später zog ich mich an.
4 Minuten später steckte ich alles in den Koffer und machte ihn zu.
5 Minuten später rannte ich schwitzend hinaus auf die Straße.
7 Minuten später fuhr ein Taxi vorbei, und ich nahm es.
25 Minuten später kam ich zum Bahnhof, und es blieben mir noch 5 Minuten, um die Fahrkarte zu kaufen und in den Zug zu steigen (subir).

18 El premio Nobel

Pablo Neruda recibiendo el premio Nobel en 1971

La verdad es que todo escritor de este planeta llamado Tierra quiere alcanzar alguna vez el premio Nobel, incluso los que no lo dicen y también los que lo niegan.

En América Latina, especialmente, los países tienen sus candidatos, planifican sus campañas, diseñan su estrategia. Tal fue el caso de Rómulo Gallegos. Su obra es grande. Pero Venezuela es el país del petróleo, es decir, el país de la plata, y por esa vía se propuso conseguir el premio, a través de su embajador en Suecia. Nunca supo Rómulo Gallegos que la inmoderada eficacia de un embajador venezolano fue tal vez la circunstancia que lo privó de recibir un título literario merecido.

Yo, desde el momento en que supe que mi nombre se mencionó como candidato (y hubo varias ocasiones en que se mencionó), no quise volver a Suecia.

Finalmente, como todo el mundo sabe, me dieron el premio Nobel. La ceremonia ritual tuvo un público inmenso, tranquilo y disciplinado. Se dice (o se lo dijeron a Matilde* para impresionarla) que el rey estuvo más tiempo conmigo que con los otros laureados, que me apretó la mano más tiempo, que me trató con evidente simpatía. De todas maneras, ningún otro rey me ha dado la mano, ni por largo ni por corto tiempo. Yo encontré una risueña semejanza entre aquel desfile de eminentes laureados y un reparto de premios escolares en una pequeña ciudad de provincia...

Pablo Neruda (1904–1973): *Confieso que he vivido* ⓐ

* Matilde Urrutia, esposa de Pablo Neruda

1. Einfaches Perfekt: unregelmäßige Formen

haber	querer	saber	venir	traer	dar
hube	**quise**	**supe**	**vine**	**traje**	**di**
hubiste	quisiste	supiste	viniste	trajiste	diste
hubo	quiso	supo	vino	trajo	dio
hubimos	quisimos	supimos	vinimos	trajimos	dimos
hubisteis	quisisteis	supisteis	vinisteis	trajisteis	disteis
hubieron	quisieron	supieron	vinieron	trajeron	dieron

Nach *j-* entfällt das *i* der Endung *-ieron:* traj*-eron,* dij*-eron.*

2. Bedeutung des einfachen Perfekts

El nunca lo **supo**.	erfuhr	Einfaches Perfekt bezeichnet den *Beginn* der Handlung. Im Deutschen steht dafür oft ein anderes Verb, z.B. wissen / *erfahren.*
Ayer **tuve** visita.	bekam	
Ayer lo **conocí**.	lernte kennen	

3. el que: der(jenige), der

el que	lo dice	derjenige, der	Der Artikel vor *que* vertritt ein Substantiv: *el (escritor) que lo dice.*
la que	lo dice	diejenige, die	
los que	lo dicen	diejenigen, die	
las que	lo dicen	diejenigen, die	
lo que	me interesa	(das,) was	(*lo que:* L 6)

4. aquel, aquella, aquello

aquel	desfile	jene Parade	Zur Einteilung von Raum und Zeit dienen *este – ese – aquel* (L 9). *aquel* gibt die größte räumliche oder zeitliche Entfernung an.
aquella	carta	jener Brief	
aquello		das dort in der Ferne/ die Sache damals	

Beachten Sie die Entsprechungen:

Aquí vivo yo, **ésta** es mi casa.	aquí – este
Ahí vive Juan, **ésa** es su casa.	ahí – ese
Allí vive José, **aquélla** es su casa.	allí – aquel

éste, ése usw. tragen Akzent, wenn sie nicht direkt beim Substantiv stehen.

Ejercicios

1 Stimmen die folgenden Aussagen mit dem Inhalt des Textes überein?

1. Incluso los que lo niegan quieren alcanzar el premio.	sí	no
2. Según Neruda, en América Latina todos los países tienen el mismo candidato.	sí	no
3. Según Neruda, Venezuela es un país con dinero, pero sin candidatos para un premio así.	sí	no
4. Rómulo Gallegos no llegó a saber por qué no le dieron el premio.	sí	no
5. Neruda quiso ir a Suecia cuando vio la posibilidad de ser premio Nobel.	sí	no
6. La ceremonia fue muy tranquila.	sí	no
7. El rey habló poco con Neruda.	sí	no
8. A Neruda, esta ceremonia le recordó algo de la vida escolar.	sí	no

2 Lesen Sie zur Gewöhnung an die neuen Formen:

La semana pasada **estuvimos** en Toledo.
Fuimos a pasar el fin de semana con unos amigos.
En el último momento **tuvimos** la suerte de encontrar sitio para una noche en un hotel a la entrada de la ciudad, porque primero llamamos desde Madrid a todas las pensiones de Toledo y no **hubo** manera de encontrar algo.
Por la mañana **fuimos** a ver la Sinagoga de Santa María la Blanca, que está en el barrio judío.
Después comimos en la plaza, al aire libre, un cordero asado riquísimo.
Luego **estuvimos** tomando café y perdimos tanto tiempo que casi ya no **pudimos** ver nada por la tarde.
A última hora de la tarde **dimos** un paseo por la carretera que hay alrededor de la ciudad, y desde la que se ve Toledo, rodeado por el río.
Fue lo que más nos gustó a todos, menos a Luz, que de tanto cordero y tanto vino tinto se **tuvo** que volver al hotel porque se **puso** mala.
El domingo visitamos algunas cosas más, la Catedral, la casa del Greco, y yo **hice** algunas fotos que, como siempre, han salido fatal.
Nos gustó todo tanto que **quisimos** quedarnos la noche del domingo también allí, pero no **pudo** ser por el hotel ...
Así que nos volvimos bastante tarde por la noche, e Ignacio y Laura nos **trajeron** en coche hasta casa.

3 Lesen Sie zuerst die Antwort und ergänzen Sie dann die Frage *(tú)*.

1. – ¿Tú _______ decir esto? – No, **quise** decir otra cosa.
2. – ¿Cuándo lo _______? – Lo **supe** nada más llegar a casa.
3. – ¿_______ ayer a clase? – No, ayer no **vine**.
4. – ¿Cuándo _______ aquí todas tus cosas? – Las **traje** ya el domingo.
5. – ¿_______ una vuelta anoche? – Sí, **di** una vuelta por la playa.
6. – ¿_______ ocasión de decírselo? – Sí, por fin **tuve** ocasión de decírselo.
7. – ¿Dónde _______ cenando anoche? – **Estuve** cenando en un bar.

8. – ¿_______ arreglar tu bicicleta? – Sí, por fin **pude** arreglarla.
9. – ¿Por qué no te _______ el cinturón de seguridad? – ¿Cómo? ¡Me lo **puse**!
10. – ¿No te _______ aprender francés? – Sí, me lo **propuse**, pero...
11. – ¿Qué le _______? – Le **dije** que no, nada más.
12. – ¿Cómo _______ la sopa? – La **hice** como la hace mi madre.
13. – ¿Cómo _______? – Esta vez **fui** en tren.
14. – ¿_______ el primero en llegar? – No, **fui** casi el último.
15. – ¿Hasta cuándo _______ esperando? – **Seguí** esperando hasta muy tarde.
16. – ¿Qué _______ tú? – Yo **pedí** un café con leche, nada más.

Ergänzen Sie nun die Fragen per Sie: *¿Vd. quiso decir esto?*

4 Finden Sie die richtigen Kombinationen.

¿De qué escritores estás hablando?	La que está ahí, en la butaca.
¿Es Ana una de esas chicas allí?	El que me regalaron en la agencia.
¿Qué bolígrafo es éste?	Sí, es la que se está riendo.
¿Adónde vais a ir este año?	De los que han recibido el premio.
¿Qué camisa te vas a poner?	Lo que ya te he dicho.
¿Qué vas a hacer?	Adonde fuimos el año pasado.
¿En qué fábrica vas a trabajar?	De lo que vamos a hacer mañana.
¿A qué fiesta vais?	La que ha recibido el premio.
¿De qué estáis hablando?	A la que hacen cada año en el pueblo.
¿Qué máquina te vas a comprar?	Una de las que venden rebajadas.
¿Qué vas a lavar?	En la que está mi hermano.
¿Qué película vais a ver?	Toda la ropa que he echado ahí.
¿Qué libro traes aquí?	El que me ha hecho mi hermano.
¿Qué regalo te ha gustado más?	Las que mencionó ese profesor.
¿Quién es ese señor?	Todos los que invitamos.
¿Quién ha venido a la cena?	Los que no me aprietan.
¿Qué zapatos te vas a poner?	El que te prometí regalarte.
¿Qué revistas te has comprado?	El que preguntó por ti ayer.

5 Sagen Sie etwas über Gegenstände oder Personen, die Sie im Raum sehen. Verwenden Sie je nach der Entfernung *este/ese/aquel*, z.B.:

Esa señora de la blusa blanca es muy simpática.

gafas – bolígrafo – libro – cuaderno – cuadro – foto – suelo – puerta – silla – mesa – señor – señora – chico – chica – habitación

blanco – azul – amarillo – grande/pequeño – tranquilo/nervioso – simpático – numeroso – feo/bello – alegre – interesante – joven – ruidoso – terrible

Ejercicios

6 Füllen Sie die Lücken mit folgenden Wörtern:

dio – estuvo – quiso – trajo – vino

1. Anoche ______ a vernos Jordi. Nos ______ un vino catalán buenísimo. También nos ______ un vídeo sobre Cataluña. ______ sólo un rato y no ______ quedarse a cenar con nosotros. Nos ______ su dirección en Barcelona porque va a volver allí.

Erzählen Sie jetzt den letzten Besuch eines Freundes.

dijeron – dimos – estuve – hubo – fui – llegaron – supe – vinimos

2. Ayer no ______ clase de español, pero no lo ______ hasta que ______ allí. Así que ______ esperando un rato y por fin ______ otros estudiantes y nos lo ______. Entonces ______ un paseo y después ______ a mi casa a charlar un rato y ver un vídeo.

7 Ergänzen Sie.

Pablo Neruda dice, entre otras cosas,

1. que Rómulo Gallegos nunca ______ por qué, tal vez, no le dieron el premio.
2. que ______ varias ocasiones en que él se acercó al premio Nobel.
3. que le ______ finalmente el premio ante un público inmenso.
4. que el rey ______ un buen rato hablando con él.
5. que él ______ una semejanza entre esta ceremonia y un reparto de premios en un colegio.

8 Die meisten der folgenden Wörter gehören zum Bereich der Politik, des öffentlichen Lebens usw. Sortieren Sie die anderen aus. Gehören auch sie irgendwie zusammen?

estrategia – candidato – campaña – camisa – embajador – política – rey – pantalón – desfile – zapato – ceremonia – carrera política – calcetines – conflicto – abrigo – desterrado – falda – emperador – estar de acuerdo con – revolución – programa – calzoncillos – proyecto – público – guerra – blusa

9 Verbinden Sie jeweils die Wörter einer Zeile zu einer Aussage.

escritor	– alcanzar	– Nobel
ceremonia	– haber (hay)	– público
Venezuela	– petróleo	– plata
rey	– tratar	– simpatía
Matilde	– esposa	– Neruda
ceremonia	– reparto de premios	– escuela

10 Schreiben Sie (am besten zu zweit) zu jedem Absatz des Textes eine einfache Zusammenfassung. Vergleichen Sie dann Ihre Texte.

Erzählen Sie, was Sie letzten Sonntag gemacht haben. Stellen Sie sich dazu gegenseitig Fragen.

11 Schreiben Sie den folgenden Text auf Spanisch.

Pablo Neruda ist einer der Schriftsteller spanischer Sprache, die den Nobelpreis bekommen haben. Er erhielt ihn 1971. Andere Schriftsteller, die ihn auch bekamen, sind: Gabriela Mistral (1945), ebenfalls Chilenin, Miguel Angel Asturias

(1967), ein Schriftsteller aus Guatemala, Gabriel García Márquez (1982), ein kolumbianischer Schriftsteller, Octavio Paz (1990) aus México und die Spanier José Echegaray (1904), Jacinto Benavente (1922), Juan Ramón Jiménez (1956) und Camilo José Cela (1989). Auch die Spanier Santiago Ramón y Cajal (1906) und Severo Ochoa (1959) erhielten einen Nobelpreis, den für Medizin.

12 Setzen Sie Wörter ein, die ungefähr dasselbe bedeuten.

Recibieron una información: lo ...					S	_	**P**	_	_	_	_	_
Pusieron algo en manos de otros.				D	_	_	**R**	_	_			
Vinieron trayendo algo.			T	_	_	_	**E**	_	_	_		
Fuimos (por ejemplo, en tren).		V	_	_	_	_	**M**	_	_			
Dejaron algo en un sitio determinado.				P	_	_	**I**	_	_	_	_	
Se metieron dentro.	E	_	_	_	_	_	**O**	_				
Llegaron.					V	_	**N**	_	_	_	_	_
Dieron una información (hablando).		D	_	_	_	_	**O**	_				
Otros les dieron algo: lo			R	_	_	_	**B**	_	_	_	_	_
Fueron hacia arriba.			S	_	_	_	**E**	_	_	_		
Se fueron de casa.					S	_	**L**	_	_	_	_	_

19 Un invierno en el paraíso

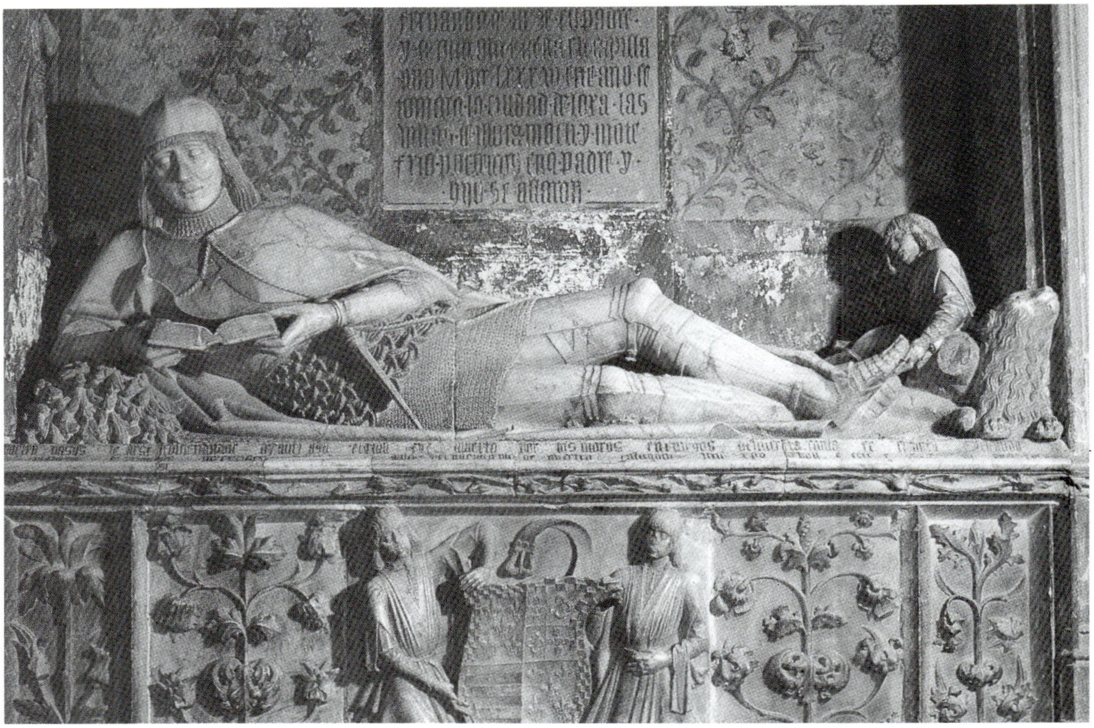

El Doncel de Sigüenza

No iba a clase nunca, me levantaba muy tarde, no hacía nada, nada más que leer. Andaba por la calle con las manos en los bolsillos y un periódico bajo el brazo, mirando las piernas a las muchachas y los escaparates de las librerías. Vivía en una habitación alquilada, limpia y desnuda como la celda de un monje, y me pasaba los días encerrado en ella, solo, leyendo siempre, intoxicado de literatura. No sabía si iba a ser capaz de convertirme en un escritor, pero casi me bastaba el orgullo de ser lo que era: un lector incesante...

De aquel invierno sólo recuerdo los libros que leí y la noticia de la muerte del general Franco. Me he acordado de aquel invierno porque entonces fue cuando encontré y leí casi todos los libros fundamentales de mi vida: una orgía perpetua. En una larguísima asamblea de facultad, en la que se discutía si íbamos a derribar sólo el fascismo o si, ya puestos, derribábamos también el capitalismo – luego fue el capitalismo el que nos derribó uno por uno a nosotros – leí una novela entera ... Terminaba un libro y ya había otro esperándome: todos juntos eran un gran libro, una novela única, en la que estaban todos los nombres, los paisajes, las ciudades, las vidas ...

Antonio Muñoz Molina (1956 –) @

1. Imperfekt

estar	hacer	vivir	
est-**aba**	hac-**ía**	viv-**ía**	Die Endungen des Imperfekts der Verben auf *-er* und *-ir* sind gleich.
est-**abas**	hac-**ías**	viv-**ías**	Die Betonung liegt immer auf derselben Silbe.
est-**aba**	hac-**ía**	viv-**ía**	*hay* ist eine Form von *haber;*
est-**ábamos**	hac-**íamos**	viv-**íamos**	Imperfekt daher: *había*, es gab.
est-**abais**	hac-**íais**	viv-**íais**	
est-**aban**	hac-**ían**	viv-**ían**	

2. Imperfekt: unregelmäßige Formen

ser	ir	ver	
era	**iba**	**veía**	Nur *ser*, *ir* und *ver* sind unregelmäßig.
eras	**ibas**	**veías**	
era	**iba**	**veía**	
éramos	**íbamos**	**veíamos**	
erais	**ibais**	**veíais**	
eran	**iban**	**veían**	

3. Anwendung des Imperfekts

No **iba** nunca a clase. **Terminaba** un libro y ya **había** otro esperándome.	Imperfekt bezeichnet – eine Handlung oder Situation, die sich gewohnheitsmäßig wiederholte.
Vivía en una habitación alquilada.	– eine vergangene Situation, deren Beginn und Ende nicht präzisiert wird.
Estaba en Lisboa cuando llegó la noticia.	– eine Handlung, die im Gang war, als eine andere (einfaches Perfekt) eintrat.
No *sé* si *voy* a ser capaz. No **sabía** si **iba** a ser capaz.	Imperfekt wird nach den Regeln der Zeitenfolge im Nebensatz gebraucht. (L 29).

4. Vorvergangenheit

Había comprado libros.	ich hatte gekauft	*había + Partizip:* Plusquamperfekt (Vorvergangenheit).

Ejercicios

1 Stellen Sie sich beim Lesen dieser Sätze vor, dass sich die Handlung routinemäßig wiederholte...

Antes, yo **me acostaba** siempre muy pronto.
Era siempre la primera en levantarme en casa.
Los domingos **me levantaba** también temprano.
Iba a dar paseos por el campo.
Comía y **bebía** poco.
Salía poco por las noches.

Tú antes **te pasabas** la vida encerrada en casa.
No **andabas** nada.
No **hacías** nada de deporte.
No **ibas** a ningún sitio.
No te **podías** decidir nunca por nada.
Eras completamente diferente a ahora.

Ella no **se acordaba** nunca de nada.
Perdía todo.
No **recordaba** nunca lo que le decías.
Siempre **terminaba** enfadándose con los demás.
Iba por la vida como una loca.
Pero **era** muy simpática y muy alegre.

Formen Sie auch in den Plural um: yo → *nosotros;* tú → *vosotros;* ella → *ellas.*

2 In der folgenden Beschreibung gibt es keine neu eintretende Handlung. Setzen Sie die Verben in die entsprechende Zeit: Imperfekt, z.B. *estaba.*

1. Era lunes y (hay) _______ mercado en la plaza del pueblo.
2. (hay) _______ muchos campesinos (Bauern) que (ofrecer) _______ y (vender) _______ sus productos.
3. La plaza (estar) _______ llena de gente que (mirar, hablar, reírse, preguntar) _______ , _______ , _______ , _______ cuánto (costar) _______ esto o lo otro, y a veces (decidirse) _______ a comprar.
4. Los bares de la plaza (estar) _______ llenos. La gente (comer y beber) _______ y _______ fuera, de pie (stehend), y (tomar) _______ el sol.
5. (ser) _______ un día de primavera luminoso...

3 Auch die folgende Beschreibung enthält keine neu eintretende Handlung. Erzählen Sie in der entsprechenden Vergangenheit: Imperfekt, z.B. *estaba.*

Gabriel tiene los ojos azules y una mirada muy viva... Va siempre vestido de negro. Anda muy lentamente y fuma (raucht) incesantemente. Todos los días se encuentra con sus amigos en un café, y allí discute con ellos y deciden entre todos cómo se podría arreglar todo lo que no les gusta en la sociedad (Gesellschaft).

4 Früher war vieles anders, Sie taten etwas anderes oder das Gegenteil.

Ahora no fumo. *Antes fumaba mucho.*

1. Ahora me basta con el dinero que tengo.
2. Ahora termino a la una las clases.
3. Ahora ya no me encierro a estudiar los fines de semana.
4. Ahora tengo un piso alquilado en la sierra.
5. Ahora recuerdo de quién me hablas.

6. Ahora nunca encuentro tiempo para leer.
7. Ahora ya no me paso horas viendo la televisión.
8. Ahora oigo siempre música cuando estudio.
9. Ahora me río de todo.

Erzählen Sie noch mehr:

despertarse – levantarse – enfadarse – acostarse – interesar – gustar – salir – bastar – pasarse los días – ir – hacer – ver – afeitarse

5 Setzen Sie die Verben in die entsprechende Zeit (Imperfekt oder einfaches Perfekt). Ein Beispiel:

Cuando sus padres vivían en Francia, nació él.

(estar/llegar)
1. Cuando yo ______ hablando por teléfono ______ él.

(esperar, yo/llegar)
2. Cuando ya no ______ respuesta ______ la carta.

(llegar/parecer, él)
3. Cuando ______ Juan, ______ preocupado.

(querer/tener que)
4. Ella no ______ volver, pero ______ volver corriendo.

(pasar el verano/llegar)
5. Cuando ella ______ en Santander le ______ la noticia.

(estar/llegar)
6. Cuando nosotros ______ desayunando ______ la visita.

(estar/llamar)
7. Cuando él ______ tan tranquilo le ______ desde el hospital.

(estar/poder)
8. El ______ tan nervioso que no ______ contestar.

(tener/llamar)
9. Ella ______ tantos dolores que ______ al médico.

(esperar/ver)
10. Cuando él ______ a su hermano en la calle, ______ pasar a Juan.

(quedarme/estar)
11. Ayer ______ en casa porque ______ cansado (müde).

(comprarse/necesitar)
12. El ______ el pantalón porque lo ______.

(tomar, yo/ser)
13. ______ un taxi porque ya ______ muy tarde.

(estar/invitar, ellos)
14. Ella ______ enfadada porque no la ______ anoche.

(estar/llegar)
15. Cuando él ______ pagando la cuenta ______ el taxi ya.

(llegar/acabar de)
16. Cuando ______ nosotros ______ empezar la película.

6 Benützen Sie die folgenden Fragen als Leitfaden, um einen kleinen Text über den Schriftsteller zu schreiben.

¿Qué hacía por la mañana el escritor?
¿Qué hacía cuando iba por la calle?
¿Dónde vivía?
¿Qué hacía en su habitación?
¿Sabía ya lo que iba a ser más tarde?
¿De qué estaba orgulloso?
¿Qué cosas recuerda de aquel invierno?
¿Qué descubrió aquel invierno?
¿Qué hizo durante una reunión de estudiantes?
¿De qué se habló en aquella asamblea?
¿Qué hacía cuando terminaba un libro?
¿Tenía la impresión de leer muchos libros o de leer un libro escrito por muchos autores?

7 Der Autor spricht von *fascismo* und *capitalismo*. Erinnern Sie sich an andere Wörter der Politik.

1. A Buñuel no le interesaba la ______.
2. Alberti escribía sobre ______ y ______. El era un ______ y no podía vivir en su país.
3. Neruda, hablando del premio Nobel, empleaba palabras de la política como ______ , ______ , ______ , etc.

Otras palabras que le pueden interesar:

la democracia, la república, el comunismo, el socialismo, el gobierno, el presidente, el jefe de Estado.

8 Ergänzen Sie die fehlenden Wörter. Spielen Sie dann das Gespräch in der Buchhandlung gemeinsam und variieren Sie, wie Sie wollen.

● ¿Le puedo ayudar? ¿Buscaba (suchen) algún título en especial?
▲ No, estaba buscando un diccionario, un diccionario ______ español.
● ¿Español-francés o español-inglés...?
▲ No, no, sólo de español, con ______ explicaciones de las palabras y todo ______ español, con sinónimos (Wörter gleicher Bedeutung).

Ejercicios

- ● Entonces podía mirar aquí, donde ______ los diccionarios de la Real Academia Española, o éste, el María Moliner, y el Casares.
- ▲ No, no, por Dios, yo sólo quería un diccionario pequeño, no sé, de bolsillo.
- ● Ah, ya, entonces vamos ______ ver aquí, en esta parte ______ los libros de español como lengua extranjera, y aquí también ______ diccionarios más pequeños.
- ▲ Ya. Y otra pregunta: ¿Libros de literatura hispanoamericana?
- ● Eso ______ en la primera planta.
- ▲ Gracias. Voy ______ ir mirando primero aquí.

9 Schreiben Sie auf Spanisch:

Als ich klein war, las ich nicht gern. Es gefiel mir auch nicht (tampoco) zu lernen. Das Einzige was mich interessierte, war mit meinen Freunden auf der Straße zu sein. Aber dann, später, als ich 13 oder 14 Jahre alt war, las ich schon gern. Ich las vor allem Sciencefictionbücher und Romane. In den Ferien las ich wie ein Verrückter: ich beendete ein Buch und fing ein anderes an. Jetzt interessiert es mich, alles zu lesen, was in meine Hände fällt. Das wenige Geld, das ich habe, das gebe ich aus, um Bücher zu kaufen, aber ich bekomme immer Bücher geschenkt („sie schenken mir", regalar), oder ich gehe in die Bibliothek (biblioteca) und bekomme (conseguir) dort die Bücher, die mich interessieren.

10 Hören Sie zuerst den Text und lesen Sie ihn dann bitte laut:

El viejo Eloy sabía que el hombre es un *animal* de corta vida. El viejo Eloy *calculó* los días de vida de un hombre que *muere* a los 75 años y llegó a la *conclusión* de que eran unos 27.375, que *correspondían* a 675.000 horas, *o sea* 38.420.000 minutos. Pero considerando que el hombre *duerme* un *promedio* de 8 horas diarias, un estado de muerte *provisional*, venía a resultar que el hombre que muere a los 75 años había vivido tan sólo 18.050 días, o sea 438.000 horas, o sea 25.613.334 minutos. *Mas* si *descontaba* los días, las horas, los minutos y los segundos que el hombre pasa en la *inopia* de la primera *infancia*, la vida *consciente* de un hombre que vive 75 años se reducía a 15.695 días, o sea 376.680 horas, o sea 21.934.134 minutos ...

Tier
ausrechnen
stirbt
Schluss
entsprechen; also
schläft; Durchschnitt
vorläufig; provisorisch
aber
abziehen
Ahnungslosigkeit
Kindheit; bewusst

Miguel Delibes: *La hoja roja* ⓐ

20 Episodio del enemigo

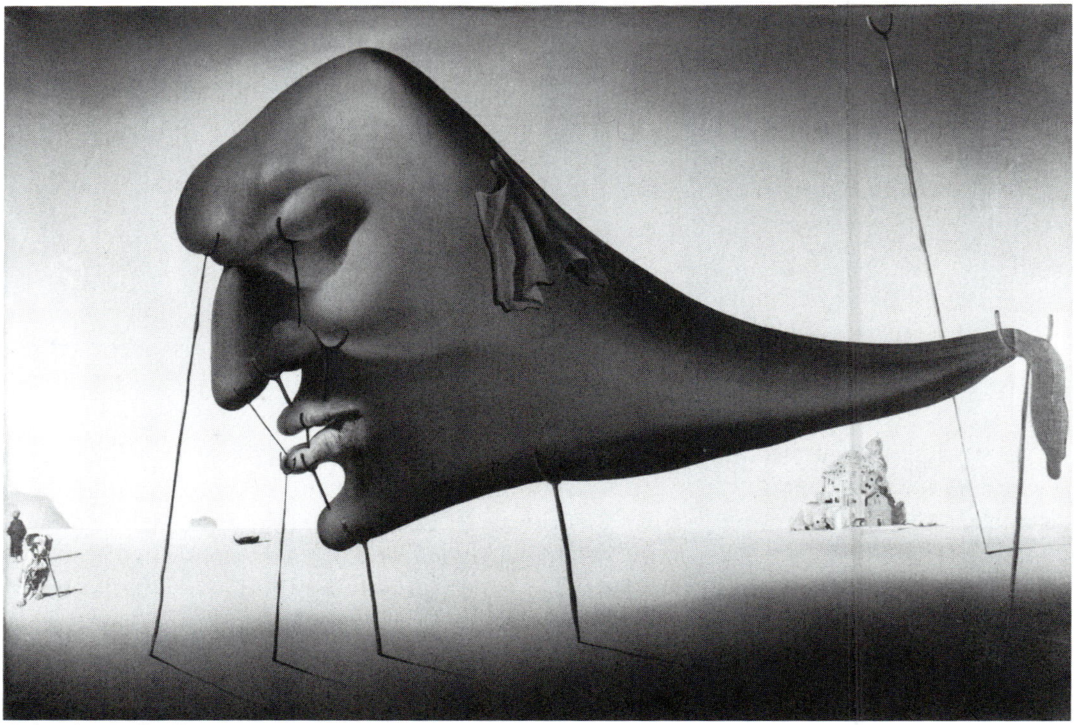

Salvador Dalí: El sueño

Tantos años huyendo y esperando y ahora el enemigo estaba en mi casa. Desde la ventana lo vi subir por el camino. Me costó oír lo que esperaba: el débil golpe contra la puerta. Dio unos pasos y cayó en mi cama, rendido. Serían las cuatro de la tarde.

– Unos creen que los años pasan para uno – dije – pero pasan también para los demás. Aquí nos encontramos al fin y lo que ocurrió antes no tiene sentido.

Mientras yo hablaba su mano derecha estaba en el bolsillo del saco. Algo me señalaba y yo sentí que era un revólver.

Me dijo con voz firme:
– Lo tengo ahora a mi merced y no soy misericordioso.

Ensayé unas palabras. No soy un hombre fuerte y sólo las palabras podían salvarme. Dije:
– Es verdad que hace tiempo maltraté a un niño, pero usted ya no es aquel niño ni yo aquel insensato. Además la venganza no es menos ridícula que el perdón.
– Precisamente porque ya no soy aquel niño – me replicó – tengo que matarlo. No se trata de una venganza sino de un acto de justicia. Sus argumentos, Borges, son estratagemas de su terror. Usted ya no puede hacer nada.
– Puedo hacer una cosa – le contesté.
– ¿Cuál? – me preguntó.
– Despertarme.
Y así lo hice.

Jorge Luis Borges (1899–1986): *Obras completas*

1. Anwendung von Imperfekt und einfachem Perfekt

Entró.	Er kam herein.	*Einfaches Perfekt:* nacheinander einsetzende Handlungen oder Ereignisse: und dann ..., und dann...
Dio unos pasos.	Er machte einige Schritte.	
Cayó en mi cama.	Er fiel in mein Bett.	
Estaba ya en mi casa. Yo **esperaba** ya el débil golpe. **Eran** las cuatro de la tarde. Sólo las palabras **podían** salvarme.		*Imperfekt:* Handlungen, die schon im Gang waren, einen Hintergrund für die Haupthandlung bilden, die Situation erklären.
Mientras yo **hablaba,** su mano **estaba** en el bolsillo.		*Imperfekt + Imperfekt:* paralleler, gleichzeitiger Verlauf.

2. Condicional als Ausdruck der Vermutung in der Vergangenheit

Eran las cuatro.	Es war damals vier Uhr.	Sichere Aussage in der Vergangenheit.
Serían las cuatro.	Es war damals wohl vier.	Vermutung in der Vergangenheit. (Futur als Vermutung: L 13).

3. Zeitangaben: „vor"

hace tiempo **hace una hora**	vor einiger Zeit vor einer Stunde	*hace:* es ist (eine Zeit) her
antes de las 12 **antes de llamar**	vor 12 Uhr bevor ich anrufe	*antes de:* vor einem bestimmten Zeitpunkt.

4. Fragepronomen: ¿qué? und ¿cuál?

¿Qué libro?	*¿qué + Substantiv?*	welches/was für eines?
¿Cuál (de las casas)?	*¿cuál (de + Subst.Plural)?*	welches (von mehreren)?
¿Cuál es...?		

Ejercicios

1 Erinnern Sie sich und ergänzen Sie (meist mehrere Wörter):

1. Ahora el enemigo estaba ______.
2. Desde la ______ lo vi subir.
3. Me costó oír ______.
4. Dio unos pasos inciertos y ______.
5. Los años pasan también para ______.
6. Aquí nos encontramos ______.
7. Lo que ocurrió antes ______.
8. Su mano derecha ______.
9. Me dijo algo con ______.
10. Sólo las palabras ______.
11. Es verdad que ______ maltraté a un niño.
12. Usted ya no es ______.
13. La venganza no es menos ridícula que ______
14. No se trata de una venganza, sino de ______.
15. Usted ya no puede hacer ______.
16. Puedo hacer una cosa. – ¿______? – Despertarme.

2 Antworten Sie mit einer Vermutung (und versuchen Sie das auch mit einer Geste anzudeuten), z.B.:

– ¿Qué hora era?
(las cuatro)
– *Serían las cuatro.*

1. ¿Cuántos años tenía entonces? (unos 70 años)
2. ¿Qué tenía en el bolsillo? (un revólver)
3. ¿Con quién hablaba? (consigo mismo)
4. ¿A quién vio desde la ventana? (a su amigo)
5. ¿Qué oyó desde la cama? (unos pasos)
6. ¿Qué le dijo? (que quería matarlo)
7. ¿Qué le contestó? (la verdad)
8. ¿Qué le preguntó? (por qué venía).

3 Ergänzen Sie mit Sätzen im Imperfekt oder Plusquamperfekt, z.B:

Cuando salí de casa, *llovía mucho.*
Cuando salí de casa, *ya había empezado a llover.*

Le contesté por carta que ______.
Le pregunté por teléfono qué ______.
Me encontré con tu madre cuando ______.
No esperé más porque ______.
Cuando ocurrió el accidente, yo ______.
Me dio las gracias porque ______.
Se cayó de la bicicleta cuando ______.
Quería hablar con él, pero ______.
Me costó creer que ______.
Me pareció ridículo lo que ______.
El llegó precisamente mientras yo ______.

4 Ergänzen Sie mit Sätzen im einfachen Perfekt, z.B.:

Cuando estaba en la playa, *vinieron unos amigos míos.*

Cuando estábamos esperando el autobús, ______.
Como no conseguía arreglar la bicicleta, ______.
Como no me acordaba de su dirección, ______.
Como no me bastaba con este dinero, ______.
No me sentía bien, así que ______.
Como no me costaba nada ayudarle, ______.
Como Jorge no se despertaba, ______.
Cuando terminábamos de cenar (zu Abend essen), ______.

Ejercicios

5 Stellen Sie sich gleichzeitig verlaufende Vorgänge vor, z.B.:

Mientras yo hablaba, su mano derecha estaba en el bolsillo.

Cuando ellos estaban en Inglaterra, nosotros ______.
Cuando tenía 10 años, ______.
En verano, como no teníamos coche, ______.
De pequeña, como no me gustaba estudiar, ______.
Mientras preparábamos la comida, ellas ______.
Nosotros dormíamos mientras ellos ______.
Ellos descansaban mientras yo ______.
Se trataba de conseguir rápidamente dinero porque ______.
Ellos estaban en el extranjero, y ______.
Yo quería saber dónde estaban, pero nadie ______.

6 Erzählen Sie die Geschichte eines anderen. Setzen Sie die Verben in die entsprechende Vergangenheit: Perfecto simple (*tuve*) oder Imperfekt (*tenía*).

1. (levantarse)	Ya era muy tarde cuando ______.
2. (estar)	Todavía ______ un poco cansado.
3. (llamar)	______ a la recepción del hotel.
4. (contestar)	Pero (ellos) no le ______.
5. (volver)	(El) ______ a llamar.
6. (pedir)	______ un taxi.
7. (ser)	No ______ necesario.
8. (hay)	Delante del hotel ______ taxis.
9. (meter)	______ rápidamente todo en la maleta.
10. (llevar)	Como siempre, ______ demasiadas cosas...,
11. (conseguir)	pero ______ cerrarla.
12. (bajar)	______ corriendo.
13. (tener)	En la recepción ya ______ preparada la cuenta.
14. (pagar)	La ______.
15. (subir)	______ al taxi.
16. (llegar)	______ a la estación pocos minutos antes de salir el tren.
17. (poder)	Ya no ______ pasar nada desagradable.
18. (estar)	Por fin ______ en el tren...

Erzählen Sie nun die Geschichte als Ihre eigene und ändern Sie sie frei nach Ihren Ideen.

Ejercicios

7 Suchen Sie passende Verbindungen.

Le pregunté qué pasaba	en la que alquilaban habitaciones.
Me llegó su carta	alquilé una habitación.
Fui a una casa	cuando terminé el curso.
Como me quería quedar allí	cuando yo ya le había escrito a él.
Estábamos en junio	porque él no sabía cómo funcionaba.
Se lo expliqué	y no supo qué responder.
Cuando vivían en Inglaterra	el niño tenía cinco años.
Le prometí llamarle	tuvo su primer hijo.
Me había dicho dónde vivía	pero no se conocían.
Vivían en la misma calle	se conocieron.
Cuando tenía 25 años	pero en ese momento no me acordaba.
Cuando nació su hermana	pero luego no me acordé de hacerlo.

8 Ergänzen Sie die Sätze mit Imperfekt (gleichzeitig) und mit Plusquamperfekt (vorangegangene Handlung), z.B.:

Vi a Pepe cuando él (salir de casa).
Vi a Pepe cuando salía de casa / cuando ya había salido de casa.

1. Se lo pregunté cuando él (comer).
2. Se cayó cuando (subir al autobús).
3. Llegué cuando él (preparar la comida).
4. Llegué cuando ella (despertarse).
5. Le comprendí cuando me (explicar sus argumentos).
6. Iba bastante despacio por la carretera porque (llover mucho).
7. Pablo estaba un poco nervioso porque (estar esperando ya más de una hora).
8. Se llevó una gran sorpresa porque (no esperar esta contestación).

9 Zwei Gruppen von Wörtern: Wörter der Verständigung, des Verstehens, und Wörter der Gewalt und Nichtverständigung. Aus jeder der beiden Gruppen haben sich versehentlich vier Wörter in die andere verirrt.

repetir – matar – expresar – explicar – entender – responder – contestar – revólver – considerar – pensar – creer – la guerra – telefonear – hablar – decir – el terror – pronunciar – parecer – palabra

comunicar – maltratar – chocar – tirar – preguntar – desterrar – hacer polvo – la muerte – la revolución – hablar – discutir – el enemigo – comprender – estrellarse – venganza

Wählen Sie einige dieser Wörter und verwenden Sie sie in eigenen Aussagen.

Ejercicios

10 Setzen Sie in die Lücken das richtige Fragewort: *¿cuál?* oder *¿qué?* Spielen Sie dann das Gespräch mit verschiedenen Varianten gemeinsam.

● Buenos días. Quería una camisa de playa de esas largas que tienen en el escaparate.
▲ ¿ _______ quiere, la gris o la azul?
● La azul. Y una crema para el sol, por favor.
▲ ¿ _______ crema quiere, una buena, de una buena marca, o ...?
● No, una corriente (normal), barata, vamos ...
▲ Aquí tiene varias. ¿ _______ de éstas le gusta más?
● Esta misma. Y también un frasco de colonia, de esos que ofrecen Vds. a precio especial (Sonderpreis) en el escaparate.
▲ ¿ _______ quiere? ¿El frasco grande, de cuarto de litro, o el pequeño?
● El pequeño, ¿y me da también un paquete de jabón?
▲ Tengo paquetes de tres y de seis. ¿ _______ quiere, el de tres o el de seis?
● Pues ese, el pequeño. Y un peine.
▲ Sí. ¿ _______ peine quiere? De los grandes o uno pequeño de bolsillo?
● Uno de bolsillo, mejor. Nada más.
▲ Vamos a ver cuánto es...

11 Setzen Sie *antes de* oder *hace* ein.

1. Vi a Luis _______ tiempo.
2. Estaré allí _______ las doce.
3. Tu amigo ha llamado _______ un momento.
4. Voy a buscarlo en el diccionario _______ preguntar.
5. Ha estado aquí _______ un rato.
6. Preguntaré el precio _______ comprarlo.
7. Estuvimos con él _______ una semana.
8. Vivíamos todavía en Burgos _______ cinco años.
9. Te llamaré _______ salir de casa.
10. Abriré la ventana _______ acostarme.
11. Tengo que terminar este trabajo _______ el mes de julio.
12. Le visité en el hospital _______ una semana.

12 Sie können oft Wörter verstehen, die Sie noch nicht kennengelernt haben. Mit den Vorsilben *des-*, *in-*, *(im-*, *i-)* und *a-* bedeuten viele Adjektive das Gegenteil: *conocido* / *desconocido*, *posible* / *imposible*, *normal* / *anormal*.
Auch *poco* ergibt oft einen negativen Sinn: *amable* / *poco amable*.

Geben Sie das Gegenteil an:

1. El golpe no fue fuerte, sino _______.
2. La comida del hotel no era buena, sino _______.
3. No era un niño triste, era más bien _______.
4. No es una casa moderna, sino muy _______.
5. La sorpresa no fue desagradable, fue más bien _______.
6. Este trabajo es inseguro, no es _______.
7. La madre no estaba tranquila, estaba _______.
8. Es una persona indiscreta, no es nada de _______.
9. Lo que ha dicho es inexacto, no es _______.
10. Es injusto lo que han hecho con él, no ha sido _______.

11. No es un autor conocido, es _______.
12. Me siento incapaz de hacerlo, no soy _______ de esto.
13. Es una situación anormal, no es _______.
14. Ningún rey me dio la mano ni por corto ni por _______ tiempo.

13 Schreiben Sie auf Spanisch ein paar Gedanken (teilweise aus der Geschichte).

Es fiel mir schwer zu glauben, was er sagte.
Ich erwartete um diese Zeit (wörtlich: zu diesen Stunden) keinen Besuch.
Als ich das Geräusch hörte, mochte es vier Uhr nachmittags sein.
Vom Fenster aus sah ich ihn (an)kommen.
Die Jahre vergehen nicht nur für einen selbst, sie vergehen auch für die anderen.
Schließlich trafen wir uns, nachdem wir mehrere Stunden gewartet hatten.
Was du machst, hat keinen Sinn.
Während ich sprach, sah er weiter fern (mirar la televisión).
Ich bin kein starker Mann, ich bin schwach.
Es handelt sich um eine lächerliche Rache.
Ich muss Sie um Entschuldigung bitten für das, was ich getan habe.
Ihre Argumente haben keinen Sinn.
Im Augenblick bin ich kaputt und am Morgen fällt es mir sehr schwer aufzuwachen.
Ich habe dich gefragt, warum du das getan hast, aber du hast mir noch nicht geantwortet.
Was ist los? Es ist nichts los.

Test 4

1 Setzen Sie die Formen des einfachen Perfekts (z.B. *tuve*) ein.

1. (tener, yo)	Ayer ______ una discusión con mi madre.
2. (conseguir, tú)	¿______ hablar por fin con él?
3. (lograr, Vd.)	¿______ llegar a tiempo al tren?
4. (estar, nosotros)	El año pasado ______ cuatro semanas en Perú.
5. (poder, vosotros)	¿______ hacer algo por él?
6. (poner, ellos)	Ayer ______ un telegrama a su familia.
7. (hacer, Vds.)	¿Qué ______ anoche?
8. (decir, yo)	Se lo ______ todo la semana pasada.
9. (ir, tú)	¿______ anoche al cine por fin?
10. (conseguir, él)	Tu hermano ______ el premio, ¿verdad?
11. (sentir, nosotros)	______ mucho no ver lo del Premio en la televisión.
12. (ser, impersonal)	______ muy bonito todo.
13. (haber, impersonal)	______ varios candidatos.
14. (querer, vosotras)	¿Por qué no ______ ir allí?
15. (mencionar, ellos)	¿______ algo de lo que pasó anoche?
16. (venir, yo)	Ayer ______ directamente de mi casa.
17. (traer, ellos)	¿Te ______ ayer en coche?
18. (pasar, tú)	¿Dónde ______ el mes de julio?
19. (esperar, tú)	¿Por qué no ______ más?
20. (costar, impersonal)	Me ______ mucho creerlo.

2 Setzen Sie die entsprechende Vergangenheit der Ich-Form.

1. (quedarse)	Hoy me ______ en casa por la mañana.
2. (ir)	Ayer ______ a pasear después de comer.
3. (alquilar)	Esta semana ______ por fin una habitación.
4. (encontrar)	Hace dos días ______ por fin un trabajo.
5. (tratar)	El año pasado ______ ya de pasar el examen.
6. (hacer)	Ayer no ______ nada en todo el día.

3 Stellen Sie sich vor, dass Sie das Folgende aus Ihrer Kindheit oder Jugend erzählen.

1. (ir)	Por la mañana ______ al colegio.
2. (tener)	______ muchos amigos.
3. (costar)	No me ______ nada estudiar.
4. (encerrar)	A veces me ______ para leer, porque
5. (leer)	yo ______ muchísimo.
6. (conseguir/querer)	Yo ______ siempre lo que ______.
7. (ir)	______ mucho al cine, y
8. (impresionar)	me ______ mucho las películas de miedo.
9. (pensar)	Sólo ______ en jugar,
10. (importar)	lo demás no me ______.

Test 4

4 Ergänzen Sie die Sätze mit dem passenden Ausdruck:

hace – delante de – antes de

1. Nos queremos encontrar ______ el restaurante.
2. Los he visto ______ una hora.
3. No vendrán ______ las siete.
4. Fui a verlos ______ una semana.
5. Los vi hablando ______ la iglesia.
6. Los llamé por teléfono ______ salir.
7. Llegasteis aquí ______ ya un buen rato, ¿no?
8. ¿Dónde viviais ______ encontrar este piso?
9. Mañana nos volveremos a encontrar ______ la puerta de entrada.
10. Nosotros llegamos aquí ______ tres años.

5 Wählen Sie jeweils die passende Form aus.

1. Ayer ______ a la montaña.
   (he subido – subí – subía – había subido)
2. Esta mañana ______ mucho despertarme.
   (me ha costado – me costó – me costaba – me había costado)
3. Aquel año no hacía nada, ______ los días en casa.
   (me he pasado – me pasé – me pasaba – me había pasado)
4. Anoche ______ un buen rato música.
   (he oído – oí – oía – había oído)
5. Mis padres, cada año ______ a hacer el mismo viaje.
   (han vuelto – volvieron – volvían – habían vuelto)
6. Esta semana mi hermano ______ de Francia.
   (ha vuelto – volvió – volvía – había vuelto)
7. Venía sin gafas porque se le ______.
   (han roto – rompieron – rompían – habían roto)
8. Cuando llegué, él ______ con un señor.
   (ha discutido – discutió – discutía – había discutido)
9. Se ______ cuando subía por el camino.
   (ha caído – cayó – caía – había caído)
10. Cuando llamamos por teléfono, no ______ el telegrama todavía.
    (han recibido – recibieron – recibían – habían recibido)
11. En aquella ocasión no le dijimos nada, así que ______ fatal con él.
    (hemos quedado – quedamos – quedábamos – habíamos quedado)
12. Pepe ______ aquí esperando hasta ahora mismo.
    (ha estado – estuvo – estaba – había estado)

6

Drücken Sie das Gleiche eher allgemein gültig (unpersönlich) aus: „man“, „einen“ usw.

1. Aquí me despierto siempre por el ruido.
2. Tengo que estar en el aeropuerto una hora antes de las ocho.
3. Tomo el autobús del aeropuerto en la plaza de Colón.
4. Comprando en esa tienda ahorro bastante.
5. Con este trabajo me queda muy poco tiempo para otras cosas.
6. La verdad, ya no me interesa lo que dice.

7

Sie sind sich der folgenden Sachverhalte nicht völlig sicher. Formulieren Sie sie deshalb eher als Vermutung.

1. Alberto se ha despertado muy temprano.
2. Se ha ido de casa sin desayunar.
3. No tenía ganas de hacer café.
4. Eran las seis o las seis y media.
5. Ahora está en la playa bañándose.
6. Le gusta estar unas horas solo.
7. Seguro que ha llamado a Pedro para comer con él.
8. Le queda algún dinero para invitarle.

8

Ergänzen Sie die fehlenden Wörter.

1. ¿Puedo hacer algo ______ ti?
2. Te tienes que poner el ______ de seguridad, es obligatorio.
3. Ernesto tiene muchísimos amigos y ni un solo ______.
4. Es absurdo y r______ lo que dices.
5. ¿Por qué tiene que ser hoy, ______ hoy, que sabes que no puedo?
6. He visto unos cuadernos muy bonitos en el ______ de la tienda de enfrente.
7. ¿Tienen estas maletas en otro ______? Me gustaría una más pequeña.
8. Tú gastas todo el dinero y no ______ nada, ¿verdad?
9. Si no los invitamos a la fiesta quedamos muy ______ con ellos.
10. No sé si los demás van allí o no van. Yo, de todas ______, voy.
11. Vamos a cerrar bien todas las puertas y ______.
12. ¿Has visto alguna ______ una cosa así?
13. No vamos a discutir más. No quiero ______ el tiempo.
14. En estas circunstancias no soy ______ de trabajar.
15. No me han dicho nada. Lo ______ que sé es que vienen mañana.

21 Alegrías y quejas

¿Tienen alma las cosas? Azorín

Las cosas

A las cosas, nuestras cosas,
les gusta que las quieran;
a mi mesa le gusta que yo apoye los codos,
a la silla le gusta que me siente en la silla,
a la puerta le gusta que la abra y la cierre
como al vino le gusta que lo compre y lo beba,
mi lápiz se deshace si lo cojo y escribo,
mi armario se estremece si lo abro y me asomo,
las sábanas, son sábanas cuando me echo sobre ellas
y la cama se queja cuando yo me levanto.
¿Qué será de las cosas cuando el hombre se acabe?
Como perros, las cosas no existen sin el amo.

¡Por fin!

Estoy contenta de estar contenta
y de que alguien lleve mi foto en su cartera
y de que alguien lea mis versos a su manera
y de que esté mi libro en la mesilla de cualquiera.
¡Estoy tan contenta...
que ya no me importa que no me quieras!

Gloria Fuertes (1917–)

1. Presente de subjuntivo

hablar	leer	abrir
habl-**e**	le-**a**	abr-**a**
habl-**es**	le-**as**	abr-**as**
habl-**e**	le-**a**	abr-**a**
habl-**emos**	le-**amos**	abr-**amos**
habl-**éis**	le-**áis**	abr-**áis**
habl-**en**	le-**an**	abr-**an**

Die bisher bekannten Formen *hablo, leo, abro,* usw. gehören zum *Presente de indicativo,* also zur „normalen" Aussageform der Gegenwart. Im *Presente de subjuntivo* haben die Verben auf *-ar* Endungen mit *-e,* die Verben auf *-er* und *-ir* haben Endungen mit *-a: habl-e, le-a, abr-a.*

cerrar -ie-	poder -ue-
cierre	p**ue**da
cierres	p**ue**das
cierre	p**ue**da
cerremos	podamos
cerréis	podáis
cierren	p**ue**dan

Verben, die in stammbetonten Formen *-e-* zu *-ie-* oder *-o-* zu *-ue-* verändern, folgen im *Subjuntivo* der gleichen Regel. (*-ie-* L 3; *-ue-* L 6).

2. Die Anwendungen des Subjuntivo

Subjuntivo steht vor allem in Nebensätzen. Erklärungen des *Subjuntivo* als Form der „Möglichkeit" oder „Nichtwirklichkeit" sind irreführend, ebenso die Übersetzung „Konjunktiv". (Der deutsche Konjunktiv hat andere Funktionen.) Wir verwenden deshalb das spanische Etikett *„Subjuntivo".*
Sie lernen schrittweise wichtige Anwendungen des *Subjuntivo* kennen.

3. Subjuntivo nach Ausdrücken des Gefühls

Me gusta Estoy contento de Me alegro (freue mich) de Me quejo de No me importa	que que no	me quieras.	*que + Subjuntivo* steht nach „Ausdrücken des Gefühls": Freude, Ärger, Gleichgültigkeit usw.

4. cuando + Subjuntivo: Ausdruck der Zukunft

Cuando acabe la clase tomamos algo juntos.	Wenn/sobald die Stunde zu Ende ist...	*cuando + Subjuntivo:* zukünftige Handlung.
Cuando acaba la clase (siempre) tomamos algo.	Immer wenn die Stunde zu Ende ist...	*cuando + Indikativ:* häufiger Vorgang, Gewohnheit.
Si acabamos pronto podemos tomar algo juntos.	Wenn/falls wir bald aufhören...	*si + Indikativ:* angenommener Fall; Bedingung.

Ejercicios

1 Gewöhnen Sie sich an die neuen Formen (*Subjuntivo*), die hier nach „Ausdrücken des Gefühls" stehen. Nach jedem Absatz wandeln Sie den Singular in den Plural um.

Me gusta que (él/ella) … .

1. nos **visite** de vez en cuando
2. **apoye** a su hermano en esta ocasión
3. **trabaje** con nosotros
4. **compre** siempre el periódico
5. **tome** cada vez menos café
6. **se quede** unos días más aquí
7. no **pregunte** nada
8. me **explique** todo tan bien
9. **hable** tan bien de ti
10. **lo pase** tan bien aquí
11. **llegue** siempre tan puntual
12. **mire** tan poco la televisión
13. **se lleve** una sorpresa

Me gusta que (ellos/ellas) … .

¿No te importa que (yo) … ?

14. te **llame** por teléfono tan temprano
15. hable un momento con mis padres
16. pregunte otra vez
17. tome más café
18. compre todavía unas cosas
19. espere en esta habitación
20. me eche en la cama
21. me levante mañana tarde
22. te ayude más tarde
23. mire tus fotos

¿No te importa que (nosotros) … ?

Estoy contento, -a de que (tú) …

24. le **escribas** por fin
25. **vivas** otra vez aquí
26. ya no **respondas** más a ese imbécil
27. **recibas** por fin algún dinero
28. no **creas** en esas estupideces
29. **comprendas** mis argumentos
30. por fin **aprendas** a conducir (Auto fahren)
31. me **prometas** no hacerlo más
32. no me **metas** más cosas en mi habitación

Estoy muy contento, -a de que (vosotros) …

2 Gewöhnen Sie sich weiter an die Formen des *Subjuntivo* – wieder nach „Ausdrücken des Gefühls" –, und wandeln Sie nach jedem Absatz den Plural in den Singular um.

Se alegra de que (nosotros) … .

1. **comamos** los domingos con ella
2. comprendamos por qué no viene
3. le creamos lo que dice
4. leamos sus poesías
5. respondamos tan rápidamente sus cartas
6. veamos a su familia
7. aprendamos español
8. no subamos mañana tan temprano a la sierra
9. descubramos por fin esta región que le gusta tanto
10. escribamos ya en español
11. abramos otra botella más

Se alegra de que (yo) … .

Me quejo de que (vosotros) …

12. siempre **respondáis** lo mismo
13. me despertéis cada noche con el ruido
14. gastéis tan de prisa todo el dinero
15. nunca lavéis los platos
16. no me ayudéis nada
17. os levantéis siempre tan tarde

Me quejo de que (tú) …

No me gusta que (ellos) …

18. **se sienten** todos en mi habitación
19. piensen siempre mal de la gente
20. empiecen otra vez a discutir
21. cierren la puerta con llave (Schlüssel)

22. pierdan tanto el tiempo en tonterías
23. se **acuesten** tan tarde
24. vuelvan otra vez aquí
25. vuelvan a hacer lo mismo
26. vuelen en ese avión tan viejo
27. cuenten esas cosas

No me gusta que (él/ella) ...

3 Setzen Sie *si* oder *cuando* ein.

si + Indikativ: Angenommener Fall oder Bedingung.
cuando + Subjuntivo: Handlung in der Zukunft.

1. _______ compro la mesa necesito más dinero.
2. _______ compre la mesa y las sillas necesitaré más dinero.

3. _______ no te sientes bien, no vamos a verlos hoy.
4. _______ te sientas mejor, podremos ir a verlos.

5. _______ abran la tienda compramos algo para el viaje.
6. _______ no abren la tienda ahora no podemos esperar más.

7. _______ él compra el periódico, puede comprar también alguna revista.
8. _______ compre el periódico, comprará también alguna revista, ¿no?

9. _______ quieras ir a la estación me lo dices.
10. _______ quieres ir a la estación te llevo en coche.
11. _______ mañana te levantas temprano podemos desayunar juntos.
12. _______ te levantes mañana ya me habré ido.

4 Ist von Dingen die Rede, die sich häufiger wiederholen (Indikativ), oder von einer Handlung in der Zukunft (Subjuntivo)?

(acabar, yo)
1. Cuando _______ de comer, me echo siempre un rato en la cama.
2. Cuando _______ de comer, me echaré un rato y oiré música.

(llegar, nosotros)
3. Cuando _______, ya nos estarán esperando.
4. Cuando _______, nos están esperando siempre.

(cantar, él)
5. Cuando _______, lo hace fatal, el pobre.
6. Cuando _______, lo hará fatal, como siempre.

(pagar, él)
7. Cuando _______ una cuenta, siempre se queja.
8. Cuando _______ la cuenta, ya verás cómo se queja.

(lograr, ellos)
9. Cuando _______ despertarse a tiempo, van a la playa.
10. Cuando _______ ahorrar un poco de dinero, harán el viaje.

(necesitar, tú)
11. Cuando _______ algo, me lo dices, por favor.
12. Cuando _______ algo, siempre me lo pides a mí...

Ejercicios

5 Ergänzen Sie die fehlenden Wörter.

Ya conocemos el nombre de algunas cosas de la casa y de algunos muebles:

En el cuarto de estar, es decir, donde „estamos“ generalmente, tenemos una m_______ para comer o escribir, s_______s, b_______s o un sofá para sentarnos, una t_______n para ver películas o una r_______ para oír las noticias o música, c_______s en las paredes (Wände), y claro, v_______s o balcones, y p_______s para entrar y salir.

En el dormitorio, donde dormimos, tenemos una c_______, s_______s o ropa de cama, una mesilla de noche al lado de la cama, un a_______ para meter nuestra ropa, etc.

En el cuarto de baño, donde nos lavamos o nos bañamos, tenemos un l_______ para lavarnos las manos, un e_______ para mirarnos, una d_______ para ducharnos y tal vez, el wáter (W.C.) también está allí.

Y por último, en la cocina, donde hacemos la comida, tenemos una c_______ eléctrica o de g_______, un l_______s para lavar los platos, vasos, etc., una n_______ para meter las cosas de comer, armaritos en las paredes y muchas cosas más.

Y ahora, uno después de otro, podemos escribir cada uno una frase sobre la habitación en que estamos en este momento (cómo es, de qué color son las cosas, etc.). Después juntamos las frases y, con un poco de suerte, tendremos un texto interesante...

6 ¿Para qué sirven estas cosas? La mesilla de noche sirve, por ejemplo, para dejar en ella cosas cuando me acuesto.

Pero a lo mejor, las cosas no sólo sirven para algo, sino que *les gusta* servir para algo. Vamos a seguir la idea de la poesía, preguntándonos, unos a otros, lo que «les gusta» a las cosas, por ejemplo:

A la puerta, ¿qué le gusta?
Que la abra y la cierre.

1. la puerta	abrirla y cerrarla
2. la butaca y la silla	sentarme
3. la cama	dormir, acostarme, echarme
4. el armario	meter y sacar la ropa
5. la radio	escuchar música
6. el teléfono	cogerlo y llamar a mis amigos
7. el suelo	andar sobre él
8. la pared y el techo	pintarlos de colores diferentes
9. la mesilla (de noche)	dejar mi reloj en ella
10. la habitación	arreglarla y limpiarla
11. el espejo	mirarme
12. la mesa	apoyar los codos en ella y estudiar
13. el lavaplatos	lavar platos, vasos y cubiertos

Ejercicios

7 Fragen Sie sich gegenseitig und antworten Sie negativ.
Achtung: *ninguno,-a* hat keinen Plural: *¿Cerillas? No tengo ninguna.*

1. ¿Necesitas algo? – No, ...
2. ¿Ha venido alguno de tus amigos? – No, ...
3. ¿Tienes algún día libre esta semana? – No, ...
4. Yo voy siempre a tomar café a esa cafetería. – Pues yo no, yo no ...
5. ¿Conoces a alguien aquí? – No, yo no ...
6. ¿Has hablado ya con alguien? – No, no...
7. Teresa no quiere ir al cine, pero tú sí, ¿verdad? – No, yo ...
8. No me queda dinero, pero tú tienes, ¿no? – No, yo ...
9. Tú sales siempre de aquí a la una, ¿no? – No, yo no ...
10. ¿Te has comido todo? – No, no ...
11. ¿Te quedan cerillas? – No, no ...
12. ¿Tienes amigos aquí? – No, no ...

8 *(No) me gusta que ...*
Estoy contento de que ...
No me importa que (no) ...
No me quejo de que (no) ...
Me alegro de que ...

Nehmen Sie persönlich Stellung zu folgenden Dingen:

1. Ellos vuelven tarde.
2. El deja la puerta siempre abierta.
3. Nunca cierra el coche con llave.
4. El siempre se levanta tarde.
5. Las vacaciones se acaban.
6. Siempre abre mis cartas.
7. Se asoma a la ventana cada vez que oye algo.
8. El perro siempre se echa en el sofá.
9. El niño juega con el perro.
10. Ya puedes leer estos versos en español.
11. Existen cosas así.
12. Se queja y protesta de todo.
13. Cualquiera puede comprar esto.
14. Arreglas las cosas a tu manera.
15. El coge mis cosas sin preguntarme.
16. Lleva mi foto en su cartera.

9 Entscheiden Sie sich für die passende Form.

(visitan / visiten)
1. A Juan le gusta que le _______ sus amigos.
2. A Juan le _______ sus amigos los fines de semana.

(lee / lea)
3. Al niño le _______ su madre un cuento todas la noches.
4. Al niño le gusta que le _______ su madre cuentos.

(se acaba / se acabe)
5. Me alegro de que _______ el curso.
6. El curso _______ a finales de julio.

(te levantas / te levantes)
7. Si _______ mañana tarde ya no nos veremos.
8. No me importa que _______ mañana tarde.

(llegas / llegues)
9. Si _______ siempre tan tarde, ¿cómo no me voy a quejar?
10. No me quejo de que _______ hoy tan tarde.

(te sientas / te sientes)
11. No me gusta que _______ fuera.
12. ¿Por qué no _______ fuera un rato?

(te echas / te eches)

13. No me importa que _______ en mi cama.
14. Si _______ ahora en mi cama, no me importa.

(existen / existan)

15. ¡Qué alegría! Aquí ya no _______ esas costumbres que existían antes.
16. Me alegro de que ya no _______ aquí esas costumbres.

10

Ergänzen Sie die fehlenden Wörter. Spielen Sie dann das Gespräch der beiden Mädchen und variieren Sie es nach eigenen Vorstellungen.

● ¿Qué tal el piso _______ habéis alquilado este verano en la playa? Te lo pregunto porque mi madre quiere que nosotros alquilemos también un piso allí el año que viene.

▲ Pues, no estaba mal... Muy pequeño. Los dormitorios, _______ unas camas cortísimas, bueno, a _______ se me salían los pies. Y el colchón (Matratze), _______ mi gusto, era blandísimo (weich).

● Mujer, ¡qué cosas tienes!

▲ No, en serio. Bueno, y la cocina tenía de todo, y el balcón, eso sí, estaba muy bien, muy grande, _______ una mesa y unas sillas de jardín muy bonitas.

● ¿Y había ropa?

▲ Bueno, había algo, creo, pero mi madre _______ llevado ropa de cama y toallas nuestras. Era todo un poco malo porque _______ un piso de alquiler bastante barato, sólo para el verano, y no es como un hotel... Pero _______ hoteles ya no vamos, porque mi hermana pequeña se pone insoportable en los hoteles, se queja de todo, no le _______ la comida, un horror... Así que a mi madre le ha encantado y quiere que volvamos el _______ que viene.

11

Drücken Sie diese Gedanken auf Spanisch aus:

1. Es gefällt mir nicht, dass du den Hund so behandelst.
2. Es macht mir nichts aus, dass du dich mit ihnen (zusammen) setzt und nicht mit uns.
3. Sobald der Kurs zu Ende ist, fahre ich in Ferien nach Frankreich.
4. Wenn (sobald) du das Buch liest, wird es dir sehr gefallen.
5. Ich freue mich, dass die Kinder so gern (gustar) hier leben.
6. Ich beklage mich nicht darüber, dass du mir nie schreibst; ich weiß schon, dass du keine Zeit hast.
7. Ich freue mich (gustar), dass du verstehst, warum ich das tue.
8. Ich finde es nicht gut (gustar), dass du immer zu spät kommst.
9. Ich finde es nicht gut, dass du immer meine Sachen nimmst, ohne vorher zu fragen.
10. Wenn du dort ankommst, wird mein Bruder am Bahnhof (estación) sein.

Ejercicios

12 El alma de las cosas... Ergänzen Sie.

A la	_ E _ _	
le gusta que la	L _ M _ _ _	
Al	_ A _ _ P _ _ _ _ S	
le gusta que	L _ _ _	vasos en él.
A la	_ _ M _	
le gusta que me	A _ _ _ S _ _	en ella.
A la	_ _ D _ _	
le gusta que	E _ _ _ CH _	música.
Al	S _ _ L _	
le gusta que	A _ _ _	sobre él.
A la	_ _ S _ LL _	
le gusta que deje mis	C _ _ _ _	en ella.
Al	A _ _ _ R _ O	
le gusta que	S _ _ _ _	la ropa.
A la	S _ _ A	
le gusta que me	S _ _ N _ _	en ella.

22 Hagas lo que hagas ...

Antonio Mingote:
Historia de Madrid

Cierta vez, iban un labrador y su hijo de camino, en dirección al mercado. El padre iba montado en un burro y su hijo a pie. Pasaban por un pueblo y la gente exclamó:

– ¡Qué padre! Permite que su hijo vaya a pie mientras que él va tan a gusto en su burro.

Oyendo esto el padre, dijo:
– Hijo, no creo que esté bien que yo vaya montado y tú vayas andando. Mejor será que montes tú.
– Está bien, padre.

Llegaron a otro pueblo y sonó una voz:
– ¡Hijo desnaturalizado! El, montado en el burro como un rajá, y el pobre viejo detrás, sudando la gota gorda.

Oír esto el hijo y bajarse, todo fue uno.
– Padre, será mejor que nos montemos los dos. ¿No te parece?
– Sí, hijo, creo que tienes razón, no quiero que nos digan más cosas...

Así lo hicieron, y al llegar a otro pueblo, oyeron decir, poco más o menos:
– ¡No tienen corazón! Un burro tan flaco y esos dos montados en él, con lo gordos que están.

Infante don Juan Manuel (1282–1348):
El Conde Lucanor (Versión en español moderno)

1. Presente de subjuntivo: regelmäßige Ableitung

decir

dig-a	**dig**-amos
dig-as	**dig**-áis
dig-a	**dig**-an

Der Stamm der Ich-Form des *Presente de indicativo* wird bei fast allen Verben auch Stamm des *Presente de subjuntivo: digo → diga.*

Entsprechend dieser Regel:

caer	caiga	salir	salga	conocer	conozca	pedir	pida
decir	diga	tener	tenga	nacer	nazca	servir	sirva
hacer	haga	traer	traiga	obedecer	obedezca	seguir	siga
oír	oiga	valer	valga	ofrecer	ofrezca	repetir	repita
poner	ponga	venir	venga	conducir	conduzca	etc.	

2. Presente de subjuntivo: Ausnahmen von der Ableitung

estar	**dar**	**ir**	**haber**	**ser**	**saber**
esté	**dé**	**vaya**	**haya**	**sea**	**sepa**
estés	des	vayas	hayas	seas	sepas
esté	dé	vaya	haya	sea	sepa
estemos	demos	vayamos	hayamos	seamos	sepamos
estéis	deis	vayáis	hayáis	seáis	sepáis
estén	den	vayan	hayan	sean	sepan

Diese 6 Verben haben nicht die normale Ableitung aus der Ich-Form: *estoy, doy, voy, he, soy, sé.*

3. Weitere Anwendungen des Subjuntivo

Subjuntivo steht im dass-Satz

Quiero que me **ayudes**.

¿**Me permite** que **vaya** con usted?
Me han **prohibido** que **salga**.

– nach Ausdrücken des Wollens und Hoffens *(querer, desear, esperar)* und des Erlaubens/Verbietens *(permitir, prohibir).*

Es mejor que no **digas** nada.

– nach unpersönlichen Ausdrücken: *es + adjetivo + que* (wenige Ausnahmen).

No creo que esto **esté** bien.
ich glaube nicht
Dudo que esto **esté** bien.
ich bezweifle

– nach *No creo que…/Dudo que…* (Der Inhalt des dass-Satzes wird als unrichtig dargestellt.)

Hagas lo que hagas, nunca estarán contentos contigo.

Subjuntivo steht in einigen Ausdrücken mit Wiederholung des Verbs: Ganz gleich, was…

Ejercicios

1 Lesen Sie die folgenden Sätze zur Gewöhnung an Formen und Anwendung des *Subjuntivo* im dass-Satz. Wandeln Sie Singular in Plural um und umgekehrt.

¿Por qué quiere él que...?
1. no **oigas** lo que dice
2. no **digas** nada
3. **salgas** de viaje mañana
4. no **traigas** a tu familia esta vez
5. **tengas** ese piso tan cerca de aquí

¿Por qué quieren ellos que no oigáis lo que dicen?

¿Me permite usted que ... ?
6. le **diga** una cosa
7. le **haga** una pregunta
8. **traiga** a la fiesta a mis compañeros de clase
9. **venga** mañana más tarde
10. **salga** hoy más temprano
11. **ponga** mis maletas aquí

¿Nos permiten ustedes que les digamos una cosa?

Es mejor que...
12. **pidamos** lo mismo de comer
13. no **repitamos** siempre lo mismo
14. nos **vistamos** ya
15. no nos **riamos** de ellos
16. **sirvamos** la comida ya, ¿no?

Es mejor que (yo) pida lo mismo de comer.

Es importante que ...
17. **sepáis** todo esto
18. **hayáis** llegado a tiempo
19. **vayáis** a verla pronto
20. nos **deis** su dirección
21. **estéis** de acuerdo en esto
22. **seáis** los primeros en llegar

Es importante que sepas todo esto.

Es increíble que ...
23. **sean** así
24. **estén** tan tranquilos en esta situación
25. no te **den** las gracias
26. se **vayan** sin decir nada
27. no **sepan** nada de esto
28. no **hayan** llamado todavía

Es increíble que (él) sea así.

No creo que ...
29. él **conozca** a tus padres
30. él **ofrezca** su coche a nadie
31. **obedezca** en este caso
32. se **traduzca** este libro al español
33. él **conduzca** bien

No creemos que ellos conozcan a tus padres.

2 Setzen Sie Ausdrücke ein, die mehr oder weniger das Gegenteil bedeuten.

1. flaco/delgado — gordo
2. pobre ______
3. viejo ______
4. ir en autobús, en bicicleta, etc. ______
5. ir montado en burro ______
6. subir al autobús ______
7. poco más o menos ______
8. estar bien ______
9. poco ______
10. más ______
11. salir ______
12. callar ______
13. tener frío ______
14. cerrar ______
15. morir ______
16. descansar ______

Ejercicios

3 Wählen Sie die passende Form:

1. (es / sea) Creo que ésta _______ la dirección al mercado.
2. (vamos / vayamos) No creo que _______ bien por aquí al mercado.
3. (son / sean) Creo que ese hombre y su hijo _______ labradores.
4. (van / vayan) No creo que los que van montados en el burro _______ al pueblo.
5. (vamos / vayamos) Creo que así _______ mejor.
6. (está / esté) No creo que _______ bien que yo vaya montado y tú a pie.
7. (va / vaya) Creo que el viejo _______ sudando la gota gorda.
8. (sudas / sudes) No creo que hoy _______ mucho, no hace calor.
9. (tiene / tenga) Creo que _______ razón en lo que dice.
10. (tienes / tengas) No creo que _______ razón en esto.
11. (tiene / tenga) Creo que no _______ corazón.
12. (es / sea) No creo que _______ un hijo desnaturalizado.
13. (está / esté) Creo que ese burro _______ demasiado flaco.
14. (está / esté) No creo que _______ tan gorda como dice.
15. (dejarán / dejen) Creo que le _______ entrar.
16. (permiten / permitan) No creo que le _______ entrar.
17. (tenemos / tengamos) Creo que _______ que bajarnos en la próxima parada.
18. (sube / suba) No creo que _______ mucha gente en esta parada.
19. (critica / critique) Creo que la gente te _______, hagas lo que hagas.
20. (critica / critique) No creo que nadie te _______ por eso.
21. (ha / haya) Creo que esta vez él _______ tenido razón.
22. (ha / haya) No creo que él _______ tenido razón en esta ocasión.
23. (ha / haya) Creo que _______ sonado el teléfono.
24. (ha / haya) No, no creo que _______ sonado.

4 Der Sprecher kommentiert in diesen Sätzen, was er selbst tut (und verwendet den Infinitiv).

1. **Me alegro de** no trabajar hoy. (Yo me alegro + yo no trabajo).
2. Estoy contento de haber conseguido la habitación.
3. Me gusta preparar el viaje con tiempo.
4. No me quejo de no tener tiempo.
5. No creo tener razón siempre.
6. Me alegro de tener noticias por fin.
7. Estoy contento de poder ahorrar un poco.
8. Me gusta emprender algo nuevo.
9. No me quejo de acabar tan tarde.
10. No creo pedir demasiado.

Nehmen Sie jetzt Stellung zu dem, was ein Freund tut:

(Yo) ***me alegro de que*** *(tú) no trabajes hoy.*

Ejercicios

5 Lesen Sie zunächst die Sätze. Sie enthalten allgemeine, unpersönliche Aussagen (mit Infinitiv).

1. **Es fácil conseguir** un trabajo allí. (Es fácil para todo el mundo).
2. Es difícil construir más en este pueblo.
3. Es lógico hacerlo así.
4. Es increíble llegar tan tarde.
5. Es mejor no poner más los pies en esa casa.
6. Después de trabajar así, es mejor descansar un poco.
7. Es imposible ir andando hasta allí.

8. Es curioso pensar en algo así.
9. Es normal sudar tanto con este calor.
10. Es terrible tener tan mal gusto...
11. Es imposible encargar la cena a estas horas.
12. Es mejor echarse un rato ahora.
13. Es imposible ir andando hasta allí.
14. ¿Es posible estar tan a gusto en una situación así?

Beziehen Sie die gleichen Aussagen jetzt auf jemand anders:
Es fácil ***que (él) consiga*** *un trabajo allí.*

6 Finden Sie sinnvolle Kombinationen.

He oído decir que	hayáis venido a vernos.
Me han contado que	quieres.
Te ayudo si	haya llegado ya. Es pronto.
Me alegro de que	salga de casa.
Estoy contento de que	se van a casar.
El médico no me permite que	va a cambiar el tiempo.
No creo que	ahora estéis mejor.

Es mejor que	ahora estáis mejor, ¿no?
Lo podré hacer cuando	va a hacer mal tiempo mañana.
Te lo diré cuando	lo sabe todo el mundo.
Es posible que	tenga más tiempo.
Me parece que	lo sepa.
Creo que	no hablemos más de eso.
Estoy seguro de que	se hayan despertado con este ruido.

Ejercicios

7 ¿Qué les dice a estas personas en estas situaciones?

Es mejor que...
Me parece que...
No creo que...
Creo que...
Es posible que...
No quiero que...

1. Juan quiere venir a pasar el fin de semana con usted. A usted no le va bien este fin de semana.
2. A un amigo suyo le gustaría ir con Vd. a una fiesta, aunque a él no le han invitado directamente. ¿Qué podría decirle?
3. Vds. se bajan del tren en un pueblo de la costa. Su amigo quiere que vayan hasta el camping andando. Está muy cansada. ¿Qué le dice?
4. En las vacaciones, un amigo suyo quiere alquilar un coche para un día. Vd. le dice lo que le parece.
5. Un amigo suyo le invita a ir al cine, pero Vd. ha visto ya la película. ¿Qué le podría decir para poder hacer juntos otra cosa?
6. Un amigo suyo le llama porque quiere salir con Vd. la noche de fin de año. Vd. está de acuerdo. ¿Qué le dice?
7. La madre de un amigo suyo le llama muy tarde porque no sabe dónde está él. Vd. ha estado con él. ¿Qué le podría decir Vd.?

8 Suchen Sie sinnvolle Kombinationen.

Parezca lo que parezca,	todo le está bien.
Hagas lo que hagas,	al pobre le sale todo mal.
Le digas lo que le digas,	nunca tiene bastante.
Pase lo que pase,	lo piensa comprar.
Cueste lo que cueste,	es una buena persona.
Se ponga lo que se ponga,	saldremos mañana de viaje.
Coma lo que coma,	siempre hace lo que él quiere.
Emprenda lo que emprenda,	siempre te critican.

9 Ergänzen Sie die fehlenden Wörter. Spielen Sie dann den Dialog, auch mit eigenen Varianten.

● Por favor, ¿sabe Vd. si se ______ aparcar (parken) aquí?
▲ ¿Aquí mismo? Pues no ______ que esté prohibido.
● Como no veo ningún otro coche...
▲ Ah, no sé, ______ mejor que pregunte al guarda, ¿no?
● ¿Qué guarda? No hay ninguno por aquí.
▲ Sí, hay ______ siempre a la entrada. ¿Van Vds. a entrar en el parque, ¿no?
● Sí, claro...
▲ Pues yo ______ que tienen que pagar algo por aparcar y que el guarda les dará el recibo.
● Vale. Gracias, ¿eh?

23 ¡Esto se acabó!

Don Alberto quiere mandar a su hijo a otro colegio para que cambie. Ha buscado un colegio militar «que haga de él un verdadero hombre». El cree que mandarlo al Leoncio Prado, en Lima, centro en el que conviven jóvenes de todos los niveles sociales y étnicos del Perú, quizá sea lo mejor para el chico...

Alberto entró y tomó directamente la escalera hacia su cuarto. Abrió la puerta; su padre, de pie, tenía la libreta de notas en la mano; su madre, sentada en la cama, parecía pensativa.

– Buenas – dijo Alberto.

– Hola, joven, – dijo el padre. Vestía de oscuro, como de costumbre, y parecía recién afeitado. Sus cabellos brillaban.

– Vine más temprano – dijo Alberto. – Me dolía un poco la cabeza.

– Debe ser la gripe – dijo la madre.

– ¿Te vas a acostar, Albertito?

– Antes, vamos a hablar un poco, jovencito – dijo el padre. – Acabo de leer esto.

– Algunos cursos están mal – dijo Alberto. – Pero salvé el año.

– Esto no ha ocurrido nunca en mi familia. Se me cae la cara de vergüenza. ¿Sabes cuánto tiempo hace que nosotros ocupamos los primeros puestos en el colegio, en la universidad, en todas partes? Hace dos siglos. Si tu abuelo ve la libreta, se muere de la impresión.

– También mi familia – protestó la madre. – ¿Qué te crees? Mi padre fue ministro dos veces.

– Pero esto se acabó – dijo el padre, sin prestar atención a la madre. – Es un escándalo. No voy a dejar que eches mi apellido por el suelo. Mañana comienzas tus clases con un profesor particular para prepararte al ingreso.

– ¿Ingreso a dónde? – preguntó Alberto.

– Al Leoncio Prado. El internado te hará bien.

– ¿Interno? – Alberto lo miró asombrado.

– No me convence del todo ese colegio – dijo la madre. – Se puede enfermar. El clima de la Perla es muy húmedo.

– ¿No te importa que vaya a un colegio de cholos? – dijo Alberto.

– No, si es la única manera de hacerte cambiar – dijo el padre. – Con los curas puedes jugar, pero no con los militares. Además, en mi familia todos hemos sido siempre muy demócratas. Y, por último, el que es gente, es gente en todas partes. Ahora, a acostarte, y desde mañana a estudiar. Buenas noches.

Mario Vargas Llosa (1936 –):
La ciudad y los perros @

1. Weitere Anwendungen des Subjuntivo

Lo manda a ese colegio **para que cambie.**	damit er sich ändert	*para que + Subjuntivo:* damit...
Busca un colegio **que le guste.**	die ihm gefallen soll	Im Relativsatz steht *Subjuntivo* zum Ausdruck von Wünschen oder Bedingungen.
Quizás sea lo mejor. **Quizás es lo mejor.**		Nach *quizás* steht meist *Subjuntivo;* auch Indikativ ist aber möglich.

2. Zeitangaben: vor – seit

Lo conocí **hace tiempo**. **Hace tiempo que** lo conocí.	vor einiger Zeit	„vor“: das Ereignis liegt eine Zeit zurück (vgl. L 20).
Hace poco que lo conozco. Lo conozco **desde hace poco**.	seit kurzem	„seit“: der Beginn der Handlung *(desde)* wird durch Zurückrechnen *(hace poco)* angegeben.
Lo conozco **desde marzo**. Lo conozco **desde que llegué.**	seit März/ seitdem ich ankam	„seit“: der Beginn der Handlung wird als Zeitpunkt angegeben. *(marzo; el momento en que llegué)*

3. sentarse / estar sentado

La madre **se ha sentado**. La madre **está sentada.** **acostarse / estar acostado** **echarse / estar echado**	Reflexive Handlung und Ergebnis (sich setzen/sitzen; sich legen/liegen) werden im Spanischen meist durch dasselbe Verb ausgedrückt.

Ejercicios

1 Einige Fragen zum Text

¿Qué hizo Alberto cuando entró?
¿Qué hacían los padres cuando llegó Alberto?
¿Cómo se saludaron?
¿Cómo se encontraba Alberto al llegar a su casa?
¿Qué cree la madre que debería hacer Alberto?
La madre le llama «Albertito», el padre, «jovencito». ¿Son las dos palabras igual de cariñosas?
¿Qué le molesta al padre de las malas notas del hijo?
¿En quién piensa el padre?
¿Contra quién es el comentario de la madre?
¿Le interesa al padre lo que dice su mujer?
¿Qué quiere el padre que haga el chico al día siguiente?
¿Sabía el chico algo de los proyectos del padre?
¿Qué piensa la madre de la decisión del padre?
¿Por qué hace el chico el comentario irónico?
¿Qué quiere conseguir el chico con su comentario sobre el colegio?
¿Por qué no consigue el chico hacer cambiar de opinión al padre?
¿Por qué no le gusta al padre que el chico esté en un colegio de curas?

2 Setzen Sie die entsprechenden Formen:

El padre manda a Alberto al Leoncio Prado para que...

1. cambiar de una vez
2. estudiar
3. convivir con otros jóvenes
4. no jugar con su futuro
5. abrirse camino
6. sacar mejores notas
7. no volver a ocurrir lo mismo
8. no echar el apellido de la familia por el suelo
9. aprender a obedecer
10. ocupar más tarde un buen puesto en la vida

La madre quiere convencer al padre para que...

11. no mandar a Alberto a ese colegio
12. quedarse en casa
13. salir esta noche
14. dejar tranquilo al chico
15. no mandar a Alberto a un sitio húmedo
16. no buscar un internado

3 Der Vater von Alberto hat Wunschvorstellungen:

El padre de Alberto busca un colegio que ...

1. ser mejor
2. gustarle más que el otro
3. ser de militares
4. no ser de curas
5. hacer de él un buen estudiante
6. no estar lejos de Lima
7. hacer de él un hombre
8. prepararlo para la vida
9. no permitirle jugar con los profesores
10. tener buenos profesores
11. ser serio
12. alejarlo de la madre
13. ser tradicional
14. ser famoso en todo Perú

4 Lesen Sie, was andere brauchen:

Quiero unos zapatos que sean negros, que sean de cuero, que sean de invierno, que sean del número 42, y que no cuesten demasiado.

Necesito una máquina fotográfica de segunda mano, que sea de la marca Canon, que tenga teleobjetivo, que esté en buen estado (Zustand) y que no cueste más de... pesetas.

Busco en la playa de Arosa una casita o un piso para los meses de julio y agosto, que esté cerca de la playa, que tenga dos dormitorios y que esté en una calle tranquila.

Estoy buscando una maleta que sea de piel, pero que no cueste mucho y que sea bastante grande.

Schreiben Sie eine kleine Anzeige für die Dinge, die Sie brauchen:

1. una habitación que
2. un piso que
3. un coche que
4. una moto que
5. una familia que
6. una posibilidad de viajar a Barcelona que
7. una lavadora/un vídeo/un televisor que
8. una máquina de escribir que
9. un estudiante español o latinoamericano que

5

Lesen Sie zunächst, was andere sagen:

1. Tengo un piso pequeño que tiene cocina, baño, cuarto de estar y un dormitorio, y que está bien de precio.
2. Conozco ahora a una chica que da clases de español y con la que puedo hablar y aprender español una vez a la semana.
3. He conocido a un chico que el sábado va a Hamburgo en coche, que me ofrece ir con él pagando a medias (je zur Hälfte) la gasolina.
4. Me he comprado un armario enorme en el que me entra todo, en el que hay sitio para la ropa, los zapatos, la ropa de cama, sábanas y demás, e incluso hay sitio para las maletas.
5. Conozco a una chica que sabe escribir a máquina y que escribe de vez en cuando mis trabajos para la universidad.
6. Tenemos una estudiante que ayuda a mis hijos a estudiar para el colegio, que viene tres veces a la semana y que juega con ellos.

Sagen Sie jetzt, dass Sie das alles auch suchen *(buscar, necesitar, querer conocer, etc.): Quiero un piso que tenga cocina...*

6

Sagen Sie, dass Sie das alles nicht zulassen werden.

Si no hacemos nada, mi amigo seguirá discutiendo toda la noche.
Y no vamos a dejar/permitir que siga discutiendo toda la noche.

Si no hacemos nada, ...

1. se pasará el día durmiendo
2. va a alejarse del camino
3. perderá el avión
4. va a echar esa carta
5. va a encerrarse en su cuarto otra vez
6. va a enfadarse con el pobre niño
7. va a negarse a hablar con esta gente
8. se va a morir de la impresión...
9. va a seguir con este trabajo que le horroriza
10. va a volver a tener los mismos problemas
11. hará sólo lo que él quiera
12. conducirá todo el rato medio dormido
13. acabará mal...

Ejercicios

7 Unterscheiden Sie:

„müssen" als Verpflichtung oder Notwendigkeit *(tener que)* und „(wohl) müssen" als logische Vermutung *(deber)*.

1. Alberto no se siente bien. _______ ser la gripe.
2. Enrique ha sacado buenas notas sin estudiar. _______ tener mucha suerte.
3. La madre está preocupadísima. _______ tener un problema muy grande.
4. No sé por qué no ha venido hoy. _______ estar enfermo.
5. Son todos militares. _______ ser una tradición en la familia.
6. Hoy va a llegar tarde. _______ llamar a casa.
7. No hay ningún asiento (Sitzplatz) libre en el tren. _______ ir de pie.
8. Si no encuentra usted un taxi, _______ ir a pie, andando.
9. Se acuesta ya porque _______ levantarse mañana a las siete.

8 Zunächst eine kurze Wiederholung: Wie lange ist es her? (Vgl. L 19)

Juan ha salido a las tres. Son las tres y cinco.
Ha salido hace 5 minutos.

1. Estamos en octubre. Alberto entró en el colegio en marzo.
2. Estamos en el siglo XX. Esta casa se construyó en el siglo XVIII.
3. Son las cinco y media. Te acaban de llamar (a las cinco y veinte).
4. Hoy es el 22 de marzo. Vi a Enrique el 1 de marzo.
5. Estamos en diciembre. El niño nació en diciembre pasado.

Betonen Sie jetzt etwas stärker die Zeit, die inzwischen vergangen ist:

Juan ha salido hace cinco minutos.
Hace ya cinco minutos que ha salido.

6. Alberto entró en el colegio hace dos años.
7. Aquella casa se construyó hace dos siglos.
8. Miguel y Teresa se casaron hace seis semanas.
9. Me he despertado sólo hace un cuarto de hora.

Jetzt geht es darum, wie lange ein Zustand/eine Handlung schon andauert. Es gibt zwei Ausdrucksmöglichkeiten. Formen Sie jeweils in die andere um, z.B.

Hace 2 horas que estamos esperando.
Estamos esperando desde hace 2 horas.

10. Hace mucho tiempo que se conocen.
11. Hace varias semanas que no le he visto.
12. Hace tres meses que no hemos jugado al fútbol.
13. Hace un año que estamos estudiando español.
14. Hace ya media hora que Pepa está hablando por teléfono.
15. Hace algunos años que vivimos aquí.
16. Hace dos siglos que siempre ocupamos los primeros puestos en todas partes.
17. Hace muchos años que somos demócratas.

Ejercicios

9

Maneras de exagerar (übertreiben)...

Ergänzen Sie jeweils mit einem dieser Ausdrücke:

de vergüenza – de miedo – de risa – de la impresión – de curiosidad (Neugier) – de gusto – de calor/frío – de sueño – del susto – de cansancio

1. Después de leer la libreta de las notas, el padre se muere ______.
2. Viendo a su padre tan enfadado, Alberto se muere ______.
3. ¡Cuánto he trabajado hoy! Me muero ______.
4. Me voy ya a la cama porque me muero ______.
5. La gente quiere saber todo, se muere ______.
6. Yo, aquí, al sol, me muero ______.
7. Este invierno casi me muero ______.
8. El entró sin hacer ruido, y yo casi me morí ______.
9. El abuelo, si ve las malas notas de Alberto, se muere ______.

10

Sagen Sie, was Sie erreichen wollen.

1. Escribo a mis amigos para que (ellos) ______.
2. Llamo a la agencia de viajes para que ______.
3. Doy fiestas para que ______.
4. Llamo a un técnico para que ______.
5. Al llegar, pondré un telegrama para que ______.
6. Vamos a darle la noticia para que ______.
7. Vamos a visitar a tus padres para que ______.
8. Vamos a explicarle el camino para que ______.
9. Vamos a llevar al niño a la playa para que ______.
10. Voy a meter la leche en la nevera para que ______.
11. Voy a llamar a casa para que ______.
12. Te voy a contar todo para que ______.

11

Schreiben Sie mit einigen Worten, was Sie von den Personen des Textes wissen, wie Sie sie sich vorstellen und in welcher Situation sie sich im Augenblick befinden. Verwenden Sie einige der folgenden Adjektive:

ridículo – afeitado – asombrado – contento – descontento – fanático – harto – fatal – mayor – importante – interesante – tradicional – increíble – feliz – cariñoso – brillante – fuerte – justificado – joven – tonto – amable – bien vestido – discreto – satisfecho – testarudo – disciplinado

12

Versuchen Sie gemeinsam ein Rollenspiel. Schreiben Sie zuerst die wichtigsten Argumente der Beteiligten auf und diskutieren Sie dann.

Ein Junge muss das Schuljahr wiederholen.

Der Vater meint, er soll die Schule wechseln (cambiar de colegio).

Die Mutter denkt, es ist besser, wenn er in der gleichen Schule weitermacht (seguir).

Der Sohn hat es satt (está harto de) zu lernen und will etwas anderes machen.

Ejercicios

13 Setzen Sie die fehlenden Wörter ein:

hace – hace ... que – desde – desde que – desde hace

1. Me regalaron la radio en Navidad. Ahora estamos en junio.
   Así que tengo la radio _______ ya seis meses.
   La tengo _______ diciembre.
   Me la regalaron _______ seis meses. _______ seis meses _______ me la regalaron.
   _______ seis meses _______ la tengo.
   Oigo muchísima música _______ me regalaron la radio.

2. El 12 de abril llegó Antonio. Nos conocimos ese mismo día. Hoy es el 12 de mayo.
   Yo conocí a Antonio _______ un mes. Lo conozco _______ cuatro semanas.
   Lo conozco _______ abril. _______ un mes que lo conocí. _______ un mes _______ lo conozco.
   Estudiamos juntos _______ llegó.

3. Yo llegué en octubre, a principios (zu Anfang) de curso. Ahora estamos en febrero, así que llevo ya cuatro meses aquí.
   Llegué aquí _______ cuatro meses.
   Estoy aquí _______ el mes de octubre.
   Estoy aquí _______ cuatro meses.
   _______ cuatro meses _______ llegué aquí.
   _______ cuatro meses que estoy aquí.
   Estoy buscando otra habitación mejor _______ llegué.

14 Unterscheiden Sie:

Necesito tiempo para pensarlo. = **Yo** necesito tiempo + **yo** pienso.
Te dejo tiempo para que lo pienses. = **Yo** te dejo tiempo / **tú** piensas.

Wählen Sie die passende Form aus:

(para cambiar / para que cambie).
1. El padre de Alberto manda al chico a un colegio militar_______.

(para prepararse / para que se prepare)
2. Mañana, Alberto debe comenzar sus clases particulares _______ al ingreso.

(para no perder el curso / para que no pierda el curso)
3. Alberto tiene que estudiar _______.

(para descansar / para que descanses)
4. Deberías ir a la cama _______.

(para hablar con él / para que hable con él)
5. El padre le está esperando _______.

(para estudiar / para que yo estudie).
6. Papá, yo no quiero ir allí ______.

(para estar más tranquilo / para que yo esté más tranquilo)
7. Alberto, te quiero mandar allí ______.

(para tener más amigos / para que tenga más amigos)
8. A mí no me importa ir un año allí ______.

(para ser más tarde militar / para que sea más tarde militar)
9. A mí no me importa ir allí ______.

(hacer esto por ti / que yo haga esto por ti)
10. A mí no me importa ______.

15 Un periódico español ofrece de esta manera sus servicios a la hora de anunciar algo en su sección «Anuncios por palabras»:

Uno de estos dos anuncios lo ha escrito un profesional ...

■ Pisos

Me gustaría vender un piso que tengo en la calle Fuencarral. También puedo alquilarlo. El piso está en una casa nueva que está muy bien. Es un piso normal, con dos habitaciones, una más grande que la otra, salón más o menos grande, terraza corriente, cuarto de baño con bañera, y la cocina es de esas con una puerta que se corre. Sobre el dinero llegaríamos a un acuerdo. Puedes llamarme por la tarde o por la noche, o por la mañana.

El teléfono es el 450 76 76.

■ Pisos

PISAZO. En pleno centro. Nuevo. Soleado. Dos habitaciones. Salón. Terraza. Cuarto de baño. Cocina americana. Facilidades.

Tfno. 450 76 76

Cuando quiera poner un anuncio, es mejor que se ponga en manos de profesionales.
Es nuestro consejo ...

Y a Vd., ¿qué le parecen las dos versiones, desde un punto de vista psicológico?

24 Dos conversaciones

Pablo Picasso (1881–1973): El escultor y su modelo

Te querré siempre, aunque te mueras ...

– ¿Me querrás siempre?
– Siempre, Aura, te amaré para siempre.
– ¿Siempre? ¿Me lo juras?
– Te lo juro.
– ¿Aunque envejezca? ¿Aunque pierda la belleza? ¿Aunque tenga el pelo blanco?
– Siempre, mi amor, siempre.
– ¿Aunque muera, Felipe? ¿Me amarás siempre, aunque muera?
– Siempre, siempre. Te lo juro. Nada puede separarme de ti.

Carlos Fuentes (1929 –): *Cuerpos y ofrendas*

Haré lo que usted quiera

– ¿Está usted malo, don Augusto?
– ¿Y quién está bueno?
– ¿Quiere usted que llame para que le traigan algo?
– No, no. Yo sé cuál es mi enfermedad. Y lo que me hace falta es emprender un viaje – *y después de un silencio* –: ¿Me acompañarás en él?
– ¡Don Augusto!
– ¿Me acompañarás?
– Como usted quiera.
– ¿Volverás?
– Cuando usted quiera.
– Y me acompañarás en mi viaje, ¿no es así?
– Como Vd. mande.

Miguel de Unamuno (1864–1936): *Niebla*@

1. Weitere Anwendungen des Subjuntivo

Te querré **aunque** tú ya **no me quieras.**	selbst wenn du später einmal...	*aunque + Subjuntivo:* gedachte Möglichkeit.
Te lo repito **aunque** ya **lo sabes/sepas.**	obwohl du...	*aunque + Indikativ:* bekannte Tatsache. Auch in diesem Fall wird oft *Subjuntivo* verwendet.
Como quieras. **Cuando quieras.** **Lo que quieras.**	Wie du willst. Wann du willst. Was du willst.	*Como quiera, cuando quiera, lo que quiera:* dem Gesprächspartner wird freie Wahl gelassen.
¿Quiere que llame?	Soll ich...?	*querer que + Subjuntivo* (L 21) drückt auch Angebote aus.

2. Lo que...

Tengo que hacer un viaje. **Lo que tengo que hacer** es un viaje. ¡Tú no estudias! **Lo que pasa** es que tú no estudias.	*lo que* steht einleitend in Sätzen, die eine Betonung oder Begründung enthalten. (Vgl. *el que, lo que*, L 18).

3. ser/estar: Merkmal/Zustand (vgl. L 5.2)

Einige Adjektive werden je nach Bedeutung mit *ser* oder *estar* verwendet.

Merkmal			**Zustand**		
ser	malo	schlecht, böse sein	estar	malo	krank sein
ser	bueno	gut	estar	bueno	gesund
ser	moreno	dunkelhaarig	estar	moreno	braun gebrannt
ser	listo	klug, gescheit	estar	listo	fertig, bereit
ser	aburrido	langweilig	estar	aburrido	gelangweilt
ser	rico	reich	estar	rico	schmackhaft
ser	joven	jung an Jahren sein	estar	joven	jung wirken

Mit *estar* kann auch gesagt werden, dass eine Eigenschaft speziell in einem Einzelfall gegeben ist:

ser amable	(allgemein) nett sein	*estar amable*	sich (besonders) nett zeigen

Ejercicios

1 ¿Cómo se imagina Vd. estas dos parejas?
¿Podría Vd. explicar un poco cómo son y por qué tienen una conversación así?
¿Qué contraste ve Vd.?

2 Fragen Sie sich gegenseitig und überlassen Sie in der Antwort dem Partner die Entscheidung:

Cuando quieras. – Lo que quieras. – Como quieras.

1. ¿Cuándo puedes venir?
2. ¿Qué quieres que comamos?
3. ¿Cómo vamos? ¿A pie o en autobús?
4. ¿Qué hacemos ahora?
5. ¿Cuándo salimos de paseo, ahora o más tarde?
6. Yo prefiero no hablar más de esto.
7. ¿Nos vamos ya?
8. ¿Qué le compramos de regalo?
9. ¿Qué pedimos de beber?
10. ¡No llevas/tienes razón!
11. Lo quiero hacer yo.
12. Te lo diré mañana.

Erfinden Sie selbst 10 Fragen zu den gleichen Antworten.

3 Ergänzen Sie die entsprechende Form.

1. (tener)	Te hará falta hacer este viaje aunque no _______ ganas.
2. (querer)	Te hará falta descansar más aunque no _______.
3. (horrorizar)	Te acompañaré aunque me _______ ese sitio.
4. (tener)	Te mandaré el dinero pronto aunque _______ que pedírselo a mis padres.
5. (encontrarse)	Llamaremos al médico aunque ya no te _______ tan mal.
6. (haber comprado)	Traeremos también algo de beber aunque _______ ya algo.
7. (tomar)	Perderás el avión aunque _______ un taxi.
8. (vivir)	Envejecerás aunque _______ sólo pensando en tu belleza.
9. (costar)	Tendrán que separarse de ellos aunque les _______ mucho.
10. (ir)	Tendrán tiempo todavía aunque _______ a pie.
11. (estar)	Se van a morir de aburrimiento aunque _______ sus amigos allí.

4 Finden Sie passende Kombinationen.

Lo que tienes que hacer es ↘	quieren separarse.
Lo que te hace falta es	tú vives aquí.
Lo que me interesaría saber es si	perder el miedo.
Lo que me gustaría saber es por qué	→ descansar.
Lo que yo no comprendo es qué	trabajar más.
Lo que yo no sabía es que	no han llamado.
Lo que necesitas es	quieren hacer allí.
Lo que pasa es que	vienes mañana.

Ejercicios

5 Ergänzen Sie die Sätze, wie Sie wollen, und achten Sie auf die Verben, die *Subjuntivo* erfordern, z.B.:

Lo que no me gusta de él es que ... *(sea tan poco puntual).*

1. Lo que no me gusta de él es que ______.
2. Lo que él quiere es que yo ______.
3. Lo que yo no creo es que ______.
4. Lo que pienso es que quizás ______.
5. Lo que me horroriza es que ______.
6. Lo que me gusta es que ______.
7. De lo que me quejo es de que ______.
8. De lo que me alegro es de que ______.
9. Lo que no me importa es que ______.
10. Lo que tú quieres es que ______.
11. Lo que él espera es que ______.

6 María quiere hacer un viaje a Francia, pero no tiene mucho dinero. ¿Le puede Vd. dar alguna idea?

1. Tal vez, lo que puedes hacer es ______.
2. Lo que tienes que hacer es ______.
3. Lo que no debes hacer es ______.
4. Lo que yo haría es ______.

Marta y José María se han enfadado. Ya no quieren ir de viaje este verano con sus amigos. ¿Qué comentan sus amigos?

5. Lo que me gustaría saber es qué ______.
6. Lo que yo no sé es por qué ______.
7. Lo que yo creo es que ______.
8. Lo que yo no entiendo es cómo ______.
9. Lo que debemos hacer es ______.
10. Lo que me imagino (mir vorstelle) es que ______.
11. Lo que deberían hacer ellos es ______.
12. Lo que les hace falta a ellos es ______.
13. Lo que nos hace falta a todos es ______.
14. Lo que posiblemente harán es ______.
15. Lo que seguro no hacen es ______.

7 Fragen Sie mit *¿Cuál es ...?*, z.B.:

¿Cómo se llama Vd.? (su nombre, su apellido)
¿Cuál es su nombre, cuál es su apellido?

1. ¿Qué piensa Vd.? (su opinión)
2. ¿En qué trabaja Vd.? (su profesión)
3. ¿Cómo se ha decidido Vd.? (su decisión)
4. ¿Cómo reaccionó Vd.? (su reacción)
5. ¿Dónde vive Vd.? (su dirección)
6. ¿Por dónde podríamos ir? (la ruta más bonita)
7. ¿Qué tipo de música le gusta? (la música que más le gusta)
8. ¿Qué película vieron Vds. ayer? (la película que vieron)
9. ¿Qué quiere hacer ahora? (sus planes)

8 Sie können auf verschiedene Weise ausdrücken, was sinnvoll oder notwendig ist, z.B.:

– *Te hace falta dormir más.*
– *Tienes que dormir más.*
– *Estoy cansadísimo.*
– *Necesitas descansar.*
– *Lo que te pasa es que duermes muy poco...*

1. Me duele la cabeza.
2. ¡Estoy cada día más gordo!
3. Se me ha acabado el dinero.
4. Este piso es demasiado caro para mí.
5. De momento gano muy poco.
6. Llego siempre tarde a clase.
7. Se nos está acabando la gasolina.
8. Tengo un hambre (Hunger) horrible.
9. Todavía no conozco a nadie en este pueblo.
10. La lavadora no funciona.

9 Bieten Sie einem Spanier in Ihrer Stadt Hilfe an, z.B.:

llamar a alguien: *¿Quiere que llame a alguien?*

1. explicarle el camino
2. acompañarle a la oficina de turismo
3. escribirle lo que tiene que decir
4. llamar por Vd. al hotel
5. traducirle lo que dicen en la carta
6. hablar con el camarero por Vd.
7. explicarle yo al guardia (Polizist) lo que le ha pasado a Vd.
8. ir a la farmacia (Apotheke)
9. acompañarle al hospital
10. llevarle en mi coche a la estación

10 Ergänzen Sie *ser* oder *estar.*

1. La sopa ______ riquísima. ¿Cómo la has hecho?
2. Esa familia creo que ______ muy rica.
3. Esa película ______ aburridísima, a mí no me ha gustado nada.
4. Juan ______ esta tarde muy aburrido. No sabe qué hacer.
5. ¿______ listo ya para salir? Yo ya estoy preparada.
6. El chico ______ muy listo, pero no le gusta estudiar.
7. Has estado sólo un día en la playa y ya ______ moreno.
8. El niño es completamente rubio (blond) y gordito, y la niña ______ morena y delgadísima (schlank).
9. He ______ un poco malo estos días, pero ya me encuentro mejor.
10. Estos zapatos ______ malísimos, se me han roto en tres días.

11 Achten Sie darauf, was jeweils mit *ser* oder *estar* ausgedrückt werden kann:

El médico *es muy amable.* (Grundeigenschaft)
El médico *ha estado muy amable* con el enfermo.(konkreter Einzelfall)
El niño *es terrible.* Acabará con sus padres. (Grundeigenschaft)
El niño *está terrible* estos días. No sé..., será el calor. (Zustand)

Setzen Sie die entsprechenden Formen von *ser/estar* ein.

1. Estas camisas ______ baratas. No cuestan mucho.
2. Estas camisas ______ muy baratas ahora. Las venden rebajadas.

Ejercicios

3. Juan y Clara ______ tristes porque les va muy mal con la tienda.
4. Juan y Clara ______ tristes de nacimiento. ¡No se ríen en la vida!
5. Tu madre ______ joven todavía, ¿no?
6. Tu madre ______ muy joven para los años que tiene.
7. Pepe ______ cada día más gordo. Come demasiado.
8. Pepe ______ gordo, igual que su padre.
9. No me gusta esta tienda. ______ carísima.
10. Aquí todo ______ cada vez más caro. Los precios suben y suben...
11. Su hermana ______ muy tranquila. No se pone nerviosa por nada.
12. Su hermana ______ ahora más tranquila que antes.
13. El chico ______ muy alto para sus 12 años.
14. El chico ______ alto y bastante guapo.

12 Versuchen Sie, diesen Brief auf Spanisch zu schreiben.

(Liebe) Margarita,

was für eine Freude, deinen Brief zu bekommen! Auch wenn ihr es mir nicht glaubt, ich erinnere mich auch viel an euch, aber (was passiert, ist, dass) ich habe keine Zeit zu schreiben. Wie wir schon im Winter besprochen/gesprochen haben, warum kommt ihr nicht hierher, wenn ihr mal ein paar freie Tage habt? Es gibt Platz für alle, ihr könnt ruhig einige Tage hier sein. Außerdem bin ich fast den ganzen Tag weg (fuera), so dass ihr machen könnt, was ihr wollt: zu Hause bleiben, im Garten, oder an den Strand gehen. Ihr könnt schon zu Sommeranfang (a principios de verano) kommen, obwohl es am Ende des Sommers, im August, viel weniger Leute gibt und angenehmer ist. Wie ihr wollt! Ihr wisst schon, dass ich mich immer freue...

Ich hoffe, dass ihr mir dieses so lange Schweigen verzeiht und dass ihr mir bald antwortet.

Herzlich,

Cristina

Test 5

1 Setzen Sie die entsprechende Verbform.

1.	(estudiar)	Quiero que (tú) ______ más.
2.	(llegar)	¿No te importa que (yo) ______ un poco tarde?
3.	(gustar)	Me alegro de que te ______ las fotos.
4.	(escribir)	Se queja de que su hijo no le ______ casi nunca.
5.	(haber)	Estoy contento de que (tú) ______ pensado en mí.
6.	(contar)	No me gusta que (tú) ______ esas cosas a todo el mundo.
7.	(decir)	¿Quieres que (yo) te ______ la verdad?
8.	(saber)	Me alegro de que nadie más ______ esto.
9.	(acostarse)	No me gusta que siempre te ______ tan tarde.
10.	(poder)	Me alegro de que (tú) ______ hacer ese viaje.

2 Entscheiden Sie jeweils, welche der beiden Formen die richtige ist.

(conduce/conduzca)
1. A mí me parece que Juan no ______ demasiado bien.

(quieres/quieras)
2. Cuando ______, nos vamos a casa.

(vamos/vayamos)
3. Si te parece, ______ a comer ya.

(va/vaya)
4. No creo que ______ a llover hoy.

(salgo/salga)
5. El médico no me permite que ______ de casa.

(sigo/siga)
6. Dice que es mejor que ______ todavía en cama.

(conduce/conduzca)
7. Cuando ______ él, siempre discutimos.

(dices/digas)
8. Digas lo que ______, no está bien lo que has hecho.

(conozco/conozca)
9. Inés quiere que (yo) ______ a sus amigos.

(sirven/sirvan)
10. Espero que nos ______ la comida pronto.

(limpio/limpie)
11. ¿Quieres que ______ un poco el cristal de delante?

(quieres/quieras)
12. ¿Vamos a pie? – Como ______ .

(hace/haga)
13. Mañana vamos a la sierra aunque ______ mal tiempo.

(sabes/sepas)
14. Te lo digo ya para que lo ______ .

(quieres/quieras)
15. ¿Qué vamos a hacer luego? – Me da igual, lo que ______ .

(va/vaya)
16. He leído un libro que a ti también te ______ a gustar.

(acaba/acabe)
17. Le pagarán el resto cuando ______ todo.

(gusta/guste)
18. Estoy buscando algún regalo que le ______ a mi madre.

(da/dé)
19. Si Vd. me ______ el dinero, podré conseguir lo que busca.

(da/dé)
20. Le voy a llamar para que me ______ las informaciones que necesito.

(llegamos/lleguemos)
21. Espero que no se pongan nerviosos si ______ tan tarde.

(despiertan/despierten)
22. Cuando se ______ los demás vamos a desayunar.

(han/hayan)
23. Creo que le ______ dado la llave de la casa.

(pongo/ponga)
24. Si quieres, ______ los cubiertos y los vasos. ¿Falta algo más?

3 Setzen Sie in die Lücken die richtige Lösung ein:

desde – desde hace – desde que – hace

1. Tomo este somnífero ______ unas semanas.
2. He dejado de fumar ______ un mes.
3. ______ ayer estoy intentando hablar con la enfermera.
4. ¿ ______ cuándo tienes esta enfermedad?
5. ¿Cuánto tiempo ______ que tienes estos dolores?
6. Me alegro de volver a verle. ¿Cómo le ha ido ______ nos vimos la última vez?
7. Tu madre no ha cambiado nada ______ mi última visita.
8. Yo juego al tenis ______ 5 años.
9. Estoy aprendiendo a tocar el saxofón ______ el verano pasado.
10. ______ un año estudio con un profesor particular.
11. ______ fui a Andalucía estoy deseando volver otra vez.
12. ______ el siglo XVIII, los reyes de España son de la casa de Borbón.
13. ______ algún tiempo me siento otra vez bien.
14. Me llamaron por teléfono ______ muy poco.
15. ______ ya bastante tiempo que no salimos tanto.

4 Wählen Sie die richtige der beiden vorgeschlagenen Lösungen aus.

1. (es/está)	Desde que lo operaron ______ muy bien.
2. (es/está)	El museo que vimos ______ único en el mundo.
3. (es/está)	El clima de la isla ______ un poco húmedo.
4. (somos/estamos)	______ asombrados de lo que dices.
5. (eres/estás)	Hoy no ______ muy bien afeitado.
6. (es/está)	La habitación no me gusta, ______ muy oscura.
7. (es/está)	La ropa ______ todavía húmeda.
8. (eres/estás)	¿Qué te pasa? ______ tan pensativo hoy...
9. (era/estaba)	¿Quién era el señor que ______ sentado enfrente de ti?
10. (es/está)	El nuevo médico del pueblo ______ joven, tendrá unos 30 años.
11. (es/está)	Lo que están haciendo ______ un escándalo.
12. (es/está)	De momento, el señor Fernández ______ Ministro de Trabajo.
13. (soy/estoy)	______ convencido de que nadie va a protestar.
14. (es/está)	La gente aquí no ______ pobre, ¿sabes?
15. (es/está)	Parece que la puerta ______ cerrada con llave.
16. (es/está)	Mi hermana ______ enfermera.

5 Ergänzen Sie die Lücken mit einem passenden Wort.

1. Si te sientas aquí, en esta ______, estarás mejor.
2. El niño está todavía en la ______, está durmiendo.
3. – ¿Hacia dónde van? – Hacia el Norte, en ______ a Bilbao.
4. ¡Todos trabajando, y tú, ahí, tan ______, sin hacer nada!
5. Tengo un calor horrible, estoy ______ la gota gorda.
6. Creo que comes demasiado poco, estás cada día más ______.
7. – ¿Qué te pasa? – Me ______ un poco la cabeza.
8. Las clases ______ el 15 de septiembre.
9. El niño está ______ con el perro, lo pasa muy bien con él.
10. ¿No te van a ______ cuando llegues a Córdoba?

6 Versuchen Sie, auf Spanisch zu schreiben:

Ganz gleich, was du tust...

Pablo hat morgen eine Englischprüfung. Er hat Angst, weil er in diesem Jahr nicht viel gelernt (estudiar) hat. Er will die ganze Nacht lernen.

Seine Mutter kommt herein und sagt ihm: „Es ist besser, wenn (que) du dich zuerst eine Weile hinlegst und ausruhst. So wirst du nachher besser lernen können."

Test 5

Pablo folgt und legt sich hin. Ein wenig später kommt sein Vater ins Zimmer und sieht ihn im Bett. Der Vater sagt ihm: „Es ist unglaublich! Um diese Zeit (a estas horas) bist du im Bett! Ich glaube nicht, dass jetzt der Augenblick ist, Zeit zu verlieren. Es ist besser, wenn du dich für die Prüfung vorbereitest, meinst du nicht? Ich möchte nicht, dass du noch einmal das Jahr (curso) wiederholst ...“

Pablo fängt wieder an zu lernen, aber im Bett. Sein älterer Bruder kommt herein und sagt: „Was machst du? Und so bereitest du dich für eine Prüfung vor? Mensch, so lernst du weder noch ruhst du aus...“

25 De prisa, de prisa...

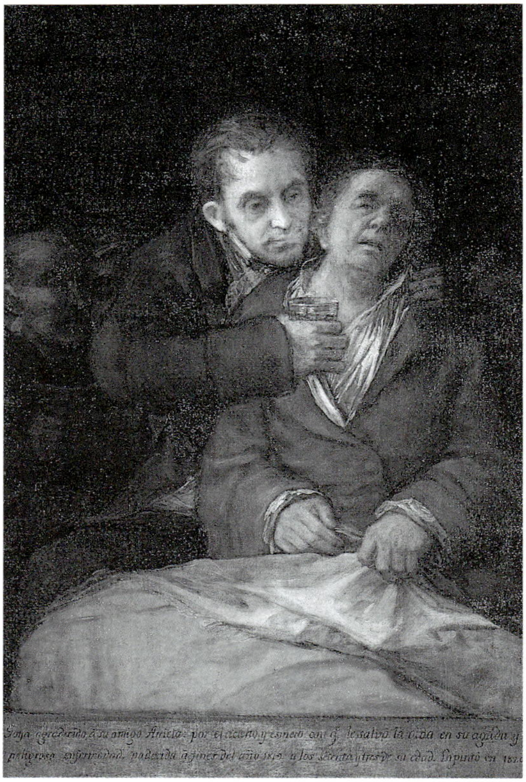

Francisco de Goya (1746–1828):
Autorretrato con su médico

Juan Fábregas, durante su viaje por Italia, se despierta en una clínica de Venecia. El no recuerda nada de nada, ni sabe qué hace allí. Un médico le está observando ...

– ¿Es argentino?
– Español.
– ¿Le gustan los toros?
– ¿A qué viene esta sandez?
– Soy médico y estoy observando sus reacciones.
– Yo no necesito un médico.
– Se desnuda en público, sufre amnesia y pretende no necesitar un médico. ¿Quién de los dos está diciendo sandeces? ... ¿Cuántos dedos tiene aquí?
– Tres.
– Muy bien. A ver. Abra la boca, ciérrela y sostenga el termómetro; no lo escupa ni se lo trague. Extienda el brazo; voy a tomarle la tensión. Mientras tanto conteste a mis preguntas diciendo sí o no con la cabeza. No intente hablar porque se le caerá el termómetro al suelo. ¿Lo ha entendido? Muy bien. ¿Es usted diabético? No hable. Sólo sí o no. ¿Fuma? ¿Bebe mucho? ¿Se había desnudado anteriormente en un lugar público? ¿Sueña a menudo? Bueno, ya está. La temperatura es normal, pero tiene la presión un poco descompensada y el pulso acelerado... Sigue sin recordar su nombre, ¿verdad?
– Lo tengo en la punta de la lengua.
– Con la punta de la lengua no se va muy lejos. Acuéstese e intente dormir. Si ve que no puede, llame a una enfermera y pídale un somnífero. Dígale que yo se lo he recetado. Por desgracia yo no puedo dedicarle más tiempo. La gente disfruta rompiéndose la crisma y yo tengo el dispensario a esta hora abarrotado ...

Eduardo Mendoza (1943–): *La isla inaudita*

@

1. Imperativ (Vd., Vds., nosotros)

Quiero que...	*conteste*	→	**¡Conteste Vd.!**	**¡Contesten Vds.!**
	lea	→	**¡Lea Vd.!**	**¡Lean Vds.!**
	escriba	→	**¡Escriba Vd.!**	**¡Escriban Vds.!**
	cierre	→	**¡Cierre Vd.!**	**¡Cierren Vds.!**
	lo dejemos	→	**¡Dejémoslo!**	

Der bejahende und verneinte Imperativ für *Vd., Vds.* und *nosotros* wird mit den Formen des *Subjuntivo* ausgedrückt: *¡(No) conteste Vd.!*
Die Wir-Form des Imperativs wird oft umschrieben: *¡Vamos a dejarlo!*

Beachten Sie Veränderungen in der Schreibung: *empiece, pague, no choque, coja.* (Vgl. die Veränderungen im einfachen Perfekt, L 16.)

2. Die Anwendung des Imperativs

Venga Vd. aquí, por favor. Kommen Sie!		Imperativ („Befehlsform") ist Bitte, Aufforderung (und gelegentlich Befehl).
A ver si me dejas el coche. **¿Por qué no** vamos a dar un paseo?		Aufforderungen werden oft anders als mit Imperativ ausgedrückt.
Mire, ... **¡Fíjese! ¡Imagínese!** **¡No me diga!**	Sehen Sie, ... Stellen Sie sich vor! Nein, sowas!	Imperative können bedeuten: Füllwort, um Zeit zu gewinnen; Verstärkung des Gesagten; Erstaunen; usw.

3. Das Personalpronomen beim Imperativ

(Cierre la boca). **¡Ciérrela!** **¡No la cierre!**	Das Pronomen steht *angehängt* an den bejahten Imperativ; *vor* dem verneinten Imperativ.

4. seguir sin + Infinitiv

¿**Sigue recordando** todo?	immer noch	*seguir + Gerundio:* noch immer, nach wie vor
¿**Sigue sin recordar** su nombre?	noch immer nicht	*seguir sin + Inf.:* noch immer nicht

5. Satzkonstruktion einzelner Verben

Beachten Sie, wie die Satzkonstruktion einiger Verben vom Deutschen abweicht:

pedirle algo a alguien	Te lo pido.	„jemandem" (um) etwas bitten
recordarle algo a alguien	¿Me lo recuerdas?	„jemandem" (an) etwas erinnern
preguntarle algo a alguien	Se lo pregunto.	„jemandem" etwas fragen
agradecerle algo a alguien	Te lo agradezco.	jemandem (für) etwas danken

6. y/e – o/u

e intente dormir; hijas **e hi**jos	**y** wird vor **i-/hi-** durch **e** ersetzt.
siete **u o**cho; mujeres **u ho**mbres	**o** wird vor **o-/ho-** durch **u** ersetzt.

Ejercicios

1 Lesen Sie zuerst einige Beispiele für die Verwendung des *Subjuntivo* als Imperativ.

El médico dice:

1. Tome esta medicina antes de las comidas.
2. Tenga cuidado con lo que come.
3. Tome Vd. más fruta y verdura.
4. No fume Vd. tanto.
5. No tome tanto café.
6. Haga Vd. una vida más sana.
7. No se acueste tan tarde.
8. Duerma Vd. por lo menos siete horas.
9. Vuelva Vd. la semana que viene.
10. Llámeme si le sigue doliendo.

Bei den folgenden Sätzen können Sie den Singular in den Plural umwandeln.

El vendedor (Verkäufer) dice:

11. Pruébese éste, si quiere.
12. Mire, aquí tiene un espejo.
13. Póngase este otro, a ver si le gusta más.
14. Suba Vd. al tercer piso, allí está la ropa de cama.
15. Baje a la primera planta para pagar.
16. Vuelva la semana que viene, recibiremos cosas nuevas.

Pruébense éstos ...

Bei den folgenden Sätzen können Sie den Plural in den Singular umwandeln.

Alguien que les explica el camino dice:

17. Tomen Vds. el autobús, les deja junto a la puerta del teatro.
18. Vayan Vds. por esta calle, todo seguido (geradeaus), no está lejos.
19. Bájense en la última parada.
20. Tomen Vds. la primera calle a mano derecha.
21. No suban Vds. en este autobús, éste va en otra dirección.
22. Vuelvan a preguntar cuando lleguen a aquella plaza.

Tome Vd. el autobús, ...

2 Bieten Sie sich gegenseitig an, etwas (für die andere Person) zu tun, und antworten Sie, z.B.:

– ¿Quiere que cierre la ventana?
– *Sí, ciérrela. / No, no la cierre.*

1. ¿Quiere que abra el balcón?
2. ¿Quiere que traiga las medicinas?
3. ¿Quiere que pida un somnífero?
4. ¿Quiere que llame a su familia?
5. ¿Quiere que llame a su oficina?
6. ¿Quiere que cuente lo que ha pasado?
7. ¿Quiere que intente llamar a su casa?
8. ¿Quiere que conteste al teléfono?
9. ¿Quiere que intente yo abrir la botella?
10. ¿Quiere que le diga una cosa?

Sie können die Übung auch im Plural machen:

– *¿Quiere que cerremos la ventana?*
– *Sí, ciérrenla. / No, no la cierren.*

3 Ergänzen Sie die „weichen“ Formen der Aufforderung durch die direktere, knappere Form des Imperativs, z.B.

El médico dice:
¿Podría abrir un poco más la boca?
Abrala, por favor.

1. Por favor, ¿quiere extender los brazos? ______.
2. ¿Quiere beber esto? ______.

3. ¿Podría desnudarse de cintura para arriba (nach oben)? _______
4. ¿Quiere tomar estas gotas? _______, aquí tiene un vaso de agua.
5. ¿Quiere cerrar los ojos un momento? _______.
6. ¿Quiere echarse aquí? _______.
7. ¿Quiere sacar la lengua? _______.

4 Der Imperativ wird häufig durch weniger direkte Formen der Aufforderung ersetzt, z.B.:

Déme su dirección.
¿Me da su dirección, por favor?
¿Podría darme su dirección, por favor?
¿Hace el favor de darme su dirección?
¿Me quiere dar su dirección?

1. Déme su número de teléfono.
2. Espéreme a las cinco.
3. Intente Vd. llamar más tarde.
4. Mándeme el paquete a casa.
5. Prepárese para salir a las cinco.
6. Siéntese aquí.
7. Venga a buscarme (abholen) mañana por la mañana.
8. Lléveme a la estación.
9. Tráigame otro café, por favor.

5 Ergänzen Sie die Formen des Imperativs + Pronomen, z.B.:

Por favor, a los niños (acostar) *acuéstelos* temprano esta noche.

1. (poner)
   Por favor, los libros _______ aquí.
2. (mandar)
   Por favor, los paquetes _______ a mi dirección en España.
3. (encargar)
   Por favor, las entradas del teatro _______ para el domingo.
4. (acompañar)
   Por favor, a los nuevos estudiantes _______ a la biblioteca.
5. (pedir)
   Por favor, las medicinas _______ inmediatamente.
6. (dedicar)
   Por favor, a los enfermos _______ más tiempo.
7. (fumar)
   Por favor, los cigarrillos _______ en otra parte, no aquí.
8. (hacer)
   Por favor, las preguntas _______ después.

Richten Sie jetzt diese Aufforderungen an mehrere Personen:

Por favor, a los niños *acuéstenlos* temprano esta noche.

6 Spielen Sie wechselnd die Rolle Patient/Arzt. Der Arzt antwortet mit einer negativen Anweisung, z.B.:

– ¿Puedo bajar ya los brazos?
– *No, no los baje todavía.*

1. ¿Me puedo sentar ya?
2. ¿Puedo levantarme ya hoy?
3. ¿Puedo cerrar ya la boca?
4. ¿Puedo tomar ya la medicina?
5. ¿Puedo abrir ya los ojos?
6. ¿Puedo acostarme ya?
7. ¿Me puedo vestir ya?
8. ¿Me puedo ir a casa ya?
9. ¿Puedo llamar a mi casa?

7 Lesen Sie die Sätze zur Gewöhnung an die Konstruktion von *pedir, agradecer, preguntar* und fügen Sie eine passende Ergänzung an, z.B.:

Te tengo que pedir un favor. *¿Me puedes llevar en coche?*

1. Te quiero pedir un favor, ¿podrías ...?

2. Me ha vuelto a pedir dinero, pero...
3. No me pidas una cosa así, porque ...
4. Le agradezco mucho que me llame, pero ...
5. Se lo agradezco mucho, ...
6. Le agradezco mucho que haga esto por mí, ...
7. Le agradeceré que me conteste pronto, porque ...
8. ¿Podría preguntarte una cosa? ¿ ... ?
9. Pregúntaselo a Juan, me parece que ...

8 Stellen Sie sich gegenseitig diese Fragen und antworten Sie zustimmend oder ablehnend:

– ¿Le mando el paquete a casa?
– *Sí, mándemelo a casa, por favor. / No, no me lo mande.*

1. ¿Quiere que le busque las gafas?
2. ¿Quiere que le traiga ahora el desayuno?
3. ¿Le cierro la ventana?
4. ¿Le explico otra vez lo que tiene que hacer?
5. ¿Le tomo la temperatura ahora?
6. ¿Le puedo pedir una cosa?
7. ¿Quiere que le ponga la cama más alta?
8. ¿Me permite que le cambie las sábanas?
9. ¿Quiere que le lleve estas cartas a Correos?
10. ¿Quiere que le levante la cama un poco?
11. ¿Quiere que le ayude a bajarse de la cama?
12. ¿Quiere que le acompañe a la cafetería?

9 Spielen Sie abwechselnd Kellner und Gast und antworten Sie dem Kellner zustimmend:

– ¿Les preparo la ensalada?
– *Sí, prepárenosla (prepare-nos-la).*

1. ¿Les digo primero lo que tenemos hoy?
2. ¿Les traigo para empezar un aperitivo?
3. Si quieren, les pongo otros platos limpios.
4. ¿Les traigo más pan?
5. ¿Les traigo ya el postre?
6. ¿Les sirvo el café?
7. ¿Les hago la cuenta ya?

10 Lesen Sie diese Anzeigen und sagen Sie, wozu sie auffordern oder wofür sie werben:

UNICEF
es para los niños...
... salud, educación, sonrisa, respeto, amor y vida.

¡Hágase socio!

UNICEF

Asociación UNICEF - España
Solicite información:
Aribau, 39
08011 - BARCELONA

la educación – Erziehung
la sonrisa – Lächeln
el socio – Mitglied
solicitar – anfordern

Descubra un mundo de color en cada viaje.

Ejercicios

¡Cúidese!
Salga de la rutina y acérquese a conocernos.

Disfrute de nuestras instalaciones:

baños calientes, masajes, piscina climatizada, tenis,servicios de animación y muchas cosas más...

cuidarse – sich pflegen
la piscina climatizada – beheiztes Schwimmbad

En personas rellenitas e incluso en muchas delgadas, las nalgas son uno de los puntos críticos. Dedíqueles diariamente unos minutos.

¡Quítese centímetros!

rellenita – mollig
las nalgas – Gesäß
quitarse – wegnehmen

Schreiben Sie gemeinsam einige kurze Werbetexte.

11 Ergänzen Sie die fehlenden Wörter und spielen Sie dann das Gespräch beim Arzt nach Ihren eigenen Vorstellungen.

● Buenos días, vamos ______ ver... Dígame, ¿qué ______ pasa?
▲ Mire, tengo unos dolores enormes ______ este brazo desde ayer. Me caí jugando al tenis...
● Póngase de pie. Aquí. A ver, ¿______ permite? Extiéndalo.
▲ Ay, ______ imposible. Casi no ______ moverlo.
● ¿Pero cómo no vino Vd. ayer inmediatamente?
▲ No sé, era ______ tarde, creí que se me pasaría.
● Mire, ______ primero que hay que hacerle ______ una radiografía. Pase Vd.______ aquí y desnúdese de cintura para arriba... Ahora le mando a la enfermera para ______ le ayude y luego vuelve Vd. aquí.
▲ Gracias, lo puedo hacer yo sola.

12 Was würden die Sprechstundenhilfe und der Patient auf Spanisch sagen?

● Schreiben Sie (poner) hierher Ihren Vornamen, Namen und Anschrift. Und hier schreiben Sie das Geburtsdatum (fecha de nacimiento). Und jetzt kommen Sie hier herein und warten Sie ein paar Minuten. Der Doktor ist noch nicht gekommen.
▲ Muss ich lang warten? Ich habe es nämlich etwas eilig …
● Ich kann es Ihnen nicht sagen, 20 Minuten, eine halbe Stunde … Aber wenn Sie etwas zu tun haben, machen Sie es und kommen Sie in einer halben Stunde wieder. Aber nein, schauen Sie, gehen Sie nicht weg, er kommt schon … Guten Tag, Herr Doktor.

Spielen Sie diese Szene und verändern Sie sie nach Belieben.

26 Los consejos de tío Dámaso

Francisco de Goya (1746–1828): Muchachos trepando a un árbol

Haz lo que tengas gana,
Cristobalillo,
lo que te dé la gana,
que es lo sencillo.

Caso nunca les hagas
a los mayores.
Los consejos de Dámaso
son los mejores.

Tira, mi niño, tira,
si te da gana,
los libros de papito
por la ventana.

Cuélgate de las lámparas
y los manteles,
rompe a mamita el vaso
de los claveles.

La mejor puntería
te la aconsejo
si es que se pone a tiro
cualquier espejo.

Pero ahora se me ocurre
algo estupendo,
donde papá se encierra
vete corriendo.

¡Macho, cuántos papeles!
Tú, con cerillas,
vas y a papá le quemas
esas cosillas ...

¡Verás qué cara pone!
¡Qué gracia tiene!
Anda, sin que te vea,
Mira que viene.

Vamos a divertirnos
Tú y yo, mi cielo.
Es un asco este mundo:
conviene que lo

pongamos boca abajo.
¡Es tan sencillo!
Vamos a hacer un mundo
nuevo, chiquillo.

Dámaso Alonso (1898 –1990): *Los consejos de tío Dámaso a Luis Cristóbal, hijito del poeta Luis Rosales; (fragmento)*

Despedida

Si muero,
dejad el balcón abierto.

El niño come naranjas.
(Desde mi balcón lo veo).

El segador siega el trigo.
(Desde mi balcón lo siento).

¡Si muero,
dejad el balcón abierto!

Federico García Lorca (1898 –1936): *Canciones*

1. Imperativ (tú / vosotros)

tú	vosotros	
¡mira! **¡rompe!** **¡vive!**	**¡mirad!** **¡romped!** **¡vivid!**	Der bejahte Imperativ für *tú* ist gleich der *er*-Form des Indikativs: *él mira* → *¡mira tú!* Der bejahte Imperativ für *vosotros* entsteht aus dem Infinitiv: *mirar* → *¡mirad!* (*-r* wird *-d*).
¡no mires! ¡no rompas! ¡no vivas así!	¡no miréis! ¡no rompáis! ¡no viváis así!	Als verneinter Imperativ werden die Formen des *Subjuntivo* verwendet (vgl. L 25).
¡A comer!	So, jetzt wird gegessen!	*a* + *Infinitiv* ist eine häufige familiäre Form der Aufforderung.

2. Imperativ + Personalpronomen

¡Tíralos! ¡No los tires!	Stellung des Pronomens: L 25.
¡levant**aos**! (statt levantad-os) ¡decid**íos**! (statt decidid-os).	Beim reflexiven Verb entfällt das *-d* des Imperativs. (Ausnahme *irse: idos*).

3. Imperativ: unregelmäßige Formen (tu)

hacer	**haz**	tener	**ten**	Diese Verben haben eine verkürzte Form des bejahten Imperativs der Du-Form.
poner	**pon**	decir	**di**	
salir	**sal**	ir	**ve, vete**	
venir	**ven**	ser	**sé**	

4. Weitere Anwendungen des Subjuntivo

sin que te vea	ohne dass…	Nach *sin que* steht *Subjuntivo.*
Conviene que lo cambiemos.	Es ist sinnvoll, dass…	*Conviene que + Subjuntivo:* unpersönlicher Ausdruck (vgl. L 22).

5. cualquiera – todos – cada (uno)

cada día	jeder (einzeln gesehen)
todos los días	alle (als Gruppe gesehen, also auch: jeder)
cualquiera	irgendeiner, ganz gleich welcher (und deshalb auch: jeder)

Cualquiera wird vor dem Substantiv verkürzt: *cualquier espejo, cualquier cosa.*
Cada steht nicht allein: *cada uno,* jeder (einzelne).

Ejercicios

1 Lesen Sie die Sätze zur Gewöhnung an die Formen des Imperativs *(tú)*. Wandeln Sie sie dann in den Plural um, z.B.:

Espera un momento. → *Esperad un momento.*

1. **Espera** un momento.
2. Págalo.
3. Llámame cuando llegues.
4. Cómprate esto
5. ¡Imagínate!
6. Toma esto.
7. Habla más bajo.
8. Deja eso, ¡qué asco!

9. **Corre,** ya es tarde.
10. Lee este artículo.
11. **Escríbeme** pronto.
12. Bebe esto.

13. **Cierra** la puerta.
14. Entiéndeme bien lo que quiero decir.
15. Piensa en lo que te he dicho.
16. Despiértame mañana a las siete.

17. A ver, **cuéntamelo.**
18. Vuelve pronto.
19. Recuerda lo que te he dicho.
20. Recuérdamelo mañana otra vez.
21. Acuérdate de lo que hablamos.
22. Cuelga tu ropa en este armario.

23. **Pide** otro vaso de agua para mí.
24. Repítemelo más despacio.

2 Lesen Sie diese Aufforderungen und überlegen Sie sich eine sinnvolle Ergänzung, z.B.:

Haz lo que quieras. *A mí me da igual.*

1. Hombre, **haz** lo que quieras.
2. Por mí, haz lo que te dé la gana.
3. **Ten** cuidado (Vorsicht).
4. Ten en cuenta (denk daran) que es dificilísimo.
5. Ten paciencia (Geduld).
6. **Pon** aquí las cosas.
7. Ponme tu dirección aquí.
8. Ponte aquí, si quieres.
9. Pon un telegrama cuando llegues.
10. **Ven** aquí, por favor.
11. Ven con nosotros.
12. Ven a comer mañana.
13. **Sal** de aquí un momento.
14. Sal por este lado del coche.
15. **Di** lo que quieres tú.
16. Di la verdad.
17. Ahora, dilo tú.
18. Dime qué te parece esto.
19. Dime lo que piensas.
20. **Ve** a una agencia y pregunta.
21. Vete a la cama ya.
22. Ve más despacio (langsam).
23. **Sé** un poco más amable con él.
24. Sé más cariñoso con ella.
25. Sé más tranquilo, no te enfades por todo.

3 Lesen Sie die Sätze zur Gewöhnung an die Formen des Imperativs *(vosotros)*. Überlegen Sie sich dann eine sinnvolle Ergänzung, z.B.:

Callaos ahora. → *Escuchad lo que os digo.*

1. **Callaos** ahora.
2. **Poneos** todos aquí para la foto.
3. **Decidíos** de una vez.
4. Esperadme un momento.
5. Quedaos esta noche a cenar.
6. Imaginaos, ¡qué vergüenza...!
7. Cerrad la puerta.
8. Despertadme mañana temprano.
9. A ver, contadme lo que os ha pasado.
10. Acordaos de lo que os digo.
11. Sentaos, por favor.
12. Lavaos y vestíos de prisa, es tardísimo.
13. Haced lo que os dé la gana.
14. ¡Tened cuidado!

15. Poned aquí vuestras cosas.
16. Venid mañana más temprano.
17. Salid por la otra puerta.
18. Decidme una cosa: ...
19. Compradme el periódico cuando salgáis.
20. Traedme de la tienda algo de fruta.
21. Decidme a qué hora volvéis.
22. A ver, dadme un consejo.
23. Tiradme estos papeles.
24. Id más despacio, por favor, no puedo más.

4 Verbinden Sie jeweils die beiden Sätze mit *sin que*, z.B.:

Me voy a ir. El niño no lo oirá.
Me voy a ir sin que lo oiga el niño.

1. Puedes salir sencillamente. No te verán.
2. Aquí puedes estudiar. No te molestará nadie.
3. Lo voy a hacer. El no lo sabrá.
4. Es imposible darle un consejo. Siempre le molesta.
5. Le voy a tirar la ropa vieja. No lo notará (bemerken).
6. No cuelgues el cuadro, antes lo tiene que ver Juan.
7. Es imposible que me ayudes en la cocina, siempre me rompes algo.
8. Que decida él solo. Nosotros no le aconsejamos.
9. Se encierra en su habitación. Los demás no saben dónde está.
10. Vete corriendo allí. Si no, tu madre te lo repetirá otra vez.
11. No puedes ir allí. No te han invitado.
12. No consigo hacer bien las patatas así. Siempre se me queman.
13. Es imposible hablar con él. Siempre pone una cara así de larga.
14. Tiene gracia lo que dice. Pero él no quiere ser gracioso.

5 Ergänzen Sie:

todos, todas – cualquiera, cualquier – cada

1. Esto lo sabemos ______.
2. Esto lo sabe ______ uno de nosotros.
3. Esto lo sabe ______.
4. Yo podría venir ______ día de la semana que viene.
5. Voy ______ los días a la misma hora.
6. Es una receta muy fácil, la puedes hacer con ______ tipo de carne.
7. Lo puedes comprar en ______ supermercado.
8. ______ guardia le podrá decir a Vd. cómo se va.
9. He invitado a ______ mis amigos.
10. Dale a ______ uno mil pesetas.
11. Viene ______ los domingos.
12. Los visitamos ______ semana.
13. Ahora sabemos lo que piensa ______ uno de ellos.
14. El es como ______ los chiquillos de su edad.
15. ______ estos pantalones tienen el mismo precio.
16. ______ vez lo entiendo menos.
17. ______ cosa en su sitio y un sitio para ______ cosa...
18. Hazle ______ regalo, todo le gusta.
19. Esto es tan sencillo, lo comprende ______.

Ejercicios

6

Lesen Sie einige Sätze zur Gewöhnung an verneinte Aufforderungen *(tú)*. Ergänzen Sie dann mit einer positiven Aufforderung, z.B.:

No pongas los pies aquí. (dejarme un poco de sitio)
Déjame un poco de sitio.

1. No vuelvas a contarnos lo mismo. (contarnos otra cosa)
2. No saques la lengua a ese señor. (ser bueno)
3. No hables tan de prisa. (hablar más despacio)
4. No vuelvas la cabeza. (quedarte tal como estás)
5. No cierres la puerta. (dejarla abierta)
6. No tomes tanto chocolate. (tomar más fruta)
7. Anda, no te enfades. (comprender lo que quiero decir)
8. No digas esas tonterías. (pensar lo que dices)
9. No hables tan alto. (dejarme dormir)
10. No lleves tú la maleta. (dármela a mí)

7

Ergänzen Sie den bejahenden Imperativ desselben Verbs.

1. No salgas esta tarde. ______ mañana.
2. No pongas los pies aquí. ______ en el suelo.
3. No nos digas lo que quieres tú ahora. ______ lo que quieren los demás.
4. No hagas las camas todavía. ______ otra cosa.
5. No vengas el martes, ______ el miércoles.
6. No tengas tanto contacto con ellos, ______ cuidado.
7. No te vayas solo. ______ con ellos.
8. ¡No seas así, ______ bueno, niño!
9. No te enfades conmigo, ______ con él, y no conmigo.
10. No te pongas así. ______ en mi lugar y me comprenderás.
11. No le hagáis caso. ______ lo que os dé la gana.
12. No le hagáis caso a él. ______ caso a mí.
13. No queméis las hojas aquí, al lado de la casa. ______ allí.
14. No os pongáis los pantalones. ______ sólo los trajes de baño.
15. No os decidáis ahora. ______ después de pensarlo.
16. Niños, no juguéis con esto, ¿no os da asco? ______ con otra cosa.

8

Escriban una lista de las cosas que el «tío Dámaso» le aconseja al niño.

¿Para qué le aconseja al niño que haga esas cosas?
¿Son cosas desagradables de hacer para un niño?
¿Por qué busca el poeta precisamente a un niño para que le ayude a poner boca abajo el mundo?

9

El escritor desea un mundo en el que todos seamos más libres, más naturales, menos controlados. ¿Cómo se imagina Vd. este mundo mejor?

Un mundo que sea ...
Un mundo que tenga ...
Un mundo en el que (no) haya ...
Un mundo en el que se pueda ...
Un mundo que ofrezca ...
Un mundo en el que todos se sientan ...
Un mundo en el que nadie se sienta ...
Un mundo en el que se inventen ...

Un mundo en el que se arreglen ...
Un mundo en el que se construyan ...
Un mundo en el que se emprendan ...
Un mundo en el que pierdan por fin importancia ...

10 Was sagen Eltern oft zu ihren Kindern, was sollen Kinder (nicht) tun? Schreiben Sie es auf Spanisch.

11 Füllen Sie die Lücken.

1. Haz ______ quieras.
2. Oye, no les ______ caso a ellos.
3. No me des más ______, ya sé lo que quiero hacer.
4. Se me ______ algo, creo que tengo una buena idea.
5. Hombre, ¿qué te pasa? No ______ esta cara.
6. No te vas a aburrir, te vas a ______ mucho.
7. No te rías, no tiene ______.

12 Was machen Leute in verschiedenen Berufen? Ein Beispiel:

El escritor escribe novelas o poesías.

el pintor – el guarda – el guardia – el director – el obrero – el cocinero – el médico – el veterinario – el ama de casa (Hausfrau) – el niño – el óptico – el camarero – el futbolista – el violinista – el recepcionista – la enfermera – el reportero – el vendedor – el estudiante – el profesor

13 Ergänzen Sie die fehlenden Wörter. Spielen Sie dann das Gespräch.

● Oye, venid todos ______ momento aquí, que os quiero hacer ______ foto antes de irme... Carmen, ______ también, ¿quieres?
▲ Hombre, ¿nos la vas ______ mandar después?
● Si me ______ la dirección todos... Venga, poneos todos más juntos, si ______, no salís todos. Fernando, tú ponte detrás o siéntate ______ el suelo, delante, si no, no se ______ ve. Y tú, Carlos, vete un poco hacia atrás. Carmen, ______ el favor de volver la cara, que no se te ve ...
▲ Anda, hija, por Dios, date prisa, que se ______ pone a todos una cara rarísima ...
● No seas tonta ... Bueno, ¡ya está!

14 Sie hinterlegen Freunden den Wohnungsschlüssel und schreiben eine Notiz dazu.

Hallo, wie war die Reise? Wenn ihr die Sachen nicht findet: Ihr habt Leintücher und Decken (mantas) im Schrank meines Zimmers. Holt sie von dort heraus. Nehmt saubere Handtücher aus dem Schrank im Gang. Für Kaffee, Tee usw. schaut in das Schränkchen in der Küche, das, das neben dem Kühlschrank ist. Und jetzt bitte ich euch um einen Gefallen: Wenn ihr wegfahrt, lasst die Balkontür nicht schlecht verschlossen. Macht sie fest zu, weil immer Wasser hereinkommt, wenn es regnet. Schließt die Wohnungstür ab (cerrar con llave) und gebt den Schlüssel der Frau im ersten Stock, (sie heißt Monica). Habt eine schöne Zeit (pasarlo bien)! Ruft mich an, wenn ihr etwas fragen wollt. Auf Wiedersehen, ich habe es sehr eilig...

Cristina

27 Déjamelo pensar ...

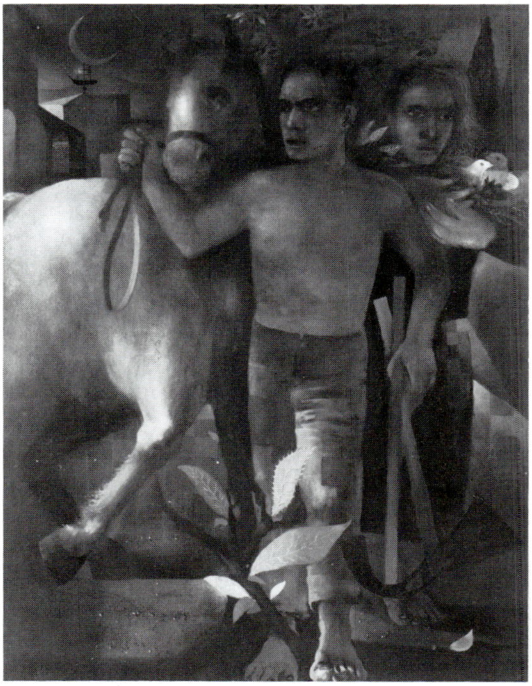

Antoni Tàpies (1923–):
Pareja y caballo

– Mañana, en amaneciendo, te irás conmigo, Chona. Ya tengo aparejadas las bestias.
– ¿Y si mi padre se muere de la rabia? Con lo viejo que está ... Soy la única gente que tiene para hacerle hacer sus necesidades. Y no hay nadie más. ¿Qué prisa corres para robarme? El no tardará en morirse.
– Lo mismo me dijiste hace un año. Y hasta me echaste en cara mi falta de arriesgue, ya que tú estabas harta de todo. He aprontado las mulas y están listas. ¿Te vas conmigo?
– Déjamelo pensar.
– ¡Chona! No sabes cuánto me gustas. Ya no puedo aguantar las ganas, Chona. Así que te vas conmigo o te vas conmigo.
– Déjamelo pensar. Entiende. Tenemos que esperar hasta que él se muera. Le falta poquito. Entonces me iré contigo y no necesitarás robarme.
– Eso me dijiste también hace un año.
– ¿Y qué?
– Pues que he tenido que alquilar las mulas. Ya las tengo. Nomás te están esperando. Tú estás bonita. Eres joven.
– No puedo.
– Que sí puedes.
– No puedo. Me da pena, ¿sabes? Por algo es mi padre.
– Entonces ni hablar. Iré a ver a la Juliana, que se desvive por mí.
– Está bien. Yo no te digo nada.
– ¿No me quieres ver mañana?
– No. No quiero verte más.

Juan Rulfo (1918 –): *Pedro Páramo* @

1. Indikativ oder Subjuntivo nach hasta que und mientras

Mientras viva él, no me iré de aquí.	solange er lebt	*mientras + Subjuntivo:* die Handlung reicht in die Zukunft.
Voy a esperar **hasta que venga** él.	bis er kommt	*hasta que + Subjuntivo:* die Handlung liegt in der Zukunft.
Mientras veo la televisión no hago nada. Leo **hasta que me canso.** **Mientras veía** la televisión no hacía nada. Leí **hasta que me dormí.**	während ich fernsehe bis ich müde werde während ich fernsah bis ich einschlief	*mientras/hasta que + Indikativ:* öfter wiederholte bzw. vergangene Handlungen.

2. lo + Adjektiv + que

¡No sabes lo viejo que está! ¡Mira lo viejo que está! ¡Qué viejo está!	*lo + Adjektiv + que* ersetzt die indirekte Frage oder den Ausruf *¡qué + Adjektiv!* (vgl. L 6.3)

3. con

¡Con lo viejo que está!	Wo er doch so alt ist...
Con este calor no salgo.	Bei dieser Hitze...
¡Con lo que ha hecho por ti!	Wo er so viel für dich getan hat!

Sätze mit *con* können Begründung, Verwunderung, Kritik ausdrücken.

4. Lateinamerikanische Varianten im Gebrauch des Spanischen

Gemeinsam sind den lateinamerikanischen Ländern drei wesentliche Merkmale:

el seseo Überall besteht die Aussprache **s** für *z, ce* und *ci.*

ustedes Statt *vosotros* wird allgemein *ustedes* gebraucht. Dementsprechend fehlt die spanische Ihr-Form der Verben, also: *vosotros venis → ustedes vienen.*

el loísmo Als Akkusativ der Person (wen?) wird in Spanien *le* oder *lo, les* oder *los* gebraucht (vgl. L 4 und L 5), in Lateinamerika durchweg *lo, los.*

Wortschatz: Es gibt Wörter, die in Spanien eine andere Bedeutung haben als in lateinamerikanischen Ländern oder die nur in Teilen des spanischen Sprachraums gebräuchlich sind. Lateinamerika bildet in dieser Hinsicht keine Einheit, die verschiedenen Länder weisen vielfältige Varianten auf.

Ejercicios

1 Einige Fragen zum Text.

¿Cuándo y cómo quiere llevarse el joven a su novia?
¿Por qué no se quiere ir ella con él?
¿Qué había pasado ya hace un año?
¿Qué quiere hacer Chona antes de tomar una decisión?
¿Qué «alternativa» le ofrece él?
Cuando ella dice que se irá más tarde con él, ¿se lo cree el joven?
¿Qué siente Chona hacia su padre?
¿Por qué dice él que se irá a ver a otra joven?
¿Cree Vd. que no se verán más de verdad?

2 Ergänzen Sie. Die Handlung reicht in die Zukunft: Solange noch...

1. (saber) Mientras no ______ cuándo llega no podemos irnos de aquí.
2. (pensar) Mientras ______ que esto no sirve para nada, es mejor que lo dejes.
3. (tener) Mientras ______ el coche de mi hermano no necesitamos ir en autobús.
4. (estar) Mientras ______ aquí, viviremos en este piso.
5. (ser) Sólo mientras ______ jóvenes podréis hacer este trabajo.
6. (poder) Mientras ______, le ayudaremos.
7. (querer) Mientras tú ______, puedes vivir en esta casa.
8. (tener) Mientras ______ tiempo seguirá con las clases de piano.

3 Unterscheiden Sie bei *mientras* und *hasta que*, ob die Handlung in der Zukunft oder in der Vergangenheit liegt.

(vivir)
1. Mientras ______ mi padre no puedo irme de aquí.
2. Mientras ______ mi padre, yo no podía irme de aquí.

(tener)
3. Mientras ______ que ayudarle, tengo que quedarme aquí.
4. Mientras ______ que ayudarle, tenía que quedarme aquí.

(ser)
5. Mientras (tú) ______ joven, disfruta de la vida.
6. Mientras yo ______ joven, disfrutaba de la vida.

(vivir)
7. Mientras ______ con tus padres, no tenías estos problemas.
8. Mientras ______ con tus padres, no tendrás problemas.

(salir)
9. Me quedo aquí hasta que ______ el tren.
10. Me quedé allí hasta que ______ el tren.

(venir)
11. Me quedo aquí hasta que te ______ conmigo.
12. Me quedé allí hasta que él se ______ conmigo.

(decidirse)
13. Te esperaré hasta que (tú) ______ .
14. Le esperé hasta que él ______ .

(alquilar)

15. Tenemos que esperar hasta que él _______ el coche.
16. Tuvimos que esperar hasta que él _______ el coche.

(convencer)

17. Le seguirá hablando hasta que lo _______ .
18. Le he estado hablando hasta que lo _______ .

4 Verbinden Sie die Sätze wie im Beispiel.

No puedo dejarlo solo. (Está muy viejo.)
No puedo dejarlo solo con lo viejo que está...

1. No sé cómo lo aguantas. (Es un imbécil.)
2. ¡No me lo recuerdes más! (Estoy triste.)
3. No te cases todavía. (Eres muy joven.)
4. No sé cómo se quedan en este pueblo. (Es muy aburrido.)
5. No comprendo por qué tienes problemas. (Es muy sencillo todo.)
6. ¿Por qué te preocupas tanto? (Estás muy bien así.)
7. Yo no lo vi bien. (Estaba oscura la habitación.)
8. No me gustaría vivir aquí. (El clima es muy húmedo.)
9. No comprendo que le hayan robado el coche. (Era muy viejo.)
10. No sé cómo le gusta ese chico. (¡Es tan desagradable!)

5 Wie könnten Sie die folgenden Sätze vervollständigen?

1. Con la rabia que nos tiene Pedro, ...
2. Con lo viejo que está su padre, ...
3. Con la prisa que corre este asunto (Angelegenheit), ...
4. Con lo harta que está María de su trabajo, ...
5. Con lo que le gusta Chona al chico, ...
6. Con las ganas que tengo de irme de vacaciones, ...
7. Mira, con lo poco que falta para llegar, ...
8. Con lo joven que eres, ...
9. Con lo listo que es, ...
10. Con lo bien que lo he pasado aquí, ...

6 Lesen Sie einen Brief von Chona an Pedro und füllen Sie die Lücken.

Pedro:

Sé que quieres venir esta noche con dos mulas _______ me vaya contigo. Ya hiciste lo mismo el año pasado y sabes que no me fui porque no puedo. No sabes lo _______ que estoy de todo, pero no puedo dejar solo a mi padre, con _______ enfermo y lo viejo _______ está. Necesita a alguien que _______ con él y le ayude, y yo soy la única persona que _______ en el mundo. Por eso no consigo decidirme _______ irme contigo. Tengo que tener paciencia y esperar _______ se muera. Con lo mal que está el pobre no tardará _______ morirse. Entonces me iré contigo.

No me hables más de la Juliana. _______ harta de oírte hablar de ella y además me _______ de rabia cuando lo haces. Y si no me comprendes, pues no quiero _______ más, ¡no vengas más por aquí!

Te quiero, Chona

Ejercicios

7 Finden Sie sinnvolle Verbindungen.

Al tren le falta	ver lo que sufre.
Tengo un hambre	o si no lo necesita de momento.
Si quieres, podemos salir,	que no me puedo aguantar.
Me ha echado en cara	poco para llegar.
No sé si le corre prisa el libro	en llegar.
No sabes	lo poco que le ayudo.
Me da mucha pena	cuánto me gustas.
El autobús no tardará	ya estoy preparada.

8 Ergänzen Sie die fehlenden Wörter und spielen Sie dann den Dialog auch mit eigenen Varianten.

● Oye, ¿vas a ______ estas Navidades con nosotros a esquiar o te vas a ______ otra vez aquí?
▲ Hombre, ya sabes, que tengo el problema ______ mi madre, que se queda sola y...
● Sí, pero por una vez... ¡Y sólo es ______ semana!
▲ Sí, pero es justo Navidades y me ______ pena de ella. A ______ mejor en Semana Santa.
● Ni hablar. Lo mismo dijiste el año ______ , y luego en Semana Santa no podías tampoco y ______ quedamos todos aquí.
▲ Es que no sé cómo decírselo a ______ madre. Déjamelo pensar, y te ______ digo la semana que viene...

9 Schreiben Sie diesen Brief auf Spanisch:

Hallo Mario,

stell dir vor, ich kann nicht schon Ende des Monats losfahren, wie ich dachte. Bevor ich losfahre, muss ich schnell jemand suchen, der mein Zimmer nimmt, sonst muss ich es weiter bezahlen, und es gelingt mir nicht, jemand zu finden. Ich habe es satt, Anzeigen in die Zeitung zu setzen, und bisher ... gar nichts. So muss ich noch ein paar Tage aushalten und dableiben, bis ich jemand finde. Du weißt nicht, welche Lust ich habe, in Ferien zu fahren! Ich hoffe, es fehlt nur wenig, bis wir uns sehen. Ich werde dich noch einmal anrufen, sobald ich etwas mehr weiß.

Herzlichst

Angel

Test 6

1 Raten Sie einem Freund bzw. Freunden das Gegenteil.

1. ¡No vayas con los otros!
2. ¡Quédate más tiempo aquí!
3. ¡Di todo lo que sabes!
4. ¡Quedaos aquí hasta que vuelva!
5. ¡Esperadme esta tarde!
6. ¡No lo pongas todo en la cocina!
7. ¡Vente conmigo!
8. Estos papeles, ¡tíralos!
9. ¡Pruébate estos pantalones!
10. ¡Quitaos los abrigos!

2 Wie drücken Sie auf Spanisch aus:

1. Ich habe ihn um einen Rat gebeten.
2. Ich danke dir für alles.
3. Erinnerst du dich an meine Freundin?
4. Ich glaube, er hat die Telefonnummer von Enrique. Ich werde ihn darum bitten.
5. Inés erinnert mich an meine Schwester, sie hat die gleiche Stimme.
6. Erinnere mich morgen an alles, was ich tun muss.
7. Wenn er dich um das Video bittet, gib es ihm.
8. Wenn du etwas brauchst, frag meinen Bruder.

3 Wie drücken Sie auf Spanisch aus:

1. Ich fahre jede Woche nach San Sebastián.
2. Es hat uns allen gut gefallen.
3. Jeder von seinen Brüdern ist anders.
4. Ich rauche immer weniger.
5. Diese Gegend gefällt mir immer besser.
6. Ich mache jede Arbeit (ganz gleich, welche).

4 Setzen Sie das Verb in die entsprechende Form.

1. (estar)
   Lo ha hecho mientras yo ______ fuera.
2. (saber)
   A veces hace cosas sin que lo ______ yo.
3. (tener)
   Conviene que ______ paciencia con él.
4. (servir)
   Mientras me ______ éste, no me pienso comprar otro nuevo.
5. (estar)
   Mientras él ______ aquí podrá dormir en tu habitación.
6. (decir)
   Conviene que me lo ______ pronto, para encargar los billetes.
7. (cerrar)
   Juan se está delante de la televisión hasta que se le ______ los ojos.
8. (volver)
   Me quedo aquí hasta que tú ______ .

5 Ergänzen Sie:

1. No podemos hacer planes para mañana porque seguimos ______ saber si viene Julia o no.
2. No comprendo por qué no ______ por teléfono esta mujer, ______ lo fácil que sería llamar...
3. Con el tiempo que ______, podríamos ir de paseo, ¿no te ______ ?
4. ¿O a ti se te ______ otra cosa?

28 Genios

Picasso

«¿Qué es el arte? Si lo supiera tendría buen cuidado de no decirlo. Yo no busco, encuentro.»

«Yo hago los objetos tal como los pienso, no tal como los veo.»

Picasso

Interior con muchacha dibujando

«La subversión de Picasso es tal que podríamos decir que es como si nos volviese a hacer salvajes, pero salvajes con veinte siglos de cultura.»

Ramón Gómez de la Serna

«Si me preguntase un pintor lo que hay que hacer para pintar una mesa, yo le diría: medirla.»

Picasso

«Si Velázquez volviera y viese las Meninas pintadas por Picasso, ¿pintaría de nuevo las Meninas?»

Ramón Gómez de la Serna

Las meninas

Guitarra

La cabra

«Si pudiera ser me gustaría aprender la música de esas guitarras absurdas de Picasso.»

Cocteau

«Si vinieras a Roma encontrarías más de una cabra tuya en las basuras geniales del Trastévere.»

Rafael Alberti

Miró

Alguien decía que el niño es el padre del hombre. El arte de Miró confirma esta idea. Debo añadir que Miró pintó como un niño de cinco mil años de edad. Un arte como el suyo es fruto de muchos siglos de civilización y aparece cuando los hombres, cansados de dar vueltas y vueltas alrededor de los mismos ídolos, deciden volver al comienzo.

Octavio Paz: *Hombres de su siglo*[@]

Joan Miró (1893–1983): Circo

Dalí y Gaudí

... y dos ideas semejantes, la del escritor José A. Goytisolo y la del grupo musical MECANO: desear, pedir que vuelvan otra vez a este mundo Gaudí y Dalí. El poeta, más modesto, se conforma con que dejen volver «un ratito» al arquitecto para explicarle algunas cosas... La cantante de MECANO, más radical, pide la reencarnación del pintor.

Oda a Salvador Dalí

Canción del grupo «Mecano».
Oiga Vd.un fragmento.

Si te reencarnas en cosa,
hazlo en lápiz o en pincel,
y Gala, de piel sedosa,
que lo haga en lienzo o en
papel.

Si te reencarnas en carne,
vuelve a reencarnarte en ti;
que andamos justos de
genios
«Eugenio» Salvador Dalí.

Si te reencarnas en carne,
vuelve a reencarnarte en ti;
queremos genios en vida,
queremos que estés aquí,
«Eugenio» Salvador Dalí.

Salvador Dalí (1904–1989); Mi mujer desnuda mirando su propio cuerpo

Díganle

Díganle al hombre de cabellos blancos
que se detenga, que regrese,
no le dejen seguir
con frío y pantalones mal planchados
y un sorbo de café
por triste desayuno
como asilado de otro tiempo, párenlo,
ya no está la condesa
diciendo tonterías
pueden jurarle que no habrá reuniones
de estúpidos patricios
moviendo la cabeza
ante un proyecto suyo, no hay cuidado,
nadie le echará en cara
su forma de toser
o dormir en el suelo sobre un viejo colchón,
soñador de altas formas
de piedra y hierro vivo ...
será por poco tiempo
y si esta noche vuelve
se lo explicamos todo, díganle.

José Agustín Goytisolo
(1928–):
Petitorio para que
dejen regresar
un ratito desde el
tiempo al arquitecto
Don Antonio Gaudí
(fragmento)

Antoni Gaudí (1852–1926): Cripta Colònia Güell

1. Imperfecto de subjuntivo: Ableitung

habl-ar		**com-er**		**viv-ir**	
habla-**ra**	habla-**se**	comie-**ra**	comie-**se**	vivie-**ra**	vivie-**se**
habla-**ras**	habla-**ses**	comie-**ras**	comie-**ses**	vivie-**ras**	vivie-**ses**
habla-**ra**	habla-**se**	comie-**ra**	comie-**se**	vivie-**ra**	vivie-**se**
hablá-**ramos**	hablá-**semos**	comié-**ramos**	comié-**semos**	vivié-**ramos**	vivié-**semos**
habla-**rais**	habla-**seis**	comie-**rais**	comie-**seis**	vivie-**rais**	vivie-**seis**
habla-**ran**	habla-**sen**	comie-**ran**	comie-**sen**	vivie-**ran**	vivie-**sen**

habla-ron → habla-**ra** / **-se**
comie-ron → comie-**ra** / **-se**
vivie-ron → vivie-**ra** / **-se**

Pretérito imperfecto de subjuntivo wird immer aus der 3. Person Plural des einfachen Perfekts abgeleitet.

Auch alle unregelmäßigen Verben folgen dieser Regel:

estuvieron	**estuvie** -ra / -se	*hubieron*	**hubie** -ra / -se
tuvieron	**tuvie** -ra / -se	*quisieron*	**quisie** -ra / -se
pusieron	**pusie** -ra / -se	*supieron*	**supie** -ra / -se
pudieron	**pudie** -ra / -se	*vinieron*	**vinie** -ra / -se
dijeron	**dije** -ra / -se	*trajeron*	**traje** -ra / -se
hicieron	**hicie** -ra / -se	*dieron*	**die** -ra / -se
fueron	**fue** -ra / -se		

2. Anwendungen des Imperfecto de subjuntivo

Si lo supiera/-se Wenn ich es wüsste (no lo diría).
como si lo supiera/-se als ob ...

Imperfecto de subjuntivo wird fast nur im Nebensatz verwendet. Die Formen auf *-ra* und *-se* sind austauschbar.

Quisiera/querría vivir a mi manera.
Yo no lo **hubiera/habría** hecho.

quisiera und *hubiera* können *querría* bzw. *habría* vertreten.

3. Imperfecto de subjuntivo im wenn-Satz: Vergleich mit dem Deutschen

Deutsch: Die würde-Form und Konjunktiv Imperfekt werden unterschiedslos im Haupt- und Nebensatz gebraucht. (Also: nicht einfach übersetzen!).

Spanisch: *Imperf. de subjuntivo* steht im Nebensatz, *Condicional* im Hauptsatz. (Üben Sie Ihre Wahrnehmung: was ist Hauptsatz, was Nebensatz?)

Wenn du das machen würdest, ...	Nebensatz (wenn...)	Si lo hicieras, ...
Ich würde das machen.	Hauptsatz	Yo lo haría.

4. Pluscuamperfecto de subjuntivo

Si lo hubiese/-ra sabido, lo habría/hubiera dicho.
Wenn ich es gewusst hätte,

hubiera/-se + Partizip: Pluscuamperfecto de subjuntivo.

Ejercicios

1 Suchen Sie im Gedicht von Goytisolo die Sätze, die folgenden Aussagen entsprechen:

1. Goytisolo describe a Gaudí como un hombre mayor.
2. Gaudí era descuidado en su forma de vestir.
3. Gaudí se preocupaba poco por la comida.
4. Tenía problemas al presentar sus proyectos.
5. Vivía de cualquier manera.
6. Empleaba los materiales de construcción de forma poco convencional.

7. ¿A quién va dirigida la petición de Goytisolo?
8. ¿Desde dónde tiene que regresar Gaudí? ¿Dónde «está»?
9. ¿Quiénes se imagina Vd. que son «ellos», los que deben «dejar regresar» a Gaudí?

2 Zunächst eine Wiederholung des einfachen Perfekts. Setzen Sie jeweils das gleiche Verb.

1. Yo **vine** a las tres, ellos no ______ hasta las cuatro.
2. Yo **supe** enseguida lo del accidente, ellos lo ______ por la noche.
3. Yo **traje** una ensalada, y ellos ______ las bebidas.
4. Yo le **di** mil pesetas, y creo que ellos le ______ también algo.
5. Yo **puse** mucho interés en este asunto, y ellos lo ______ también.
6. Ayer no **hice** nada, y ellos no sé lo que ______.
7. Anoche **fui** al teatro, pero mis hermanos no ______ conmigo.
8. Yo **fui** en bicicleta, y ellos ______ a pie.
9. Yo **seguí** mirando la televisión, y ellos ______ discutiendo.
10. Yo **pedí** el menú del día, y ellos ______ una paella.

11. **Vinimos** aquí hace 5 años, y mis padres ______ a vivir más tarde.
12. Tú **pudiste** hacer el examen, pero ellos no ______, ¿verdad?
13. **Estuvimos** en esa playa en junio, y creo que ellos ______ también allí, en septiembre.
14. Nosotros **dijimos** que no queríamos, y ellos ______ que les daba igual.
15. Yo no me **paré** hasta Barcelona, pero ellos se ______ a tomar un café.
16. Yo **toqué** el piano, y ellos ______ la guitarra.
17. Yo me **conformé** con lo que me dieron, pero ellos no se ______.

3 Lesen Sie zuerst die Nebensätze mit «*Si* ...» und suchen Sie dann den passenden Hauptsatz dazu.

1. Si hablaras más despacio, ...
2. Si aprendieras a tocar la guitarra, ...
3. Si volvieras a ser salvaje, ...
4. Si pintaras la mesa de blanco, ...
5. Si no te pintaras tanto los ojos, ...
6. Si le preguntase alguien sobre esto, ...
7. Si tú pararas en este pueblo, ...
8. Si comieras menos, ...
9. Si me dejaras seguir hablando, ...

a. seguro que te gustaría.
b. podríamos comer algo.
c. ella no se lo diría.
d. no estarías así de gordo.
e. serías más feliz.
f. comprenderías lo que te quiero decir.
g. estaría más bonita.
h. ellos te entenderían mejor.
i. estarías más guapa.

Ejercicios

4 Lesen Sie jetzt zuerst die Hauptsätze und finden Sie dann den einleitenden Nebensatz dazu.

1. ..., encontraría lo que necesita.
2. ..., se iría de aquí.
3. ..., sabrías si entra o no en el coche.
4. ..., estoy seguro que regresaría.
5. ..., no te dolería la pierna.
6. ..., se pararía el autobús.
7. ..., se conformaría.
8. ..., disfrutarías más de la vida.

a. Si midieras la mesa
b. Si encontrara otro piso
c. Si él encontrase trabajo aquí
d. Si no estuvieras como una cabra
e. Si no te movieras tanto
f. Si buscara más
g. Si hubiese un restaurante por la carretera
h. Si al menos le pagaran los gastos del viaje

Die Reihenfolge Hauptsatz/Nebensatz spielt keine Rolle. Drehen Sie sie in wenigstens 6 der gefundenen Sätze um, z.B.

Si buscara más, encontraría lo que necesita.
Encontraría lo que necesita si buscara más.

5 Ergänzen Sie das Verb im Hauptsatz *(Condicional)* und achten Sie zum Gewöhnen wieder auf die Formen im Nebensatz.

1. (decir)	Si yo lo supiera, no lo ______.
2. (encontrar)	Si vinieras a Roma, ______ cabras como las pintas tú.
3. (olvidar)	Ella no ______ tantas cosas si estuviese más tranquila.
4. (tener)	Si fuerais más despacio, no ______ tantos accidentes.
5. (soportar)	Si él no dijera tantas tonterías, se le ______ mejor.
6. (tener)	Juan ______ más cuidado si supiera lo que ha costado.
7. (romper)	Si tuviera más cuidado, no ______ tantas cosas.
8. (gustar)	Me ______ ir al cine si hubiera una buena película.
9. (dar)	Si él quisiera trabajar allí, le ______ el puesto.
10. (poder)	Si trajeras la guitarra ______ cantar todos.
11. (tener)	El niño ______ más imaginación si no le dieras tantas cosas para jugar.
12. (tener)	______ menos discusiones si no te pusieras tan nervioso.
13. (salir)	Si hiciera mejor tiempo, nosotros ______ a dar una vuelta.
14. (gustar)	Si fuera posible me ______ verte mañana.
15. (volverse)	Yo ______ loco si siguiera todos tus consejos.
16. (dar)	Si a mí me pidieran tanto dinero por esto, no lo ______.

Ejercicios

6 Ergänzen Sie jeweils die fehlende Form.

1. (saber)	Si lo ______ te lo diría.
2. (encontrar)	Si buscara más lo ______.
3. (preguntar)	Si me lo ______ se lo diría.
4. (aprender)	Si pudiera, ______ a tocar la guitarra.
5. (gustar)	Me ______ que aprendieras a tocar la guitarra.
6. (encantar)	Me ______ que vinieras aquí.
7. (venir)	Si ______ aquí lo encontrarías todo como antes.
8. (alegrarse)	Si se llevaran por fin la basura nos ______ mucho.

7 Drücken Sie Wunschvorstellungen aus, z.B.:

(yo) tener más tiempo → *¡Si tuviera más tiempo...!*

1. (yo) saber lo que va a pasar
2. (yo) poder irme con vosotros
3. (él) no ser tan nervioso
4. (impersonal) haber una manera de conseguirlo
5. (impersonal) hacer mejor tiempo
6. salir el sol de una vez
7. (impersonal) no ser tan tarde
8. (impersonal) no ser hoy domingo
9. (tú) ir más despacio
10. (nosotros) ir más a visitarlos
11. (ellos) dar alguna vez las gracias
12. (tú) no ponerte siempre esos pantalones viejos
13. (vosotros) venir siempre a la hora
14. (tú) no decirme esas tonterías
15. (yo) no tener que hacer tantas cosas
16. (vosotros) poder ayudarme
17. (nosotros) pedirle el dinero
18. (tú) no cantar tan alto
19. (vosotros) tener un poco de dinero
20. (ella) tener más suerte

8 Sagen Sie, unter welchen Umständen Sie das alles machen könnten:

1. Me iría al extranjero a trabajar si ...
2. Me gustaría estudiar idiomas si ...
3. El fin de semana me gustaría ir a la playa si ...
4. Compraría una bicicleta si ...
5. Alquilaría un piso un poco más grande si ...
6. Me gustaría comprar un cuadro de ese pintor joven si ...
7. Me gustaría más ir a pie si ...
8. Yo no leería este libro si no ...
9. Yo no te pediría este favor si no ...
10. No te contaría estas cosas si no ...
11. Me conformaría con este trabajo si ...
12. No le echaría nada en cara si ...

Zur Übung können Sie die Sätze auch in den Plural setzen.

9 Sagen Sie, was Sie in folgenden Fällen machen würden.

1. Si mañana tuviera que levantarme tan temprano como tú, ...
2. Si empezara a llover, ...
3. Si saliera el tren antes de las ocho, ...

4. Si me invitaran a esa cena, ...
5. Si mi amigo me visitara la semana que viene, ...
6. Si mis amigos me ofrecieran su casa en verano, ...
7. Si yo pudiera hacer un viaje a Perú, ...
8. Si yo no supiera conducir (Auto fahren), ...
9. Si en el viaje perdiera mi pasaporte, ...
10. Si no se detuviera el tren en el pueblo, ...
11. Si mañana no fuera domingo, ...
12. Si no hubiera quedado con (mich verabredet) José mañana, ...
13. Si no hubiera trabajado tanto últimamente, ...
14. Si no hubiese podido alquilar esta habitación, ...
15. Si tuviera un rato libre hoy, ...
16. Si tuviera tan poco tiempo como tú, ...
17. Si no me lo hubiera jurado él, ...
18. Si no me lo hubiera dicho ella, ...
19. Si me decidiera a comprar un coche, ...
20. Si no me lo hubieras jurado, ...

10 Finden Sie passende Einleitungen für diese „als-ob-Sätze".

1. ... como si no supieran nada.
2. ... como si estuviera en su propia casa.
3. ... como si fuese la cosa más natural del mundo.
4. ... como si no se conocieran.
5. ... como si no tuviera tiempo.
6. ... como si esto fuera posible sin más.
7. ... como si esto no les interesara.
8. ... como si se estuviese muriendo de hambre.
9. ... como si yo le echara algo en cara.
10. ... como si le corriese mucha prisa.
11. ... como si estuviera harta de todo.
12. ... como si le faltara tiempo para hacerlo.
13. ... como si no hubiese pasado nada.
14. ... como si no se hubieran visto nunca antes.
15. ... como si se hubiesen divertido mucho.
16. ... como si se hubieran enfadado.
17. ... como si se hubiesen propuesto molestarnos (stören).
18. ... como si se hubieran levantado tardísimo.

11 Schreiben Sie 10 Dinge auf, die Sie tun würden, wenn ...

12 Schreiben Sie 10 Dinge auf, die Sie getan hätten, wenn ...

29 El tendero

El Antoni, segundo marido de Natalia, se ocupa mucho del hijo de ésta. Una noche, después de la cena, los dos tienen una conversación sobre lo que hará el muchacho cuando sea mayor. Natalia cuenta:

El Antoni dijo al chico que le gustaría saber si había pensado ya lo que quería ser de mayor, que a lo mejor, (como era estudioso y seguía bien los estudios), le gustaba hacer una carrera y que empezase a pensar la carrera que le gustaría hacer. Que se lo pensase con calma, que no le contestase enseguida, que tenía tiempo de sobra.

El chico le oía hablar con los ojos bajos, y cuando el Antoni acabó de hablar, dijo que no tenía que pensar nada porque ya había escogido hacía tiempo. Dijo que no tenía ganas de hacer una carrera, que lo que estudiaba lo hacía para saber algunas cosas que hay que saber, pero que él era práctico y que no quería moverse de casa y que todo lo que le pedía era que le dejase ser tendero como él porque, dijo, «usted cada día se hará más mayor y necesitará que le ayuden».

El Antoni le dijo, «tengo que advertirte una cosa: hacer de tendero es un trabajo para no morirse de hambre. Pero es un trabajo que luce poco.»

El chico, cuando no hablaba, tenía los labios apretados todo el rato y dos largas arrugas entre ceja y ceja: de tozudo. Y dijo que sabía muy bien lo que decía y lo que hacía y por qué lo decía y por qué lo hacía. Y lo dijo por lo menos dos veces y al final estalló, él que era tan calladito.

Y cuando íbamos a dormir, pasillo adelante, el Antoni iba diciendo sin parar «no me lo merezco, no me lo merezco...», pero todavía dijo que creía que el chico hacía un disparate y que para él habría sido también un orgullo verle médico o arquitecto...

Mercè Rodoreda (1909–): *La plaza del diamante* @

1. Die indirekte Rede

„Indirekte Rede“: erzählen, was jemand sagt, denkt, gesagt oder gedacht hat. In der deutschen Umgangssprache werden verschiedene Formen benützt, z. B. Der Junge sagt(e): er denkt nach / er denke nach / er dächte nach / er würde nachdenken / dass er nachdenken würde. Im Spanischen dagegen ein klares Schema:

	Dice / Ha dicho / Dirá / Diría	**Dijo** / Decía / Había dicho
«Tengo que pensarlo.»	que tiene que pensarlo.	que tenía que pensarlo.
«Lo he pensado.»	que lo ha pensado.	que lo había pensado.
«Lo pensé».	que lo pensó.	que lo había pensado/ que lo pensó.
«Lo pensaré.»	que lo pensará.	que lo pensaría.
«Lo pensaría.»	que lo pensaría.	que lo pensaría.
«¡Piénsalo!»	que (yo) lo piense. (ich solle nachdenken)	que lo pensase. (ich solle nachdenken)
«Quiero que lo pienses.»	que quiere que yo lo piense.	que quería que yo lo pensase.

a. Der einleitende Hauptsatz bestimmt mit seiner Zeit die Form, in der der Originalsatz wiedergegeben wird:
Nach „Gegenwart“ im weiteren Sinn *(dice, ha dicho, dirá, diría)* bleibt die Zeit des zitierten Satzes oder Gedankens unverändert. Nach Vergangenheit *(dijo, decía, había dicho, habría dicho)* kommt es zu Veränderungen:

Presente	wird	Imperfecto
Pretérito perfecto compuesto	wird	Pluscuamperfecto
Pretérito perfecto simple	wird	Pluscuamperfecto oder bleibt unverändert
Futuro	wird	Condicional
Condicional	bleibt	Condicional

b. Im Rahmen dieser Zeiten gilt:

Indikativ	bleibt	Indikativ
Subjuntivo	bleibt	Subjuntivo
Imperativ	wird	Subjuntivo

2. Sichtwechsel in der indirekten Rede

– **Te llamaré.**	Dice que **me llamará.**	In der indirekten Rede ergeben sich wie im Deutschen Sichtwechsel: die Person des Verbs, Richtung von Verben und Orts- und Zeitangaben usw. können sich ändern.
– **Iré** a tu casa.	Dice que **vendrá** a mi casa.	
– **Te llevaré** un libro.	Dice que **me traerá** un libro.	
– Me quedo **aquí.**	Dijo que se quedaba **allí.**	
– Te llamo **hoy.**	Dijo que me llamaría **el mismo día.**	
– Te llamé **ayer.**	Dijo que me había llamado **el día anterior.**	
– Te llamaré **mañana.**	Dijo que me llamaría **al día siguiente.**	

Ejercicios

1 Geben Sie wieder, was der Ladenbesitzer und der Junge sagen, gesagt haben usw.

1. El tendero: – Eres muy estudioso.

El tendero	dice ha dicho dirá diría	que (el chico) ______.

El tendero	decía dijo había dicho habría dicho	que (el chico) ______.

2. El tendero: – ¿Te gustaría ser de mayor arquitecto?

El tendero	pregunta ha preguntado preguntará preguntaría	al chico si ______.

El tendero	preguntaba preguntó había preguntado habría preguntado	al chico si ______.

3. El chico: – De mayor seré tendero.

El chico	dice ha dicho dirá diría	que ______.

El chico	decía dijo había dicho habría dicho	que ______.

4. El chico: – Ya lo he pensado con calma.

El chico	dice ha dicho dirá diría	que ______.

El chico	decía dijo había dicho habría dicho	que ______.

Ejercicios

5. El tendero: – Yo pensé que tú ibas a estudiar.

El tendero dice / ha dicho / dirá / diría > que él ______ que el chico______.

El tendero decía / dijo / había dicho / habría dicho > que él ______ que el chico______.

6. El tendero: – Yo había deseado para ti otra cosa.

El tendero dice / ha dicho / dirá / diría > que ______ para el chico otra cosa.

El tendero decía / dijo / había dicho / habría dicho > que ______ para el chico otra cosa.

7. El tendero: – ¡No me contestes ahora mismo, contéstame más tarde!

El tendero dice / ha dicho / dirá / diría > al chico que ______.

El tendero decía / dijo / había dicho / habría dicho > al chico que ______.

2 Geben Sie die folgenden Sätze wieder. Verwenden Sie als Einleitung jeweils eine der „Gegenwartszeiten“ *(dice, ha dicho, dirá, diría)* und eine der Vergangenheiten *(decía, dijo, había dicho, habría dicho)*, z.B.:

– Este chico es muy estudioso.
– *Dice que el chico es muy estudioso.*
– *Siempre decía que ese chico era muy estudioso.*

1. Sé de sobra lo que piensas.
2. No sabía que eras tan tozudo.
3. ¿Por qué eres tan calladito?
4. Tienes una suerte que no te mereces.
5. Lo que has decidido me parece un disparate.
6. Tómatelo con calma, no corre prisa.
7. Creo que sabes muy bien lo que haces y por qué lo haces...

8. Oye, ¿has pensado ya lo que quieres ser de mayor?
9. Piénsatelo con calma.

10. Yo quiero ser lo mismo que tú.
11. Yo no tengo ganas de perder el tiempo.
12. No me merezco una cosa así.
13. Yo sé muy bien lo que digo y lo que hago.
14. No pienso hacerlo.
15. Ayer escogimos el regalo.
16. Ayer no me moví de casa en todo el día.
17. El armario en el pasillo no lucía nada.
18. No sigas diciendo estas cosas.
19. Di algo, no sigas tan callado.

3 Lesen Sie die folgenden Sätze und sagen Sie, was die jeweilige Person selbst gesagt hat, z.B.:

Dijo que quería saberlo.
– *Quiero saberlo.*

1. Nos dijo que teníamos tiempo de sobra.
2. Nos dijo que se lo había pensado con calma.
3. Nos dijo que así no ganaríamos mucho dinero.
4. Nos dijo que nos ayudaría.
5. Nos dijo que le gustaría quedarse más tiempo.
6. Nos dijo que nos iba a escribir pronto.
7. Nos preguntó si conocíamos esa tienda.
8. Nos dijo que tomáramos pronto una decisión.
9. Nos dijo que pronto iba a tomar una decisión.
10. Nos pidió que contestáramos sus preguntas.
11. Nos dijo que contestaría nuestras preguntas.
12. Nos dijo que lo pensáramos muy bien.
13. Nos dijo que lo pensaría muy bien.

4 Schreiben Sie das Gespräch zwischen Antoni und dem Jungen als Dialog:
Antoni: – Me gustaría saber...
El chico: – ...

5 Sie rufen einen Freund an. Er ist nicht da, seine Schwester ist am Telefon. Sie lassen bestellen, dass Sie angerufen haben und dass er Sie anrufen soll, sobald er zurückkommt:

– Oye, dile que le he llamado y que me llame él cuando venga.

Überlegen Sie, was Sie bei anderen Anrufen bestellen lassen können, und unterscheiden Sie dabei wie im Beispiel Mitteilungen von Aufforderungen.

6 Zitieren Sie zu verschiedenen Zeitpunkten, was andere sagen, gesagt haben, sagen werden, sagen würden:

«¿Qué desean Vds.?»
1. La vendedora nos pregunta qué ...
2. La vendedora nos preguntó qué ...

«No volvería nunca a hacerlo.»
3. El chico ha contestado que ...
4. El chico contestó que ...

«No vuelvas a hacer una cosa así.»
5. Su madre le dice constantemente que ...
6. Su madre le dijo que ...

«El director no permitirá que hagamos esto.»

7. Pedro cree que ...
8. Pedro creía que ...

«Te lo he mandado ya por correo.»

9. Me aseguró (versichern) que ...
10. Me ha asegurado que ...

«Yo no me había dado cuenta de nada.»

11. El dice que ...
12. El dijo que ...

7 Erzählen Sie *am nächsten Tag*, was jemand zu Ihnen gesagt oder Sie gefragt hat, z.B.:

– ¿Están tus padres en casa por la tarde?
– Me preguntó si mis padres estaban en casa por la tarde.

1. Tengo que ir al médico.
2. No puedo esperar más.
3. Me duele la cabeza.
4. Estoy muy contento de vivir aquí.
5. Me gusta mucho tocar el piano.
6. Tengo ganas de volver a verte.
7. Me he roto la pierna jugando al fútbol.
8. Estoy estudiando mucho para el examen.
9. Estoy cansado de esperar.
10. ¿Qué te parece a ti esto?
11. ¿Quieres venir (!) mañana a cenar a casa?
12. ¿Quieres venir (!) conmigo al cine esta noche?

13. ¡Contéstame pronto!
14. Llámame esta noche.
15. Préstame cinco mil pesetas.
16. Espérame a la salida.
17. Cuéntame lo que has hecho.
18. Abreme el garaje.
19. Llama a la tienda.
20. Escoge el regalo que más te guste.

21. ¡Contestadme pronto!
22. Llamadme esta noche.
23. Prestadme cinco mil pesetas.
24. Esperadme a la salida.
25. Contadme lo que habéis hecho.
26. Abridme el garaje.
27. Llamad a la tienda.
28. Escoged el regalo que más os guste.
29. Informaos en la agencia de viajes.
30. Decidíos pronto, por favor.

8 Erzählen Sie *nach einer Woche*, was Sie dachten, glaubten usw., z.B.:

No creo que una cosa así sea posible.
No creía/creí que una cosa así fuera posible.

1. No quiero que se enfade conmigo.
2. La verdad, no espero que me ayude en nada.
3. Es mejor que no salgáis tan temprano.
4. Es posible que mis padres lleguen tarde.
5. Es probable que cierren a la una.
6. Necesito un piso que sea más grande.
7. Busco a alguien que quiera hacer este viaje conmigo.
8. Lo quiero hacer sin que se dé cuenta mi padre.

9 Schreiben Sie einige Dinge über den Jungen, wie er ist, was er denkt usw.

10 Sie sind eine Woche allein im Haus einer Freundin. Sie notieren die Telefonanrufe und erzählen ihr später, wer angerufen hat:

– *Llamó tu hermano. Dijo que …*

1. Tu hermano
Nada urgente. Sólo para hablar contigo. Llamará la semana que viene.

2. De la tienda de televisores
Ya tienen el vídeo que te interesa. Puedes pasar cuando quieras a verlo.

3. Antonio
Para despedirse. Estará en Estados Unidos hasta septiembre. Escribirá cuando sepa la dirección exacta.

4. Pepe
No puede venir el fin de semana próximo, como ha escrito. Está enfermo. Volverá a llamar otra vez, o que lo llames tú.

5. Sara
Quiere preguntarte algo. Que la llames lo antes posible (so bald wie möglich).

6. Tu madre
Saber cuándo vuelves. Vendrá a lo mejor a verte. Tiene que venir aquí de todas maneras, para ir al médico.

7. Juan Agulló
Invitarte a una fiesta. Te escribirá día y hora. Muchos saludos.

Spielen Sie gemeinsam
a) die Telefongespräche
b) die Gespräche bei der Rückkehr der Freundin, die noch ein bisschen mehr wissen möchte.

11 Zwei Personen sind im Hotel. Eine bittet die andere, die Rezeption anzurufen und um etwas zu bitten.

– Oye, que nos suban el desayuno a la habitación.
– *(llama:) Por favor, ¿podrían subirnos el desayuno?*

1. Oye, que arreglen la ducha.
2. Mira, que pongan toallas (Handtücher) limpias.
3. Oye, que nos despierten mañana a las 7.
4. Diles que hagan la habitación ahora.
5. Que nos den otra habitación más tranquila.
6. Oye, diles que nos preparen la cuenta ya.

12 Ergänzen Sie die fehlenden Wörter. Spielen Sie dann das Gespräch und variieren Sie es.

● ¿Estuviste ya en la RENFE (Bahn) ______ preguntar lo de los trenes que van ______ Madrid?
▲ Sí, y me ______ que no había problema, que había varios, que a las 8 de la mañana había uno, a las 11 y a las 3 salía el Talgo, y ______ la noche también había dos Talgos. Me dijeron que con el Talgo costaba unas 6.500 pesetas, pero claro, el Talgo es más rápido, tarda ______. Me dijeron que tardaba unas 7 horas …
● Claro, entonces ______ de verdad mucho más barato que ______ en avión. Yo pregunté ayer en la agencia de viajes que ______ al lado de mi casa, y me ______ que costaba 14.900 pesetas. Ahora, eso sí, hay prácticamente ______ hora un vuelo del Puente Aéreo.

Ejercicios

13 Erzählen Sie auf Spanisch:

Gestern traf ich auf der Straße Fernando, den Jungen aus meiner Klasse, der nach Murcia gezogen ist (irse a vivir). Er sagte, er erinnert sich viel an uns, und dass Murcia ihm überhaupt nicht gefällt. Er sagte mir auch, dass seine Schwester geheiratet hat und dass sie nicht mehr bei ihnen wohnt. Dann sagte er, dass er, sobald er die Schule beendet, ein Jahr in England verbringen will, aber dass er dann wieder hierher nach Sevilla zurückkommen wird, ohne seine Eltern, um auf der Universität zu studieren.

14 Sie bekommen folgenden kurzen Brief. Erzählen Sie gleich einer Freundin vom Inhalt: *Pues escribe que ..., que ...*
Ihr Partner unterstützt Sie beim Erzählen: *¿Qué escribe? ¿Qué más escribe?*

Hola, ¿cómo estás? He pasado por tu casa porque quería hablar contigo, pero no estabas. Ahora, este fin de semana, me voy a ir a Burgos con Elena y Mercedes, pero el lunes o martes podríamos vernos, ¿qué te parece? Me gustaría mucho que pudiéramos cenar todos juntos. Llámame el lunes por la mañana, si quieres. Y no te olvides de que me hace falta otra vez el libro que te dejé. ¿Por qué no viniste el otro día (neulich)? Todos preguntaron por ti.

Hasta pronto, y que pases bien el fin de semana. Ten cuidado con el coche, habrá un tráfico loco.

Un abrazo,

Pepa

Erzählen Sie eine Woche später nur die wichtigsten Punkte des Inhalts:
Pues escribió que ..., que ...
Wieder unterstützt Sie Ihr Partner/Ihre Partnerin beim Erzählen: *¿Qué dices que escribió? ¿Qué más escribió?*

30 Culturas, encuentros, contrastes

Inscripción árabe y hebrea en la tumba de San Fernando, rey de Castilla 1217–1252 (Catedral de Sevilla)

Moros, judíos y cristianos

La singularidad de España deriva del hecho de que es la única nación de Occidente donde tres creencias y tres culturas distintas, la cristiana, la judía y la islámica, se fertilizaron mutuamente durante más de nueve siglos.

Los judíos se integraron a la cultura árabe de Al Andalús, donde se convirtieron en maestros de la lengua árabe, en ministros, embajadores, doctores y aun en visires del Califato.

A través de la España musulmana, las bóvedas de la arquitectura morisca fueron introducidas en Europa, donde habrían de convertirse en uno de los elementos característicos de la arquitectura gótica. La música oriental fue transformada en música coral, con un ritmo y una armonía que luego serían recogidos por los trovadores y *minnesingers* del Occidente europeo.

Los árabes volvieron a introducir la filosofía griega en Europa, a través de España. Los textos clásicos habían sido traducidos al árabe durante el Califato de Bagdad; la Escuela de traductores de Toledo los extendió por Occidente.

La España islámica significó ciencia, medicina, matemáticas y astronomía, irradiadas desde Al Andalús hacia la España gótica y más allá de los Pirineos.

Carlos Fuentes (1928–): *Cervantes o la crítica de la lectura* @

Unión de tradiciones

En las primeras poesías escritas en Sudamérica después del descubrimiento, el elemento indígena tuvo ya gran importancia, y esta tradición ha sido conservada.

La poesía popular de muchos países hispanohablantes ha continuado la poesía medieval castellana. Sin embargo, junto a esta herencia encontramos ingredientes de algo que no puede ser reconocido como español, gotas de una sustancia que es ajena al carácter europeo, y que está presente en la mentalidad hispanoamericana.

Los poemas indios que se han conservado y traducido son extraños y emocionantes... Uno de ellos, *Madre Mía*, nos proporciona una imagen de la mentalidad inca.

Madre mía, cuando yo muera entiérrame
aquí, donde vivimos,
y cuando hagas tortillas
llora por mí, madre.
Si alguien llega y pregunta:
Señora, por qué llora,
contéstale: Porque la leña está húmeda
y el humo hace estas lágrimas.

Bertil Malmberg: *La América hispanohablante* ⓐ

1. Das Passiv

El texto	va a **ser traducido.** **ha sido traducido.**	wird übersetzt werden ist übersetzt worden

Das Passiv wird im Spanischen mit *ser* + *Partizip* gebildet (deutsch: werden + Partizip). Das Partizip ist veränderlich: **Los textos** son traducid**os.**

La poesía ha sido traducida **por un poeta** español.	Die handelnde Person wird mit *por* angegeben.

2. Umschreibungen des Passivs

Las casas **han sido vendidas.** Las casas **se han vendido.** **Han vendido** las casas.	In gesprochener Sprache wird das Passiv wenig gebraucht. Umschreibung mit *se* (L 15) oder mit der anonymen 3. Person Plural.

3. estar + Partizip

Unterscheiden Sie:

Esta poesía **va a ser publicada.**	wird veröffentlicht werden.	*ser* + *Partizip:* Handlung im Passiv.
Esta poesía **ya está publicada.**	ist veröffentlicht	*estar* + *Partizip:* Ergebnis der Handlung.

4. más de + número

más de ocho siglos	mehr als 8 Jahrhunderte	Vor Zahlen: *más de*
nada más que 3 días	nur 3 Tage	„nur“: *no más que*

Ejercicios

1 Lesen Sie zur Gewöhnung an die neuen Formen (Passiv) die Sätze und wandeln Sie sie in sprechübliche Sätze um. Beispiel:

El proyecto fue discutido en el Congreso.
El proyecto se discutió en el Congreso.

1. Dalí ha sido enterrado en su museo de Figueras.
2. «La plaza del diamante» ha sido traducida a varios idiomas.
3. La importancia de este político ha sido reconocida internacionalmente.
4. El castillo fue edificado en el siglo XIX.
5. La novela será publicada en agosto.
6. Todos los empleados de la casa han sido invitados a la fiesta.
7. Me parece que estas cuentas no han sido pagadas todavía.
8. Los periodistas han sido informados por la policía.
9. La cuenta no será pagada por mí.
10. Los embajadores fueron saludados por el presidente.
11. La política del primer ministro es apoyada por todos.

2 Lesen Sie weitere Sätze im Passiv und wandeln Sie sie in sprechübliche Sätze um. Beispiel:

El proyecto fue discutido en el Congreso.
El Congreso discutió el proyecto.

1. El regalo ha sido pagado entre todos.
2. La exposición ha sido visitada por una multitud de gente.
3. Los cuatro hombres fueron detenidos por la policía.
4. El caso fue estudiado por varios médicos.
5. La cena será ofrecida por el embajador.
6. El edificio fue rodeado por la policía.
7. La poesía fue traducida por un poeta desconocido.

3 Lesen Sie weitere Sätze im Passiv und wandeln Sie sie in sprechübliche Sätze um. Beispiel:

El proyecto fue discutido en el Congreso.
Discutieron el proyecto en el Congreso.

1. Ha sido construida una nueva carretera.
2. En Belo Claudia han sido descubiertas más ruinas.
3. Estas tradiciones han sido conservadas en la región.
4. El coche fue robado por la noche.
5. El apartamento que está al lado del nuestro ha sido vendido.
6. El enfermo ha sido operado esta mañana.
7. Según parece, la gente no ha sido informada a tiempo.

Ejercicios

4 Drücken Sie die folgenden Inhalte frei auf Spanisch aus:

- unpersönlich mit *se* (mündlich und schriftlich)
- unpersönlich anonym: „Sie (= irgendwelche Leute)…“ (umgangssprachlich)
- als aktive Handlung: Er hat etwas getan. (nicht: Von ihm ist etwas gemacht worden…)
- und, wenn Sie wollen, im Passiv (schriftlich, formell, amtlich).

1. Sein Auto ist gestohlen worden.
2. Er ist von der Polizei gesucht worden.
3. Er ist am Bahnhof abgeholt worden. (ir a buscar)
4. Ich glaube, die Suppe ist vergessen worden.
5. Camilo José Cela ist viel übersetzt worden.
6. Ich werde hier sehr gut behandelt (tratar).
7. Diese modernen Möbel werden viel verkauft.
8. Russisch wird hier ziemlich viel gelernt.
9. Ich bin in meiner Arbeit sehr unterstützt worden.
10. Die Lampe ist schon im anderen Zimmer aufgehängt worden.
11. Die Tür wurde geöffnet.
12. In unserer Straße wurde ein neues Geschäft eröffnet.
13. Das Fleisch wird eine Stunde gekocht.
14. Die Kartoffeln werden in Stücke geschnitten (cortar en trozos).
15. Der Nachtisch wird schon am Tag vorher vorbereitet.
16. Der Kurs wird heute beendet.

Test 7

1

Setzen Sie die Verben in die entsprechende Form (einschließlich zusammengesetzter Zeiten!).

1. (ser) Lo hizo como si ______ lo más normal del mundo.
2. (estar) Parece como si él ______ muy cansado.
3. (decir) Si me lo ______ antes hubiera venido.
4. (venir) Si ______ a comer más tarde, llámame por teléfono.
5. (encontrar) Si yo ______ una cosa parecida me gustaría comprármela.
6. (saber) Lo dijo como si no ______ nada.
7. (agradecer) Si pudieras esperar un poco te lo ______ .
8. (poder) Si estuviera la tienda abierta todavía ______ encargarlo ya.
9. (tomar) Si ______ la primera calle a mano derecha sales directamente a la plaza.
10. (comer) Se lo comió como si no ______ nunca una cosa así.
11. (querer) Si ______ que te diga la verdad: no he entendido nada.
12. (hacer) Si me ______ caso no te habrías perdido.
13. (saber) Si lo ______ hubiera venido antes.
14. (tener) Contestó como si no ______ ganas de venir con nosotros.
15. (mandar) Si lo ______ esta tarde seguro que llega mañana.

2

Wiederholen Sie, was andere (oder Sie selbst) gesagt haben:

1. – Yo no *sé* qué hacer en esta situación.
   Le he dicho que yo no ______ qué hacer en esta situación.

2. – Yo no *quiero* estudiar, a mí me *interesa* más bien una cosa práctica.
   El chico dijo que él no ______ estudiar, sino que a él le ______ más bien una cosa práctica.

3. – Si a mí me *ofrecen* un puesto en otra ciudad, *digo* que sí y me *voy*, aunque a mi familia no le *guste*.
   Dijo que si a él le ______ un puesto en otra ciudad, ______ que sí y se ______, aunque a su familia no le ______.

4. – *Ayúdame* un momento con las maletas, *son* tan pesadas que yo solo no *puedo* con ellas...
   Me dijo/pidió que le ______ un momento con las maletas, que ______ tan pesadas que él solo no ______ con ellas.

5. – Si quieres, te *vienes* a mi casa y te *quedas* el tiempo que *quieras*.
   Me ofreció que ______ a su casa y me ______ allí el tiempo que ______.

6. – Me *encantaría* comer con vosotros, pero no me *esperéis* con la comida, porque no *sé* a qué hora *podré* llegar.
   Les dije que me ______ comer con ellos, pero que no me ______ con la comida porque yo no ______ a qué hora ______ llegar.

7. – *Explícame* por qué *escribiste* una carta así.
Me pidió que le ______ por qué ______ una carta así.

8. – ¿Qué *vas* a hacer ahora? ¿Te *quedas* aquí unos días más o te *vas* ya?
Me preguntó qué ______ a hacer y si me ______ unos días más o me ______ ya.

3 Drücken Sie frei auf Spanisch aus:

1. Morgen sind wir eingeladen.
2. Das Haus gegenüber ist in diesem Sommer verkauft worden.
3. Ist die Rechnung schon bezahlt?
4. Das neue Projekt wird von vielen kritisiert.
5. Bist du über alles informiert?
6. Die neue U-Bahn (el Metro) wird nächstes Jahr gebaut.
7. Mir ist das Auto gestohlen worden.
8. Ich hoffe, dass ich abgeholt werde.
9. Um wie viel Uhr werden hier die Geschäfte geöffnet?
10. Wie lange wird das Fleisch gekocht?

4 Drücken Sie auf Spanisch aus:

Ich habe heute mit José gesprochen. Er sagt, er sei zufrieden mit seiner Arbeit, aber wenn bei uns (in unserer Firma) jemand gesucht wird, solle ich es ihm sagen. Ich habe ihm gesagt, er soll sich keine Sorgen machen, ich werde es ihm sagen. Er hat auch erzählt, dass es seinem Bruder gut geht und dass er noch in Barcelona sei, aber dass er gern wieder hierher zurückkommen würde…

Comprensión auditiva

Vocabulario por lecciones

Vocabulario alfabético

Comprensión auditiva

Fragen zu den Hörverständnisübungen

Lección 4

Über das Spanische

El español o castellano

1 En Andalucía hablan sólo castellano.
2 En España hablan castellano y otras lenguas.
3 No sólo los españoles hablan castellano.
4 En América Central se habla portugués.
5 El guaraní es la lengua original de Paraguay.
6 En Brasil se habla portugués.

Eine Andalusierin in Galicien

Una andaluza que vive en Galicia

1 Le gusta Galicia.
2 Le encantan las playas.
3 Ella no es de Galicia.
4 Le gusta mucho el clima húmedo.
5 Se entiende bien con los gallegos.
6 Habla un poco el gallego.

Lección 5

Sie hören zwei Nachrichten auf dem Anrufbeantworter.

Vd. escucha dos mensajes en el contestador automático.

1 Elena quiere ir al cine con Vd.
2 Va a la clase hoy.
3 Quiere llamarle más tarde.
4 Ya tienen la pieza de recambio.
5 El técnico quiere venir por la tarde.
6 Si Vd. no quiere, tiene que llamar.

Lección 6

Sie hören, was ein junger Mann bei einer Umfrage antwortet.

Vd. escucha lo que un joven contesta en una encuesta.

1 La Navidad no le hace sentir mucho.
2 Le gustan las fiestas de Navidad.
3 En fin de año hacen una fiesta en casa.
4 Después, salen con los amigos.

Lección 7

Sie fragen einen Freund, wie es ihm geht.

Vd. le pregunta a un amigo qué tal está.

1 Ha estado en Andalucía.
2 Ha ido a diferentes ciudades.
3 Ha ido sólo por la costa.
4 También ha ido a Granada.
5 No todo les ha gustado.
6 Ha hecho calor.

Lección 8

Sie fragen jemand nach Ihrer gemeinsamen Freundin Inés.

Vd. pregunta a alguien por una amiga común, Inés.

1 La amiga que habla ha vuelto de las vacaciones.
2 Todavía no ha hablado con Inés.
3 No sabe si Inés ha vuelto.
4 Inés no está mucho en casa.
5 Quiere llamarla otra vez.

Lección 9

Ernesto Sábato, bekannter Schriftsteller und Argentinier wie Julio Cortázar, geboren in Rojas, spricht über diesen Ort.

Ernesto Sábato, escritor famoso y argentino como Julio Cortázar, nacido en Rojas, dice algunas cosas de este pueblo.

1 A Argentina siempre han venido emigrantes.
2 En Rojas vive gente venida de muchos otros países.
3 Sábato cuenta lo que piensan muchos argentinos cuando llegan por primera vez a Italia.
4 Rojas no está en la Pampa.

5 Sábato se acuerda siempre de la Pampa.
6 No siente nostalgia de Buenos Aires.

Sie fragen einen Freund nach einem Video.

Vd. le pregunta a un amigo por un vídeo.

1 De momento no tiene el vídeo.
2 A él le interesa el vídeo.
3 Por la tarde quiere hablar con Juan.
4 Vd. misma puede llamar a Juan, si quiere.
5 Juan ya no vive en la misma casa.
6 Juan tiene un nuevo número de teléfono.

Lección 10

Es spricht Miguel Delibes. (Aus einem Interview)

Habla Miguel Delibes.

1 Delibes siente más simpatía con los débiles que con los fuertes.
2 Como escritor no puede cambiar el mundo.
3 Pero de algo puede servir lo que escribe.
4 El se siente como un revolucionario.
5 Vivir una guerra es, para él, una experiencia importante.
6 Quien ha vivido la guerra civil no la puede olvidar nunca.

Lección 11

Sie wollen eine Frau besuchen. Der Sohn macht die Tür auf.

Vd. va a ver a una señora a su casa. El hijo le abre la puerta.

1 La señora no está en casa.
2 Ha salido por la mañana.
3 Vd. puede esperarla.
4 Van a venir otras personas de la familia.

Lección 12

Sie treffen einen Freund und fragen ihn, wie es ihm geht.

Vd. se encuentra a un amigo y le pregunta qué tal le va.

1 Su amigo no hace nada en especial.
2 Se está preparando para unos exámenes.
3 Sus padres no están de momento.
4 El está con sus abuelos.
5 Dice algo de su hermano menor.
6 Su hermano mayor está poco en casa.

Lección 13

Sie hören im Zug ein Gespräch zwischen einem spanischen und einem deutschen Mädchen. Das deutsche Mädchen fährt mit gemischten Gefühlen als au pair nach Valencia. Sie hören, was die Spanierin sagt.

Vd. oye en el tren una conversación entre una chica española y una alemana. La alemana va de «au pair» a Valencia y no está muy segura... A ver lo que dice la chica española.

1 La española cree que a la alemana le va a gustar.
2 Las comidas serán las acostumbradas.
3 Valencia es una ciudad aburrida.
4 En primavera hay una fiesta especial allí.
5 Es fácil tener contacto con la gente en Valencia.
6 La alemana estará contenta si tiene suerte con la familia.

Lección 14

Ein Freund hat einen Skiunfall gehabt und sich einen Arm gebrochen. Sie fragen ihn, wie es ihm geht.

Un amigo ha tenido un accidente esquiando y se ha roto un brazo. Vd. le pregunta cómo está.

1 El amigo tiene dolores.
2 El médico le ha dicho lo que debería hacer.
3 Después tendría menos dolores.
4 Debería operarse dos veces.
5 Dice que tiene miedo.

Lección 15

Camilo José Cela antwortet auf Fragen zur Person.

Camilo José Cela contesta a unas preguntas sobre su persona.

1 Cela nació en Galicia.
2 Sus padres y abuelos también son de Galicia.

3 Tiene más de un metro ochenta.
4 Tiene los ojos verdes.
5 Pesa más de cien kilos.

Aus einem Interview mit Rosario Conde, der ersten Frau von Camilo José Cela.

Habla Rosario Conde, primera esposa de Camilo José Cela.

1 Cela pesa tanto porque está enfermo.
2 A Cela le gusta comer bien.
3 Ultimamente ya no pesa tanto.
4 Le han operado.
5 Le gusta la comida gallega.
6 No le gusta la cocina vasca.
7 No le gusta nada la «cocina nueva».

Lección 16

Sie haben in einem Hotel einen Schlafanzug und Hausschuhe vergessen. Sie rufen an und fragen, ob man sie gefunden hat. Der Portier antwortet.

Vd. se ha dejado en un hotel un pijama y unas zapatillas, y llama para preguntar si lo han encontrado. Le contesta el conserje.

1 El conserje no sabe nada de sus cosas.
2 Normalmente, las camareras bajan las cosas olvidadas en las habitaciones.
3 Va a hablar con el conserje que viene después.
4 Si encuentran las cosas se las mandarán.
5 Ya no tienen su dirección.
6 Le pide su dirección.

Lección 17

Ein Freund hat sich in Barcelona über die Zug- und Flugverbindungen nach Madrid informiert.

Un amigo suyo se ha informado de los trenes y aviones que hay de Barcelona a Madrid.

1 Su amigo fue a una agencia de viajes.
2 Le informaron de los trenes.
3 Hay unos 10 trenes al día.
4 En el Talgo, el viaje es más corto.
5 El de las 3 llega muy tarde por la noche.
6 Hay muchos vuelos de Barcelona a Madrid.
7 Su amigo se ha decidido a tomar el avión.

Lección 18

In einem Interview erzählt Matilde Urrutia, die Frau von Pablo Neruda, die letzten Augenblicke seines Lebens und spricht von der Bedeutung, die für ihn der Putsch des Generals Pinochet hatte, der die Regierung Allende stürzte und die Diktatur in Chile einsetzte.

En una conversación con un periodista, Matilde Urrutia, la esposa de Pablo Neruda, cuenta los últimos momentos de la vida de éste y habla sobre la importancia que tuvo para él el golpe militar del general Pinochet que acabó con el gobierno de Salvador Allende e implantó la dictadura en Chile.

1 Ocurrió lo que le dijeron a Matilde los médicos.
2 Neruda no se murió de cáncer.
3 Después del golpe militar se puso peor.
4 En la televisión vieron algo del golpe.
5 Poco después le entró una fiebre.
6 Aquella noche, Neruda no quiso dormir.
7 Se durmió y se murió.

Lección 19

Camilo José Cela spricht von Preisen und von der politischen Gegenwart Spaniens.

Habla Camilo José Cela de premios y de la actualidad política española.

1 A Cela le han dado muchos premios.
2 Dice que nunca ha sido «miss Europa».
3 De niño le gustaban los carteros.
4 Admiraba a los revisores de los trenes.
5 Hizo algo importante por la democracia.
6 Se presentó como candidato de un partido político.
7 Dice que el rey y algunos políticos tienen mejor edad que él para la vida política.
8 Le parece bien cómo está funcionando la democracia.

Ein Freund hat seine Arbeit aufgegeben, kurz nachdem er sie angefangen hatte. Sie fragen ihn, warum.

Un amigo ha dejado su trabajo poco tiempo después de haberlo empezado. Vd. le pregunta por qué.

1 Había algo que no le gustaba.
2 Creía que no le darían el puesto al final.

3 Creía que le darían el puesto a otro chico.
4 También lo ha dejado porque es orgulloso...

Lección 20

Jorge Luis Borges erzählt von seinen Studien und seiner Arbeit.

Habla Jorge Luis Borges de sus estudios y de su trabajo.

1 Lo más hermoso, para Borges, son los libros y las lenguas.
2 Aprendió el alemán de joven, con un profesor.
3 Leyó a grandes escritores alemanes.
4 Para él, el trabajo del poeta no tiene horas fijas.
5 A veces «escribió» incluso durmiendo, soñando.
6 Una vez se despertó recordando una poesía completa que había soñado.

Sie fragen Ihre Freunde, wie es gestern in einem Konzert war.

Vd. pregunta qué tal lo pasaron anoche sus amigos en un concierto.

1 Era un poco difícil conseguir entradas.
2 Al fin una señora les regaló unas entradas.
3 Estuvieron sentados en un sitio bastante bueno.
4 El concierto les gustó.
5 Después del concierto se encontraron con unos amigos.
6 Fueron a casa con ellos, en autobús.

Lección 21

Eine Freundin, die als Babysitter arbeitet, erzählt, wie es ihr dabei geht.

Una amiga suya que trabaja en una casa cuidando niños le cuenta cómo le va.

1 Su amiga se queja de lo que le pagan.
2 Con los niños no tiene problemas.
3 A la madre no la soporta.
4 Su amiga no puede llamar por teléfono.
5 Le pueden llamar a ella.
6 No debe abrir la puerta.
7 Puede ver la televisión sólo cuando los niños duermen.
8 Habla siempre con un chico simpático de al lado.
9 Juega con los niños antes de llevarlos a la cama.
10 La señora es bastante puntual.
11 La chica pierde a veces el último autobús.
12 La señora le paga a veces el taxi.
13 La chica está buscando otra cosa.

Lección 22

Gestern Abend, bei einem Abendessen mit einigen Freunden, verkrachten sich zwei gewaltig. Heute rufen Sie einen anderen Freund an, um über den Streit zu reden und zu sehen, was man machen könnte.

Anoche, durante la cena con unos cuantos amigos, dos de ellos acabaron enfadándose muchísimo. Hoy, Vd. llama a otro de ellos para comentar la discusión y ver qué se podría hacer.

1 Tu amigo dice que se enfadaron por poca cosa.
2 De momento, lo mejor será hablar con uno de ellos.
3 No hay que dar mucha importancia al asunto.
4 Seguirán mucho tiempo enfadados.
5 Es mejor no meterse en esos asuntos personales.
6 Si te metes tú, no se enfadarán contigo.
7 Tu amigo está contento de que se lo hayas dicho.

Lección 23

Ein Freund, der in Ihrer Stadt studieren will, ruft Sie an.

Le llama por teléfono un amigo que quiere estudiar en la ciudad en que vive Vd.

1 Su amigo necesita un piso para varias personas.
2 Todavía no han intentado encontrar un piso.
3 Le pide que les ayude.
4 No dice exactamente cuántas habitaciones quieren.

5 Es importante que esté en el centro o cerca.
6 Los amigos pueden dar algún dinero de fianza.
7 Quiere que sea una casa antigua.
8 Buscan el piso para cuatro amigos y un perro.

Wir hören einen Teil eines Interviews mit Vargas Llosa.

Vamos a oír parte de una entrevista con Vargas Llosa.

1 Vargas Llosa se interesaba ya de chico por la literatura.
2 Esto le gustaba a su padre.
3 Los alumnos del Leoncio Prado hacían el servicio militar después de terminar el colegio.
4 Había en el colegio chicos de diferentes clases sociales.
5 Los chicos de familia rica querían prepararse para una carrera militar.
6 Los chicos eran de diferentes partes del país.
7 A Vargas Llosa no le gustó estar en el Leoncio Prado.
8 El peruano no suele hablar mucho.
9 En el peruano hay algo de la mentalidad de los incas.
10 Los indios peruanos dicen las cosas directamente.
11 Para un peruano pueden ser un choque las preguntas directas.

Lección 24

Carlos Fuentes spricht über den Sinn der mexikanischen Revolution.

Carlos Fuentes habla sobre el sentido de la Revolución mexicana.

1 Por la Revolución se encontraron personas de diferentes regiones de México.
2 Cada grupo traía sus características propias.
3 A la gente de Zapata le fascinaron los espejos.
4 Se descubrían a sí mismos.
5 Del «yo» y del «tú» llegaron al «nosotros».
6 El sentido del «nosotros» se ha perdido en los mexicanos.

Lección 25

Hören Sie im Radio ein paar Werbespots.

Escuche en la radio algunos anuncios de publicidad.

1 En supermercados Alfa tienen muebles de jardín.
2 Son supermercados que se encuentran en Andalucía.
3 Es fácil ir en coche y aparcar.
4 En Galerías Inglesas tienen todo para el colegio.
5 Para los «peques», los pequeños, tienen regalos.
6 Pronto saldrá la nueva colección de modas.
7 De momento tienen precios especiales «pre-otoño».

Lección 26

Ein Freund weiß, dass Sie dringend Arbeit suchen. Er liest schon am Telefon Zeitungsanzeigen vor.

Un amigo sabe que está Vd. buscando urgentemente un trabajo. Hablando por teléfono, le lee unos anuncios de periódico.

1 Para ese trabajo hay que ser joven.
2 No es un trabajo fácil, pero bien pagado.
3 Si le interesa, tiene que mandar una foto.
4 Hay que escribir a Madrid.
5 Puede pedir información por teléfono.
6 Su amigo cree que este trabajo será interesante.
7 En otro anuncio buscan a personas con imaginación.
8 Hay que tener por lo menos 18 años.
9 Para ese trabajo, habrá que viajar bastante.
10 Hay que saber tanto inglés como francés.
11 Piden un «curriculum vitae».
12 También puedes llamar por teléfono para hablar con un señor Soria.
13 Uno de los números es: 234 589.
14 Su amigo dice que este anuncia informa mejor que el otro.

Hören Sie Ratschläge des Journalisten Josep Marqués, um jeden Monat mit dem Geld auszukommen.

Escuche algunos consejos del periodista Josep Marqués para arreglárselas bien cada mes con el dinero.

1 Primero hay que tener en cuenta los gastos fijos.
2 Josep Marqués recomienda ahorrar algo, aunque sea muy poco.
3 Luego, hacer 4 partes.
4 La tranquilidad está en no gastar lo mismo cada semana.
5 Recomienda evitar que haya días sin dinero.
6 Si pides dinero, devuélvelo lo más pronto posible.

Lección 27

Aus einem Interview mit Juan Rulfo.

Habla Juan Rulfo en una entrevista.

1 Rulfo escribió su primera novela sobre la ciudad de México.
2 Dice él que era mala.
3 Se la publicaron unos republicanos españoles en México.
4 Durante algún tiempo, vendía neumáticos para coches.
5 Su libro «Pedro Páramo» se ha vendido mucho.
6 Se ha publicado sólo en castellano.
7 El éxito de Rulfo se basa en 5 ó 6 libros.

Lección 28

Hören Sie ein Gespräch zwischen Camilo José Cela und Pablo Picasso. (Cela besucht Picasso in Südfrankreich).

Escuche una conversación entre Camilo José Cela y Pablo Picasso.

1 Cela viene de Mallorca.
2 Picasso se acuerda mucho de Américo Castro, un famoso profesor.
3 Picasso pinta y hace muchas cosas más.
4 Cela le trae de regalo una botella de España.
5 Cela dice que no tuvo dificultad en pasar con la botella de España a Francia.
6 Picasso dice que es muy agradable ser conocido.
7 Se baña mucho en el mar.
8 Cela quiere llevarse la botella (pero sin el anís).

Lección 29

Einige Einwohner von Barcelona wurden gebeten, von ihrem Lieblingsort in Barcelona zu sprechen.

A un grupo de barceloneses se les ha pedido que hablen de su lugar preferido en Barcelona.

1 Pascual Maragall prefiere el Montjuich, sobre todo, un pequeño palacio con jardines.
2 Dice que ya no hay paraísos.
3 Desde el Montjuich se ve toda Barcelona y el mar.

4 Bibi Salisachs habla de un parque donde jugaba de niña.
5 Ahora vive cerca de ese parque.
6 El parque ha cambiado bastante.

7 A Marta Ferrusola le gusta mucho el Barrio Gótico.
8 De joven, ella trabajaba con su padre.
9 Quedan algunas tiendas de aquella época.
10 Los bonbones ya no le gustan.

11 A Angel Casas, de niño, le gustaba subir al Tibidabo.
12 El Tibidabo no ha cambiado desde entonces.
13 Le sigue gustando mucho el Tibidabo.

14 El diseñador Toni Miró prefiere la Plaza Real.
15 Es un lugar vivo, pero tranquilo.
16 Suele haber música.
17 Las Ramblas le gustan todavía más.

Lección 30

Hören Sie, was Arturo Uslar Pietri, ein venezolanischer Schriftsteller und Politiker, von der amerikanischen Welt und einigen charakteristischen Merkmalen der lateinamerikanischen Literatur sagt.

Escuche Vd. lo que dice Arturo Uslar Pietri, escritor y político venezolano, hablando del mundo americano y de algunas características de la literatura latinoamericana.

1 La literatura latinoamericana tiene hoy día más importancia que hace cien años.
2 Esta literatura no siempre ha tenido características propias.
3 Un europeo no puede imaginarse lo que es la naturaleza en Latinoamérica.
4 Los ríos europeos son más o menos como los americanos.
5 El agua del mar entra 200 kilómetros en el río Amazonas.
6 La zona amazónica es más grande que España.
7 Cree que la originalidad de la literatura latinoamericana se debe a muchos elementos diferentes.

Vocabulario por lecciones

L 1 El castellano

español, española	spanisch
castellano, castellana	kastilisch
el español, el castellano	spanische Sprache
o	oder
catalán, catalana	katalanisch
y	und
gallego, gallega	galicisch
la lengua	Zunge; Sprache
además de	außer
vasco, vasca	baskisch
la parte	Teil
formar parte de	einen Teil bilden von
la familia	Familie
de	von
las lenguas latinas	die romanischen Sprachen
así	so
el vocabulario	Wortschatz
constar de	bestehen aus
sobre todo	vor allem
la palabra	Wort
como por ejemplo	wie zum Beispiel
estudiar	lernen, studieren
explicar	erklären
pronunciar	aussprechen
entrar	eintreten
pero	aber
tomar	nehmen, übernehmen
también	auch
otro, otra	ein anderer
otros, otras	andere
germánico,-a	germanisch
la guerra	Krieg
la ropa	Wäsche, Kleidung
muchos, muchas	viele
árabe,-	arabisch
cero	Null
el azúcar	Zucker
el algodón	Baumwolle
América	Amerika
el tomate	Tomate
el cacao	Kakao
el café	der Kaffee; das Café
el tabaco	Tabak
el maíz	Mais
el origen	Herkunft, Ursprung
e (statt y vor i-/hi-)	und
italiano,-a	italienisch
francés, francesa	französisch; Franzose
inglés, inglesa	englisch; Engländer
por tanto	deshalb
el conocimiento	Kenntnis
ayudar a	helfen zu
un poco	ein wenig
que	der, die, das
hablar	sprechen
trescientos,-as	dreihundert
el millón, los millones	Million(en)
la persona	Mensch, Person
en	in, an, auf
el mundo	Welt
en fin	also, ...
no	nein; nicht
no resulta difícil	es ist nicht schwierig
demasiado	zu sehr; zu
muy (+ Eigenschaft)	sehr
antiguo, antigua	alt
desconocido, -a	unbekannt

L 2 Rutas de ayer y de hoy

la ruta	Route
ayer	gestern
hoy	heute
por fin	endlich
llegar a	ankommen in
el pueblo	Ort
cerca de	nahe bei
Cádiz	andalusische Provinzhauptstadt
con	mit
la ruina	Ruine
la ciudad	Stadt
romano,-a	römisch
famoso,-a	berühmt
ya	schon
la época	Zeit, Epoche
el emperador	Kaiser
pequeño,-a	klein
sin	ohne
el bloque	Block

el apartamento	Appartement
el ruido	Lärm; Geräusch
la gente	die Leute
vivir	leben; wohnen
todavía; ya	noch; schon
la tranquilidad	Ruhe
el último, la última	der Letzte, die Letzte
el paraíso	Paradies
pasar	verbringen; vorbeigehen
la mañana	Morgen
la playa	Strand
visitar	besuchen
después	dann; danach
entrar en	hineingehen in
el bar	einfaches Lokal
el guarda	Wächter; Aufseher
comer	essen
beber	trinken
algo	etwas
el entusiasmo	Begeisterung
la vida	Leben
el tiempo	Zeit; Wetter
beber a	trinken auf
la salud	Gesundheit
otra gente	andere Leute
el pueblo	Ort
el presente	Gegenwart
contento,-a	zufrieden
bien	gut
necesitar	brauchen
el/la turista	Tourist/-in
depender de	abhängig sein von
existir	existieren
tantos,-as	so viele
el proyecto	Projekt
abrir	öffnen; eröffnen
la tienda	Geschäft
el hotel	Hotel
el restaurante	Restaurant
claro	hier: natürlich
vender	verkaufen
el terreno	Grundstück
edificar	bauen
por la tarde	am Nachmittag
desde	von (einem Punkt aus)
la carretera	Landstraße
subir	steigen, aufwärts gehen
mirar	schauen, anschauen
la vez	Mal
una vez más	einmal mehr, noch einmal
atrás	zurück
el fondo	Hintergrund
al fondo	im Hintergrund
la costa	Küste
después de Cristo	nach Christus

L 3 Escritores de vacaciones

el escritor	Schriftsteller
las vacaciones	Ferien, Urlaub
de vacaciones	in Ferien
el verano; el otoño	Sommer; Herbst
el invierno; la primavera	Winter; Frühling
el mes	Monat
el mes de agosto	(der Monat) August
el descanso; descansar	Ausruhen; ausruhen
el teléfono	Telefon
callar	schweigen
la máquina de escribir	Schreibmaschine
el bolígrafo	Kugelschreiber
tener: tengo, tienes, tiene ...	haben
tener ganas de	Lust haben zu
entender: entiendo	verstehen
¿cómo?, ¡cómo!	wie
trabajar	arbeiten
nada	nichts
ahora	jetzt
salir: salgo, sales, sale	ausgehen, hinausgehen
el sol	Sonne
tomar el sol	sich sonnen
oír: oigo, oyes, oye	hören
la música	Musik
sí	ja
leer	lesen
el libro	Buch
la ciencia ficción	Sciencefiction
bastar	genug sein
querer: quiero	wollen; lieben
¿qué más quiere?	was wollen Sie mehr?
usted (Vd.), ustedes (Vds.)	Sie
Burgos	Stadt und Provinz
siempre	immer
venir: vengo, vienes, viene	kommen
hacer: hago, haces, hace	machen, tun
pues ...	na ja, ... also ...
mucho; poco	viel; wenig
de momento	zur Zeit

poner: pongo, pones, pone	setzen, stellen, legen
poner en orden	in Ordnung bringen
el orden	Ordnung
el papel	Papier
el apunte	Aufzeichnung
porque	weil
publicar	veröffentlichen
algo autobiográfico	etwas Autobiographisches
el año que viene	nächstes Jahr
veranear	Sommerferien verbringen
Galicia	Galicien (Autonomie)
pensar: pienso (en)	denken (an)
tener que	müssen
casi	fast, beinahe
en casa	zu Hause; in unserer Familie
todos, todas	alle
la necesidad	Notwendigkeit; Bedürfnis
sólo	nur

L 4 A favor y en contra

a favor	dafür; zugunsten
en contra	dagegen
«Mi último suspiro»	„Mein letzter Seufzer"
el director de cine	Filmregisseur
la cosa	Ding; Sache
personalmente	persönlich
le	ihm; ihr
gustar	gefallen
(a mí) me gusta	mir gefällt
el Norte/Sur/Oeste/Este	Norden/Süden/Westen/Osten
el frío; frío,-a	Kälte; kalt
la lluvia	Regen
eso	das
en eso	darin
ser: soy, eres, es, somos, sois, son	sein
el país	Land
seco,-a; húmedo,-a	trocken; feucht
por eso	deshalb
encantar	sehr gefallen
el bosque	Wald
la niebla	Nebel
el ruido	Geräusch; Lärm
bello,-a	schön
más bello	schöner
ahora	jetzt
oír	hören
el aparato	Apparat (Hörgerät)
el mismo, la misma	derselbe, dieselbe
acostarse	sich hinlegen, ins Bett gehen
levantarse	aufstehen
pronto; tarde	bald, früh; spät
temprano; tarde	früh, frühzeitig; spät
la política	Politik
interesar	interessieren
creer (en)	glauben (an)
la puntualidad	Pünktlichkeit
en realidad	eigentlich
la manía	Manie, Tick
nunca	niemals
llegar tarde	zu spät kommen
cuando	wenn
ir: voy, vas, va	gehen; fahren
el sitio	Ort
demasiado pronto	zu früh
quedarse	bleiben, dableiben
fuera	draußen
dar: doy, das, da	geben
dar un paseo	einen Spaziergang machen
hasta	bis
la hora	Stunde; Zeit
exacto,-a	genau
me horroriza	mich erschreckt mich entsetzt
la multitud	Menge, Masse
si	wenn, falls
la reunión	Versammlung Treffen
seis	sechs
considerar	betrachten als; halten für
el disfraz (los disfraces)	Verkleidung
la experiencia	Erfahrung; Erlebnis
apasionante	aufregend
vivir	leben; erleben
se vive	man lebt; man erlebt
la vida	Leben
diferente	anders; unterschiedlich
vestido,-a como	angezogen als/wie
el obrero, la obrera	Arbeiter; Arbeiterin
automáticamente	automatisch
la cerilla	Streichholz
barato,-a	billig
las (cerillas) más baratas	die billigsten
el chico; la chica	Junge; Mädchen

nadie	niemand
la película	Film
admirar	bewundern
(admirar) mucho	sehr (+ Verb)
los dos; los dos somos	die beiden; wir sind beide
Aragón	Aragonien (Autonomie)

L 5 El disco del consumo

el disco	Schallplatte
el consumo	Konsum
nos; os	uns; euch
comprar	kaufen; einkaufen
fanático,-a	fanatisch
los electrodomésticos	Elektrogeräte
la lavadora	Waschmaschine
el lavaplatos	Geschirrspülmaschine
la cocina	Küche; Herd
el (aparato) micro-ondas	Mikrowelle
la nevera	Kühlschrank
el congelador	Tiefkühlschrank
desde luego	selbstverständlich
el televisor	Fernsehgerät
el vídeo	Video
la radio	Radio
estar: estoy, estás, está	sein; da sein; stehen
ahí	da; dort
la felicidad	Glück, Glücksgefühl
malo,-a	schlecht; schlimm; böse
lo malo es que	schlimm ist (nur), daß
gracias a Dios	Gott sei Dank
a los aparatos	den Apparaten (wem?)
a veces	manchmal
pasar	passieren; los sein; vorübergehen
les pasa algo	es ist etwas los mit ihnen
estar preparado,-a	vorbereitet sein
para	für
el caso	Fall
así	so
para casos así	für solche Fälle
la dirección	Adresse
varios,-as	verschiedene; mehrere
el técnico	Techniker
el electricista	Elektriker
llamar (por teléfono)	rufen; anrufen
estar harto de	etwas satt haben
preguntar	fragen
¿qué tal?	wie geht's?
¿qué tal está usted?	wie geht es Ihnen?
conocer	kennen
¿dónde está?	wo ist er?
la cuestión	Frage; Angelegenheit
el aparato en cuestión	der Apparat, um den es geht
la suerte	Glück
diagnosticar	die Diagnose stellen
estar fatal	in sehr schlechtem Zustand sein
¿eh?	(etwa: hören Sie?)
las canas	graue Haare
«tener canas»	„alt sein“
la verdad	Wahrheit; wirklich
la pieza de recambio	Ersatzteil
que es donde está la fábrica	denn dort ist die Fabrik
a lo mejor	vielleicht
amable,-	liebenswürdig, freundlich
¡qué tontería!	was für eine Dummheit!
gastar dinero en	Geld ausgeben für
arreglar	reparieren
viejo,-a; nuevo,-a	alt; neu
las gracias; muchas gracias	Dank; vielen Dank
dar las gracias	danken
medio,-a	halb
media hora	eine halbe Stunde
otro,-a	ein anderer; noch einer
otra vez	wieder; noch einmal
la viuda	Witwe
la rebaja	Preisnachlass
nos hacen rebaja	sie geben es uns billiger
el fin	Ende; Ziel; Zweck
es que	(es ist) nämlich (so, dass ...)
en el fondo	im Grunde genommen

L 6 Actitud ante las fiestas navideñas

la actitud	Einstellung; Haltung
ante	angesichts; vor; gegenüber

las fiestas navideñas	Weihnachtsfeiertage
sentir: siento, sientes, siente, sentimos, sentís, sienten	fühlen; empfinden
hacer sentir	fühlen lassen
la Navidad, las Navidades	Weihnachten
el porcentaje	Prozentsatz
el acercamiento	Annäherung
el sentimiento	Gefühl
la generosidad	Großzügigkeit
la alegría	Freude
la tristeza; triste,-a	Traurigkeit; traurig
la melancolía	Melancholie
el agobio	Erschöpfung
nada en especial	nichts Besonderes
posible,-	möglich
la respuesta múltiple	Mehrfachantwort
acostumbrar	gewöhnt sein
alguno,-a	irgendeiner
siguiente, -	folgend
responder	antworten
afirmativo,-a; afirmativamente	zustimmend
el regalo	Geschenk
el niño	Kind
(el día de) Reyes	Dreikönigstag
el árbol (de Navidad)	(Christ-) Baum
entre mayores	unter Erwachsenen
el belén	Krippe („Bethlehem")
el nacimiento	Geburt
la cabalgata	Reiterzug
el donativo	Schenkung; Geschenk
una persona necesitada	Bedürftiger
cantar	singen
el villancico	Weihnachtslied
los/las parientes	Verwandte
el amigo; la amiga; los amigos	Freund; Freundin; Freunde
Nochebuena	Heiligabend
la misa del Gallo	Mitternachtsmesse
la encuesta	Umfrage
EL PAIS	Tageszeitung
la ocasión	Gelegenheit
conocer: conozco, conoces	kennen; kennen lernen
la costumbre	Gewohnheit; Brauch
lo que hacen	(das) was sie tun
esperar	warten, erwarten; hoffen, erhoffen
poder: puedo, puedes, puede	können
observar	beobachten
ofrecer: ofrezco, ofreces	anbieten; bieten; geben
parecer: parezco, pareces	scheinen; erscheinen
les parece importante	sie finden es wichtig
cada + Substantiv	jeder
cada vez menos	jedes Mal weniger, immer weniger
quizás	vielleicht
de año en año	von Jahr zu Jahr
todo	alles
costar: cuesta	kosten
(mucho); más	(viel); mehr
el detalle	Detail; Einzelheit
el número	Zahl
creciente,-	wachsend
el 24 de diciembre	am 24. Dezember
ó (zwischen Zahlen)	oder
en vez de	anstatt

enero, febrero	Januar, Februar
marzo, abril	März, April
mayo, junio	Mai, Juni
julio, agosto	Juli, August
septiembre	September
octubre	Oktober
noviembre	November
diciembre	Dezember

L 7 Dos cartas

la carta	Brief
querido,-a	lieber
visitar	besuchen
todo el día	den ganzen Tag
llover: llueve	regnen
haber (+ Partizip)	(etwas getan) haben
chapotear	plätschern
el cristal	Glas; Fensterscheibe
la población	Bevölkerung; Ort, Stadt
estar animado,-a	belebt sein
la universidad	Universität
su	seine, ihre
la puerta	Tür, Tor
recibir	erhalten; bekommen
pasarlo bien/mal	eine gute/schlechte Zeit haben
la cantidad	Menge; Quantität
para soportar	um zu ertragen

la cantidad	Menge
el conflicto	Konflikt
últimamente	in letzter Zeit
la actividad	Tätigkeit; Aktivität
poético,-a	poetisch; Dichter …
de fábrica	etwa: wie ein Arbeiter
luego	dann; danach
lanzarse a	sich hineinstürzen
la bacanal de carne	Bacchanal der Sinnlichkeit
la carne	Fleisch
la risa	Lachen
Andalucía	Andalusien
increíble,-	unglaublich
el Oriente	Osten; östliche Welt
el veneno	Gift
el Occidente	Westen; westliche Welt
la acción	Handlung; Aktion
todos los días	alle Tage, jeden Tag
llevarse una sorpresa	eine Überraschung erleben
a pesar de	trotz
estar bien; estar mal	sich wohl/schlecht fühlen
ni	und nicht
ser feliz,-	glücklich sein
hace un día gris	es ist ein grauer Tag, graues Wetter
donde	(da,) wo
ver: veo, ves, ve	sehen
la sierra	Gebirge
adiós	auf Wiedersehen
el abrazo	Umarmung; Gruß
cariñoso,-a	liebevoll; zärtlich

hace sol	die Sonne scheint
hace calor	es ist warm
hace frío	es ist kalt
llueve	es regnet
nieva	es schneit

L 8 Un flechazo

el flechazo	„Pfeilschuss"; Liebe auf den ersten Blick
de pronto	plötzlich
saber: sé, sabes, sabe	wissen
¿por qué?	warum
misteriosamente	auf geheimnisvolle Weise
vuelto (volver)	gewendet, umgedreht
la cabeza	Kopf
visto (ver)	gesehen
a doña Inés	Doña Agnes (wen?)
la mirada	Blick
el poeta	Dichter
quedar clavado	wie angenagelt sein
el ojo	Auge
la dama	Dame
posarse	„sich niederlassen"
el aire	Luft
transparente,-	durchsichtig
el pájaro	Vogel
cantar	singen
la flor	Blume
el color	Farbe
vivo,-a	lebendig; hier: kräftig
la montaña; la sierra	Gebirge
azul,-	blau
el agua f.	Wasser
cristalino,-a	kristallklar
el cielo	Himmel
brillante,-	strahlend
fuerte,-	stark
espléndido,-a	prächtig, herrlich
primero,-a	erster
el primer día	der erste Tag
la creación	Schöpfung
nacer	geboren werden
el hombre	Mensch; Mann
apartarse	sich trennen; sich abwenden
no … ni …	nicht …, und nicht …
la flecha	Pfeil
visible; invisible	sichtbar; unsichtbar
volar: vuelo, vuelas, vuela	fliegen
el corazón	Herz

L 9 El milagro

el milagro	Wunder
caer: caigo, caes, cae	fallen
caerse	(aus Versehen) fallen
se le cae	es fällt ihm hinunter
el suelo	Boden

los anteojos; las gafas	Brille
terrible,-	fürchterlich
al chocar	beim Zusammen-stoßen
la baldosa	Fliese; Bodenplatte
agacharse	sich bücken
afligido,-a; triste	betrübt; traurig
el cristal	Glas
costar: cuesta	kosten
caro,-a	teuer
descubrir; descubierto	entdecken; entdeckt
el asombro	Erstaunen
por milagro	wie durch ein Wunder
romperse	zerbrechen
no se le han roto	sie sind ihm nicht zerbrochen
este señor; esta señora	dieser Herr; diese Dame
sentirse: me siento	sich fühlen; sein
profundo,-a	tief
agradecido,-a	dankbar
comprender	verstehen; begreifen
ocurrir	geschehen
lo ocurrido	das, was geschehen ist
vale por una advertencia	ist wie ein Hinweis
valer: valgo, vales, vale	wert sein; taugen
amistoso,-a	freundschaftlich
de modo que	so dass; also
encaminarse	sich auf den Weg machen
la casa de óptica	Optikergeschäft
pedir: pido, pides, pide	verlangen; erbitten
el estuche	Etui
el cuero	Leder
la almohada; almohadillado	Kissen; gepolstert, gefüttert
doble,-	doppelt
la protección	Schutz
de doble protección	doppelt geschützt
sin mayor inquietud	ohne größere Unruhe
el polvo	Staub
hacerse polvo	kaputtgehen
le lleva un rato	es kostet ihn einige Zeit

L 10 Balada de la bicicleta

la balada	Ballade
la bicicleta	Fahrrad
a los 50 años	mit 50 Jahren; nach 50 Jahren
el yate	Yacht
el automóvil	Auto
hay	es gibt
el avión	Flugzeug
justo,-a	gerecht, genau
a mis 50 años justos	jetzt, wo ich genau 50 bin
innumerable,-	unzählbar
el verso	Vers; Gedicht
el mar	Meer
el ángel	Engel
la llanura	Ebene
cantar	besingen
justificado,-a	gerechtfertigt
la paz	Frieden
la revolución	Revolution
desterrado,-a	verbannt
a miles de kilómetros de	Tausende von km entfernt von
hermoso,-a	schön
la pipa	Pfeife
curvo,-a	gekrümmt
entre	zwischen
el labio	Lippe
el cuaderno; el cuadernillo	Heft; Heftchen
la hoja	Blatt
blanco,-a	weiß
el lápiz	Bleistift; Stift
correr	schnell fahren; laufen
en bicicleta; en coche	mit dem Fahrrad; mit dem Auto
correr por el bosque	durch den Wald fahren
urbano,-a	städtisch
el camino	Weg
ruidoso,-a	laut; lärmend
la calle	Straße (in der Stadt)
asfaltado,-a	asphaltiert
detenerse: me detengo	anhalten, stehen bleiben
junto a	bei; neben
el río	Fluss
a ver	um zu sehen
acostarse: me acuesto	sich hinlegen; zu Bett gehen
el ala f.	Flügel

L 11 La familia

el palacio	Palast; hier: königlicher Palast
según	nach; wie … sagt

Lope de Vega (1562–1635)	span. Dramatiker
hasta	sogar; bis (hin zu)
la figura	Figur
el tapiz (los tapices)	Wandteppich
bostezar	gähnen
de aburrimiento; aburrido	vor Langeweile; langweilig
sin embargo	jedoch
el lugar	Ort
allí	dort
lleno,-a	voll
el taller	Werkstatt
Diego de Velázquez (1599–1660)	span. Maler
con frecuencia	häufig
la reina	Königin
la esposa	Gemahlin
la princesa	Prinzessin
la visita	Besuch
la edad	Alter
la hija menor	jüngste Tochter
el motivo	Motiv; Anlass
la pintura; pintar	Malerei/Bild; malen
Felipe IV (Felipe Cuarto)	Philipp IV. (1621–1661)
llamado,-a	genannt
la menina	junge Dame
contar: cuento	erzählen
el cuadro	Bild
el retrato	Porträt
mi padre	mein Vater
mi madre	meine Mutter
mis padres	meine Eltern
acompañar	begleiten
el criado; la criada	Bedienstete; heute: Dienstmädchen
el bufón	Hofnarr, Spaßmacher
la sed	Durst
el lado	Seite
a la derecha; a la izquierda	rechts; links
perfumado,-a	parfümiert
intentar + Infinitiv	versuchen zu
jugar: juego, juegas	spielen
nuestro perro	unser Hund
el pie	Fuß
a sus pies	zu seinen Füßen
llamarse	heißen
tranquilo,-a	ruhig
es mío	er gehört mir
la hermana mayor	die ältere/älteste Schwester
va a venir	sie wird kommen
acaba de entrar	er ist gerade hereingekommen
el empleado	Angestellter
el primo; la prima	Vetter; Kousine
el espejo	Spiegel
enfrente de mí	gegenüber von mir; vor mir
el/la visitante	Besucher
el siglo	Jahrhundert
detrás de; delante de	hinter; vor
asomar la cabeza	den Kopf vorstrecken
entre las suyas	zwischen ihren (Köpfen)
tal vez	vielleicht
la tuya	den deinen (Kopf)
reflejado,-a	widergespiegelt

La familia	Familie
abuelo, abuela, abuelos	Großvater, Großmutter, Großeltern
tío, tía, tíos	Onkel, Tante, Onkel und Tanten
nieto, nieta, nietos	Enkel, Enkelin, Enkelkinder
sobrino, sobrina, sobrinos	Neffe, Nichte, Neffen und Nichten
mujer	Frau, Ehefrau
marido	Ehemann
suegro, suegra, suegros	Schwiegervater, -mutter, -eltern
cuñado, cuñada	Schwager, Schwägerin
estado civil	Personenstand
soltero,-a	unverheiratet
casarse; casado,-a	heiraten; verheiratet
divorciarse; divorciado,-a	sich scheiden lassen; geschieden

L 12 Por fin tengo un amigo

el imbécil	Dummkopf
sonriente	lächelnd
el periódico	Zeitung
estar preocupado,-a	besorgt sein
la opinión	Meinung
sobre	über
pasearse	spazieren gehen

juntos	zusammen
charlar	plaudern
tonto,-a	dumm
tontamente	einfach so
la mentira	Lüge
repetir: repito	wiederholen
la voz; en voz alta	Stimme; laut
el nombre	Name
el barco	Schiff
inventar	erfinden
pobre,-	arm
la nube	Wolke
¡qué bonitas!	wie schön!
(el aeroplano); el avión	Flugzeug
el pino	Pinie
la yerba/hierba; la yerbecilla	(kleines) Gras
manso,-a	„zahm"; weich, sanft
la brisa	Brise
alegre,-	fröhlich
la pareja amiga	das Freundespaar
la mano; de la mano	Hand; ~in ~
volar: vuelo	fliegen

Los colores	Farben
blanco,-a	weiß
negro,-a	schwarz
gris,-	grau
marrón,-	braun
rojo,-a	rot
colorado,-a	rot
color naranja	orange
verde,-	grün
amarillo,-a	gelb
azul claro	hellblau
azul marino	dunkelblau
color rosa	rosa
violeta	violett; (Veilchen)

L 13 Arlequin y Colombina

el final	Ende
típico,-a	typisch
el arte	Kunst
inocente,-	harmlos; naiv
enamorado,-a	verliebt
pícaro,-a	schlau; durchtrieben
el descendiente	Abkömmling
el duque	Herzog
el salmonete	(Fischart)
entonces	dann; wenn das so ist
el profesor, la profesora	Lehrer/-in
el veterinario	Tierarzt
el médico	Arzt
aprender a	lernen zu
tirar	schießen; werfen; wegwerfen
el sargento	Wachtmeister
se lo diré	ich werde es ihm sagen
estar a disposición	zur Verfügung stehen
mamá mía	Mamma mia!
ahora que	jetzt, wo
pensar + Infinitiv	zu tun gedenken
dejar	lassen; verlassen
hacer bien	das Richtige tun; recht haben
aceptar	akzeptieren
según ...	je nachdem ...
bastar	genügen
amable,-	liebenswürdig
el genio	Genie; Gemütsart
tener mal genio	schlecht gelaunt sein
enfadarse (con)	böse werden (auf)
obedecer: obedezco	gehorchen
llevar	hinbringen; tragen
obligar a	zwingen; verpflichten zu
la compra	(täglicher) Einkauf
elogiar	loben
guapo,-a	hübsch (Personen)
vestirse: me visto	sich anziehen
celoso,-a (de)	eifersüchtig (auf)
venir a ver	besuchen (kommen)
ir a ver	besuchen (gehen)
de mala gana	widerwillig
prometer	versprechen
el pretendiente	Bewerber; Thronanwärter
la compañera	Gefährtin

L 14 Mi pintura lleva en sí el mensaje del dolor

llevar en sí	in sich tragen
el mensaje	Botschaft
el dolor	Schmerz
el miedo	Angst
la muerte	Tod

a mi manera	auf meine Art und Weise
el gusto	Geschmack; Genuss
vivir a gusto	zufrieden leben
la cortina	Vorhang
la locura	Wahn; Wahnsinn
el amor	Liebe
la ternura	Zärtlichkeit
reírse (de)	lachen (über)
la estupidez; estúpido,-a	Dummheit; dumm
loco,-a	verrückt
construir: construyo	bauen
el acuerdo	Übereinstimmung; Vereinbarung
de acuerdo con	einverstanden mit; im Einklang mit
enfermo,-a; enfermedad	krank; Krankheit
la operación	Operation
la columna vertebral	Wirbelsäule
el doctor	Doktor
me ha vuelto a dar	er hat mir wiedergegeben
la silla de ruedas	Rollstuhl
la rueda	Rad
si	ob
empezar: empiezo a	anfangen zu
andar	(zu Fuß) gehen
maravilloso,-a; maravilla	wunderbar; Wunder
lleno,-a	voll
la vitalidad	Vitalität
hacer levantar	aufstehen lassen
sobre	auf
durante	während
durante dos minutos	zwei Minuten lang
ni yo misma	nicht einmal ich selbst
el sufrimiento	Leiden
la lágrima	Träne
desear	wünschen

L 15 Por Castilla ...

cuyo,-a	dessen, deren
acordarse (de): me acuerdo	sich erinnern (an)
el mercado	Markt
la plaza	Platz
en medio de	inmitten von
el guirigay	lautes Durcheinander
artesano,-a	Handwerker; Handwerker...
regatear	handeln, feilschen
el chorizo	Paprikawurst
el queso	Käse
níveo,-a; la nieve	schneeweiß; Schnee
la harina	Mehl
aromático,-a	aromatisch
la yerba	Gewürzkraut
el lado	Seite
al lado de	neben
la especia	Gewürz
de Ultramar	von Übersee;
el pimentón; la pimienta	Paprika; Pfeffer
el cordero	Lamm
la trucha	Forelle
infalible,-	unfehlbar
el remedio	Mittel; Heilmittel
la calvicie; calvo,-a	Glatze; kahl
el elixir	Elixier
eterno,-a	ewig
la juventud; joven,-	Jugend; jung
la tierra	Land; Erde
judío,-a	Jude; jüdisch
moro,-a	Maure; maurisch
cristiano,-a	Christ; christlich
la sopa	Suppe
la receta	Rezept
la mesa	Tisch; Küche, Essen
Avila	Stadt in Kastilien
el huevo	Ei
Cristóbal Colón	Christoph Kolumbus
culinario	kulinarisch; Ess-...
el producto	Erzeugnis
emplear	verwenden
fino,-a	fein
la calidad	Qualität
naturalmente	natürlich
el plato	Teller; Gericht
salir bien	gut gelingen; gut werden
recordar: recuerdo	an etw. erinnern
la piedra	Stein
redondo,-a	rund
lavar	waschen
echar	hineingeben; dazugeben
el puchero	Topf
antes	vorher
el kilo	Kilo
kilo y medio	eineinhalb Kilo
el pollo	Huhn
el jamón serrano	roher, luftgetrockneter Schinken
la ternera	Kalb; Kalbfleisch

la morcilla	spanische Blutwurst (mit Reis)
etcétera, etc.	usw.
la sal; la pimienta	Salz; Pfeffer
una vez cocido,-a	nachdem es gekocht ist
cocer: cuezo	kochen
tirar	wegwerfen
cuidadoso,-a	sorgfältig; vorsichtig

L 16 El viajero que llegó a tiempo

el viajero	Reisender
a tiempo	rechtzeitig
don; doña	Respektsbezeichnung (+ Vornamen)
despertarse: me despierto	aufwachen
la habitación	Zimmer
primero; luego; después	zuerst; dann; danach
saltar	springen
la cama	Bett
el reloj	Uhr
la pulsera	Armband
la compañía aérea	Luftfahrtgesellschaft
coger	nehmen (Tabu in Lateinamerika!)
el aeropuerto	Flughafen
la recepción	Rezeption
encargar	bestellen; in Auftrag geben
el taxi	Taxi
renunciar a	verzichten auf
afeitarse	sich rasieren
lavarse	sich waschen
peinarse; el peine	sich kämmen; Kamm
la calva	Glatze
la velocidad	Geschwindigkeit
el transformista	Verwandlungskünstler
la camisa; la camiseta	Hemd; Unterhemd
los calzoncillos	Unterhosen
la cintura; el cinturón	Taille; Gürtel
reforzar: refuerzo	verstärken
comprimir	komprimieren, zusammendrücken
la panza	Bauch; Wanst
reducir: reduzco	reduzieren; verringern
el tamaño	Format; Größe
discreto,-a	diskret
a continuación	danach; im Anschluss daran
los calcetines	Socken
(meterse); ponerse	sich (etwas) anziehen
al revés	umgekehrt; verkehrt herum
perder: pierdo	verlieren; verpassen
ahorrar	sparen
el segundo	Sekunde
dejar	lassen; liegen lassen
abrochar; sin abrochar	zuknöpfen; offen
el botón	Knopf
el pantalón	Hose
la corbata	Krawatte
al fin	schließlich
meter	hineinstecken
a presión	unter Druck
la maleta	Koffer
el pijama	Schlafanzug
el zapato; la zapatilla	Schuh; Hausschuh
el pasillo	Gang; Flur
el lavabo	Waschbecken; Toilette
el frasco de colonia	Fläschchen Kölnisch Wasser
la pastilla de jabón	Stück Seife
quedar	übrig bleiben
me quedan 5 minutos	ich habe noch 5 Minuten
bajar	hinuntergehen
pagar	zahlen; bezahlen
la cuenta	Rechnung
desayunar; el desayuno	frühstücken; Frühstück
la caza	Jagd

L 17 El viajero que llegó a tiempo (continuación)

esperanzado,-a	voll Hoffnung
detenerse: me detengo	anhalten
la puerta principal	Haupteingang
la oficina	Büro
línea aérea	Fluggesellschaft
presentar	vorlegen
congestionado,-a	mit hochrotem Gesicht
sudoroso,-a; sudar	schweißbedeckt; schwitzen

la butaca	Sessel
el cinturón de seguridad	Sicherheitsgurt
satisfecho,-a	befriedigt
lograr + Infinitiv	es fertig bringen zu
vencer	besiegen; überwinden
la fuerza	Kraft; Macht
oculto,-a	verborgen
emprender	unternehmen
una veloz carrera	ein schnelles Rennen
elevarse	sich erheben
hacia	gegen; in Richtung
despegar	starten; abheben
rodar: rueda	rollen
estrellarse	zerschellen
contra	gegen
el muro	Mauer
la llama; la llamarada	Flamme; flackerndes Feuer
luminoso,-a	hell leuchtend
alegre,-	heiter
envolver: envuelvo	einhüllen; einpacken
el ángel protector	Schutzengel
decir para sí	zu sich sagen
murmurar	murmeln
el tipo	Typ; Kerl
testarudo,-a	stur; dickköpfig
hacer	hier: lassen
uno	man
quedar mal	schlecht dastehen
molestarse	sich die Mühe machen
para nada	für nichts und wieder nichts
hacer todo por salvarlo	alles tun, um ihn zu retten
el obstáculo	Hindernis
saltarse un obstáculo	ein Hindernis überspringen
encogerse de hombros	die Achseln zucken
encogerse de alas	„die Flügel zucken“
alejarse; acercarse	sich entfernen; sich nähern
lejos; cerca	weit entfernt; nahe

L 18 El premio Nobel

el premio	Preis; Belohnung
todo escritor	jeder Schriftsteller
el planeta	Planet
la Tierra	Erde
alcanzar	erreichen
alguna vez	irgendwann einmal
incluso; hasta	sogar
el que, la que ...	derjenige, der ... diejenige, die
negar: niego	verneinen; leugnen
América Latina	Lateinamerika
el candidato	Kandidat
planificar	planen
la campaña	Kampagne; Wahlkampf
diseñar	entwerfen; planen
la estrategia	Strategie
tal fue el caso	das war der Fall
la obra	Werk
el petróleo	Erdöl
es decir	das heißt; mit anderen Worten
la plata	Silber; in Lateinamerika: Geld
por esa vía	auf diesem Wege
proponerse: me propongo + Infinitiv	sich vornehmen
conseguir: consigo	erreichen, bekommen
a través de	über; durch
el embajador	Botschafter
Suecia	Schweden
(saber:) supo	er erfuhr
inmoderado,-a	unmäßig
la eficacia	Effizienz; wirksames Handeln
venezolano,-a	venezolanisch
tal vez; quizás	vielleicht
la circunstancia	Umstand
privar de	die Möglichkeit nehmen
el título literario	literarische Auszeichnung
merecer: merezco; merecido,-a	verdienen; wohlverdient
el nombre	Name
mencionar	erwähnen
(hay:) hubo	es gab
la ocasión	Gelegenheit
finalmente	schließlich; am Ende
la ceremonia ritual	rituelle Zeremonie
el público	Publikum
inmenso,-a	riesig
disciplinado,-a	diszipliniert
impresionar	beeindrucken
los laureados	die Ausgezeichneten

apretar: aprieto	drücken
tratar	behandeln
evidente,-	offensichtlich
la simpatía; antipatía	Sympathie; Abneigung
de todas maneras	auf jeden Fall; wie dem auch sei
largo,-a; corto,-a	lang; kurz
encontrar: encuentro	finden; treffen
una risueña semejanza	eine lustige Ähnlichkeit
aquel, aquella, aquello	dieser (weiter entfernt); jener
el desfile	Vorbeimarsch
eminente,-	hervorragend
el reparto	Verteilung
escolar,-	Schule ...
la provincia	Provinz
confesar: confieso	bekennen; zugeben
la esposa; la mujer	Ehefrau

L 19 Un invierno en el paraíso

la clase	Unterricht, Vorlesung
nunca	nie
andar	gehen
el bolsillo	Tasche; Hosentasche
bajo	unter
el brazo	Arm
la pierna	Bein
la muchacha	junges Mädchen
el escaparate	Schaufenster
la librería	Buchhandlung
alquilar	mieten; vermieten
limpio,-a	sauber
desnudo,-a	nackt
la celda	Zelle
el monje; la monja	Mönch; Nonne
encerrarse -ie-	sich einschließen
solo,-a	allein
intoxicado,-a	vergiftet
la literatura	Literatur
capaz,-	fähig
convertirse en -ie-	sich verwandeln in; werden
el orgullo	Stolz
el lector	Leser
incesante,-a	unaufhörlich
la noticia	Nachricht
el general	General
general	allgemein
entonces	damals
fundamental,-	grundlegend
la orgía	Orgie
perpetuo,-a	ständig, andauernd
la asamblea	Versammlung
la facultad	Universitätsfakultät; Fähigkeit
discutir	diskutieren
derribar	stürzen
el fascismo	Faschismus
ya puestos	wenn wir schon einmal dabei waren
el capitalismo	Kapitalismus
uno por uno	einer/-en nach dem andern
la novela	Roman
entero,-a	ganz
terminar	beenden
el paisaje	Landschaft

L 20 Episodio del enemigo

el episodio	Episode
el enemigo	Feind
huir: huyo, huyes ..., huyendo	fliehen
la ventana	Fenster
me cuesta	es fällt mir schwer
débil,-	schwach
el golpe	Schlag
dar un paso	einen Schritt machen
rendido,-a	erledigt, erschöpft
serían las cuatro	es mochte vier Uhr sein
unos creen	manche glauben
los demás	die anderen; die Übrigen
encontrarse: me encuentro	sich treffen; sich befinden
al fin	am Ende; schließlich
el sentido	Sinn
mientras	während
el bolsillo	Tasche; Hosentasche
el saco; la chaqueta	Jacke
me señalaba	deutete auf mich
el revólver	Revolver
con voz firme	mit fester Stimme
lo tengo a mi merced	Sie sind mir ausgeliefert

misericordioso,-a	mitleidsvoll
ensayar	versuchen; erproben
hace tiempo	vor einiger/längerer Zeit
maltratar	misshandeln
insensato,-a	unvernünftig
además	außerdem
la venganza	Rache
ridículo,-a	lächerlich
el perdón; perdonar	Verzeihung; entschuldigen
precisamente porque	gerade weil
replicar	erwidern
matar	töten; ermorden
tratarse de	sich handeln um
no … sino	nicht … sondern
un acto de justicia	ein Akt der Gerechtigkeit
estratagemas de su terror	Kriegslisten aus Angst
contestar	antworten; beantworten
¿cuál?	welcher,-e,-es?
las obras completas	gesammelte Werke

L 21 Alegrías y quejas

la queja	Klage
el alma	Seele
les gusta que + Subjuntivo	sie mögen es gern, wenn
querer: quiero	lieben
apoyar	aufstützen; stützen
el codo	Ellenbogen
cerrar -ie-	schließen
deshacerse: me deshago	„sich zerreißen"; zergehen
el armario	Schrank
estremecerse: me estremezco (L 6)	schauern; zittern
asomarse	sich in einer Öffnung zeigen: hineinschauen/herausschauen
la sábana	Leintuch, Bettuch
echarse	sich werfen; sich hinlegen
quejarse	sich beklagen, sich beschweren
¿qué será de las cosas?	was wird aus den Dingen werden?
acabarse	zu Ende gehen
cuando el hombre se acabe	wenn der Mensch einmal verlischt
el amo	der Herr, der Besitzer
estar contento,-a de que	sich freuen, dass; zufrieden sein
alguien	jemand
llevar	tragen; bei sich haben
la foto	Foto
la cartera	Brieftasche
la mesilla	Nachttisch
cualquiera	irgendeiner; jeder
no me importa	es macht mir nichts aus

L 22 Hagas lo que hagas …

hagas lo que hagas	was auch immer du tust
cierto,-a (ohne Artikel)	ein gewisser
el labrador; el campesino	Bauer
en dirección a	in Richtung
montar; ir montado	reiten
el burro	Esel
exclamar	ausrufen
permitir que + Subj.	erlauben
mientras que	während (Gegensatz)
está bien (niemals ser!)	es ist richtig, in Ordnung
sonar: suena	tönen, klingen; es klingelt
desnaturalizado,-a	missraten
el rajá	Radscha, Maharadscha
detrás	dahinter
sudar la gota gorda	„den dicken Tropfen schwitzen"
todo fue uno	es war eins (er tat es sofort)
¿no te parece?	meinst du nicht?
¿qué te parece?	was meinst du?
la razón; tener razón	Vernunft; recht haben
querer que + Subj.	wollen, dass
poco más o menos	so ungefähr
flaco,-a	mager
gordo,-a	dick
el conde	Graf

L 23 ¡Esto se acabó!

¡Esto se acabó!	Damit ist Schluss!
mandar	schicken; befehlen
el colegio	Schule
para que + Subjuntivo	damit
cambiar	sich ändern
buscar	suchen
el colegio militar	Militärgymnasium
verdadero,-a	wahr; richtig
el centro	Zentrum; Lehranstalt
convivir	zusammenleben
joven,- (jóvenes)	jung; Junge
el nivel social	soziale Schicht
étnico,-a	Volks ...; völkisch
la escalera	Treppe
el cuarto	Zimmer
de pie	stehend
la libreta de notas	Zeugnisheft
sentado,-a	sitzend
pensativo,-a	nachdenklich
¡buenas!	'n Abend
¡hola!	(familiärer Gruß)
vestir: visto	Kleidung tragen
vestía de oscuro	er war dunkel gekleidet
recién + Adjetivo	gerade ...; kürzlich ...
recién afeitado,-a	frisch rasiert
el cabello	Haar
doler: me duele	schmerzen: mir tut weh
debe ser la gripe	das muss die Grippe sein
la vergüenza	Scham
se me cae la cara de vergüenza	ich schäme mich zutiefst
¿cuánto tiempo hace que ...?	wie lange ist es her, dass...?
ocupar	besetzen
el puesto	Stelle; Stellung
en todas partes	überall
la impresión	Eindruck; hier: Ärger, Schande
protestar	protestieren
¿qué te crees?	was bildest du dir ein?
el ministro	Minister
la atención	Aufmerksamkeit
prestar atención a	beachten
el escándalo	Skandal
dejar que + Subjuntivo	zulassen
echar	werfen
el apellido; el nombre	Familienname; Vorname
comenzar	beginnen
el profesor particular	Privatlehrer
prepararse	sich vorbereiten
el ingreso	Einzug; Aufnahme
el internado; el interno	Internat; Internatsschüler
hacer bien	gut tun
asombrado,-a	erstaunt
convencer	überzeugen
no me convence del todo	überzeugt mich gar nicht
enfermarse; ponerse enfermo	krank werden
húmedo,-a	feucht
el cholo, la chola	Mestize
hacerte cambiar	dich dazu bringen, dich zu ändern
el cura	Geistlicher
el militar	Militär; Offizier
demócrata	Demokrat
por último	schließlich
ser gente	„jemand sein"
desde mañana	ab morgen

L 24 Dos conversaciones

la conversación	Gespräch
aunque + Subjuntivo	selbst wenn
amar	lieben
jurar	schwören
envejecer -zc-	altern
el pelo	Haar
separar	trennen
el cuerpo	Körper
la ofrenda	Opfer
estar malo/mal	krank sein, sich schlecht fühlen
estar bueno/bien	gesund sein, sich wohl fühlen
¿quiere Vd. que (yo) ...?	soll ich ...?
hacer falta	fehlen; Not tun
el silencio	Schweigen; Pause
mandar	befehlen

L 25 De prisa, de prisa ...

de prisa	eilig
la clínica, el hospital	Klinik, Krankenhaus
Venecia	Venedig

recordar -ue- algo	sich an etw. erinnern
nada de nada	überhaupt nichts
argentino,-a	Argentinier
los toros	Stierkampf
¿a qué viene esta sandez?	was soll der Quatsch?
la reacción	Reaktion
desnudarse	sich (komplett) ausziehen
en público	in der Öffentlichkeit
sufrir amnesia	unter Gedächtnisverlust leiden
pretender	behaupten
el dedo	Finger
a ver	also, mal sehen
la boca	Mund
sostener el termómetro	das Thermometer (im Mund) halten
escupir	ausspucken
tragar	schlucken
extender -ie-	ausbreiten
tomar la tensión/la presión	den Blutdruck messen
mientras tanto	währenddessen
la pregunta	Frage
diabético,-a	zuckerkrank
fumar	rauchen
anteriormente	vorher schon einmal
soñar: sueño	träumen
a menudo	oft
ya está	schon fertig
la temperatura	Temperatur
normal,-	normal
descompensado,-a	nicht ganz in Ordnung
el pulso	Puls
acelerado,-a	beschleunigt, erhöht
seguir sin recordar	noch immer nicht erinnern
la punta de la lengua	Zungenspitze
la enfermera	Krankenschwester
el somnífero	Schlafmittel
recetar	verschreiben
por desgracia	unglücklicherweise
dedicarle más tiempo	Ihnen mehr Zeit widmen
disfrutar (+ Gerundio)	genießen; etwas gern tun
romperse la crisma	sich den Schädel einrennen
el dispensario	Ambulanz (in der Klinik)
abarrotado,-a	überfüllt
la isla	Insel
inaudito,-a	unerhört

L 26 Los consejos de tío Dámaso

el consejo	(guter) Rat
Cristóbal	Christoph
lo que te da la gana	was du möchtest
sencillo,-a	einfach
hacerle caso a una persona	jemand ernst nehmen
no hacerle caso	nicht auf ihn hören
los mayores	die Erwachsenen
tirar	werfen; umstoßen
tirar por la ventana	zum Fenster hinauswerfen
papá, papito; mamá, mamita	Papa; Mama
colgar: cuelgo	hängen
la lámpara	Lampe
el mantel	Tischtuch
el vaso/el florero	Glas/Blumenvase
el clavel	Nelke
la puntería	Zielen
ponerse a tiro	in den Weg kommen
se me ocurre	es fällt mir ein, ich habe eine Idee
algo estupendo	etwas Tolles
encerrarse -ie-	sich einschließen
vete corriendo donde ...	lauf schnell dahin, wo ...
el macho	Mann; männliches Wesen
quemar	brennen; verbrennen
poner una cara	ein Gesicht machen
tener gracia	lustig sein
sin que + Subjuntivo	ohne dass
mira que viene	schau, da kommt er
divertirse -ie-/-i- (se divierte; se divirtió)	sich vergnügen
mi cielo	mein Schatz
el asco	Ekel
conviene que + Subjuntivo	es ist sinnvoll, nützlich
abajo	unten; nach unten
poner boca abajo	umstülpen; umkrempeln

Despedida

la despedida	Abschied
morir -ue-	sterben
el balcón	Balkontür
la naranja	Orange
el segador	Schnitter
segar -ie-	mähen
el trigo	Weizen
sentir -ie-	fühlen; hören
la canción	Lied

L 27 Déjamelo pensar ...

amanecer -zc-	Morgen werden, Tag werden
(en amaneciendo)/al amanecer	wenn es Tag wird
irse	fortgehen
aparejar las bestias	die Tiere einspannen
la rabia	Wut, Zorn
con lo viejo que está	wo er doch so alt ist
soy la única gente	ich bin der einzige Mensch
hacer sus necesidades	sein Bedürfnis verrichten
correr prisa	eilig sein
robar	stehlen, rauben
no tardará en morirse	er wird bald sterben
hasta/incluso	sogar
echar en cara	vorwerfen
la falta de	Mangel an
el arriesgue	Wagemut
ya que	denn
aprontar la mulas	die Maultiere bereitstellen
estar listo,-a	fertig, bereit sein
no aguantar las ganas	den Drang nicht aushalten
faltar	fehlen
¿y qué?	na und?
nomás/no más	ganz einfach
me da pena	er tut mir leid
por algo es mi padre	schließlich ist er mein Vater
ni hablar	kommt nicht in Frage
se desvive por mí	sie vergeht vor Sehnsucht nach mir

L 28 Genios

Picasso

si lo supiera	wenn ich es wüsste
tendría buen cuidado	ich würde vorsichtig sein
el objeto	Gegenstand
tal como	so wie
la subversión	Umsturz
tal que	derartig, dass
como si + Imperf. de Subjuntivo	als ob
salvaje,-	wild, ursprünglich
la cultura	Kultur; auch Bildung
medir: mido	messen, abmessen
de nuevo	wieder, aufs Neue
la guitarra	Gitarre
absurdo,-a	absurd
más de una	mehr als eine
la cabra	Ziege
la basura	Müll
genial,-	genial

Miró

confirmar	bestätigen
debo añadir	ich muss hinzufügen
el fruto	Frucht; Ergebnis
la civilización	Kultur; Zivilisation
aparecer -zc-	erscheinen
cansarse	müde werden
estar cansado de	genug davon haben
dar vueltas	sich drehen, kreisen
alrededor de	um ... herum
el ídolo	Idol
decidir hacer algo	beschließen etw. zu tun
el comienzo; comenzar -ie-	Anfang; anfangen

Dalí y Gaudí

semejante,-	ähnlich
el grupo musical	Musikergruppe
modesto,-a	bescheiden
conformarse con	sich zufrieden geben mit
el rato, ratito	kleine Weile
el arquitecto	Architekt
el/la cantante	Sänger/-in
radical,-	radikal
la reencarnación	Reinkarnation

Oda a Salvador Dalí

la oda	Ode
reencarnarse	wiedergeboren werden
el pincel	Malerpinsel
de piel sedosa	mit seidiger Haut
el lienzo	Leinwand
andar justo/escaso de genios en vida	knapp sein an lebendige Genies

Díganle ...

el cabello	Haar
detenerse	anhalten, innehalten
regresar	zurückkommen
planchar	bügeln
el sorbo	Schluck
el asilado, la asilada	einer der Ärmsten (Bewohner eines Altenheims)
parar	zum Stehen bringen, aufhalten
la condesa	Gräfin
los patricios	Patrizier, reiche Bürger
mover -ue-	bewegen, schütteln
ante	vor; angesichts
no hay cuidado	es besteht keine Gefahr
su forma de toser	seine Art zu husten
el colchón	Matratze
el soñador	Träumer, Erfinder
altas formas	hohe, hochfliegende Formen
el hierro	Eisen
por poco tiempo	für kurze Zeit
el petitorio	Bittschrift
«desde el tiempo»	aus der Zeit, aus dem Jenseits

L 29 El tendero

el tendero	Krämer
ocuparse de	sich kümmern um
la cena	Abendessen
el muchacho, la muchacha	Junge, Mädchen
ser	werden
de mayor	als Erwachsener
ser estudioso	fleißig lernen
seguir bien los estudios	in der Schule gut arbeiten
hacer una carrera	ein Studium machen
con calma	mit Ruhe und Überlegung
enseguida	sofort
de sobra	mehr als genug
con los ojos bajos	mit gesenkten Augen
escoger	wählen, auswählen
hacía tiempo	es war schon eine Weile her
práctico,-a	praktisch
moverse de casa	von zu Hause weggehen
hacerse (más) mayor	älter werden
advertir -ie-/-i- (le advierte; le advirtió)	auf etwas hinweisen; warnen
hacer de ...	arbeiten als
lucir poco	wenig glänzen, wenig einbringen
apretar: aprieto	drücken, zusammendrücken
la arruga	Falte (der Haut)
la ceja	Augenbraue
tozudo,-a	dickköpfig, halsstarrig
por lo menos	mindestens
estallar	explodieren
ser callado,-a	schweigsam sein
adelante	vorwärts
ir diciendo	nacheinander sagen
sin parar	immer wieder, unaufhörlich
merecer -zc-	verdienen, verdient haben
el disparate	Unsinn
el diamante	Diamant

L 30 Culturas, encuentros contrastes

la cultura	Kultur
el encuentro	Begegnung
el contraste	Gegensatz

Moros, judíos y cristianos

la singularidad	Einzigartigkeit
derivar de	sich herleiten aus

el hecho	Tatsache
la nación	Nation, Volk
la creencia	Glaube
distinto,-a	verschieden
islámico,-a	islamisch
fertilizar	befruchten
mutuo,-a	gegenseitig
integrarse	sich integrieren
Al Andalús	arabischer Name für Andalusien
convertirse en -ie-	werden zu
el maestro, la maestra	Meister, Lehrer/-in
aun	sogar
el visir	höchster Beamter
el Califato	Kalifat (von Córdoba)
musulmán,-a	islamisch
la bóveda	Gewölbe
la arquitectura morisca	maurische Architektur
introducir -zc-	einführen
elemento	Element
característico,-a	charakteristisch
gótico,-a	gotisch
oriental,-	orientalisch
transformar	verwandeln, umformen
coral,-	Chor-
el ritmo	Rhythmus
la armonía	Harmonie
recoger	(wieder) aufnehmen
el trovador	Troubadour, mittelalterlicher Sänger
la filosofía	Philosophie
griego,-a	griechisch
a través de	auf dem Weg über
el texto	Text
clásico,-a	klassisch
traducir -zc-	übersetzen
escuela	Schule
el traductor	Übersetzer
extender -ie-	verbreiten
significar	bedeuten
la ciencia	Wissenschaft; Naturwissenschaft
la medicina	Medizin
las matemáticas	Mathematik
la astronomía	Astronomie
irradiar	ausstrahlen
más allá de	jenseits von
los Pirineos	Pyrenäen
la crítica	Kritik
la lectura	Lektüre

Unión de tradiciones

la unión	Einheit
la tradición	Tradition
indígena,-	eingeboren
la importancia	Bedeutung
conservar	erhalten, beibehalten
hispanohablante,-	Spanisch sprechend
continuar (continúa)	fortsetzen
medieval,-	mittelalterlich
la herencia	das Erbe
los ingredientes	Ingredienzien, Bestandteile
reconocer: reconozco	wiedererkennen; anerkennen
gotas de una sustancia	Tropfen eines Stoffes, einer Substanz
ser ajeno a	fremd sein, nichts zu tun haben mit
el carácter	Charakter
estar presente	präsent sein, gegenwärtig sein
la mentalidad	Mentalität
hispanoamericano,-a	hispanoamerikanisch
el poema	Gedicht
indio,-a	indianisch
extraño,-a	fremd, merkwürdig, seltsam
emocionante,-	bewegend, ergreifend
proporcionar	verschaffen
la imagen	Bild
inca,-	Inca-
enterrar -ie-	begraben
la tortilla	Tortilla (in LAm: Maisfladen)
llorar	weinen
la leña	Feuerholz
el humo	Rauch

Vocabulario alfabético

Erläuterungen

llegar	ankommen 2	=	erscheint erstmals im Text von L 2.
alemán	deutsch 2 Ü	=	erscheint erstmals in einer Übung in L 2.
abierto	offen 8 G	=	erscheint erstmals in L 8, Grammatik.

Nicht aufgenommen sind unregelmäßige Verbformen, Zahlwörter und Strukturwörter wie Artikel, Personalpronomen usw.; vgl. Inhaltsverzeichnis Seite 3-9.

A

a	zu, nach 2
a continuación	dann 16
a esta hora	um diese Zeit 25
a estas horas	um diese Zeit 22 Ü
a favor	dafür 4
a gusto	wohl, angenehm 14
a Inés	(Akkusativ) 8
a la derecha	rechts 11
a la izquierda	links 11
a la plancha	gegrillt 15 Ü
a lo mejor	vielleicht 5
a los 50 años	mit 50 Jahren 10
a medias	zur Hälfte 23 Ü
a menudo	oft 25
a mi manera	auf meine Art 14
a mí, a ti...	mir/mich usw. 4
a miles de km	Tausende von km entfernt 10
a mis 50 años	mit meinen 50 Jahren 10
a pesar de todo	trotz allem 7
a pie	zu Fuß 10 Ü, 22
a precio especial	zu einem Sonderpreis 20 Ü
a principios de	zu Anfang 23 Ü
¿a qué hora?	um wie viel Uhr 10 G
¿a quién?	wem/wen? 13 Ü
a tiempo	rechzeitig 16
a través de	über; durch 18
a veces	manchmal 5
a ver cómo	mal sehen, wie 10
abajo	nach unten 26
abarrotado	überfüllt 25
abierto	offen, geöffnet 8 G
abrazo	Umarmung; Gruß 7
abril	April 6
abrir	öffnen 2
abrochar	zuknöpfen 16
absurdo	absurd 28
abuelo	Großvater 11 Ü, 23
aburrido	langweilig; gelangweilt 24 G
aburrimiento	Langeweile 11
acabar	zu Ende gehen 21
acabar de + inf.	soeben getan haben 11
acabarse	zu Ende gehen 21
acción	Aktion, Handlung 7
acelerado	beschleunigt 25
acelerar	beschleunigen 25
aceptar	annehmen 13
acercamiento	Annäherung 6
acompañar	begleiten 11
aconsejar	raten 26
acordarse	sich erinnern 15
acostarse	zu Bett gehen 4,6 G
acostumbrar	normalerweise tun 6
actitud	Haltung; Einstellung 6
actividad	Beschäftigung 7
acto	Akt; Handlung 20
acuerdo: de acuerdo con	in Übereinstimmung mit 14
adelante	vorwärts 29
además	außerdem 20
además de	außer 1
adiós	Ade, Wiedersehen 7
admirar	bewundern 4
adónde	wohin? 12 Ü
advertencia	Hinweis; Warnung 9
advertir	hinweisen 29
aeroplano	Flugzeug 12
aeropuerto	Flughafen 16
afeitarse	sich rasieren 16
afirmativamente	bejahend, zustimmend 6
afligido	betrübt 9
afortunadamente	glücklicherweise 7

agacharse	sich bücken 9
agobio	Druck, Belastung 6
agosto	August 3
agradable	angenehm 14 Ü
agradecer	danken 25 G
agradecido	dankbar 9
agua	Wasser 8
agua mineral	Mineralwasser 15 Ü
aguantar	aushalten 27
ahí	dort 5
ahora	jetzt 4
ahora que	jetzt, wo 13
ahorrar	sparen 16
aire	Luft 8
ajeno	fremd 30
al + inf.	beim ... 9
al fin	schließlich 16
al final	am Ende 29
al fondo	im Hintergrund 2
al lado de	neben 15
al revés	umgekehrt 16
ala	Flügel 10, 17
alcanzar	erreichen 18
alegrarse	sich freuen 21 G
alegre	fröhlich 11 Ü, 12
alegría	Freude 6
alejarse	sich entfernen 17
alemán	deutsch 2 Ü
Alemania	Deutschland 2 Ü
algo	etwas 2
algodón	Baumwolle 1
alguien	jemand 14 Ü, 21
algún	(irgend)ein 7 G
alguno	(irgend)einer 6
algunos	einige 6
alma	Seele 21
almohada	Kissen 9
almohadillado	gepolstert 9
alquilar	mieten; vermieten 19
alrededor de	rund um 28
alternativa	Alternative 27 Ü
alto	hoch; groß 28
alto	laut 14 Ü
allí	dort 11
ama de casa	Hausfrau 26 Ü
amable	freundlich 5
amanecer	Tag werden 27
amar	lieben 24
amarillo	gelb 12 Ü
América Latina	Lateinamerika 1 Ü
amigo, amiga	Freund, Freundin 6
amigo adj.	befreundet; Freundes... 12
amistoso	freundschaftlich 9
amnesia	Gedächtnisverlust 25
amo	Herr, Besitzer 21
amor	Liebe 8
¡anda!	los! 26
Andalucía	Andalusien 7
andar	gehen 4
andar justos	knapp sein 28
ángel	Engel 10
ángel protector	Schutzengel 17
animado	belebt, lebhaft 7
animal	Tier 19 Ü
anoche	gestern Abend 17 Ü
anorak	Anorak 17 Ü
anormal	anormal 20 Ü
ante	vor (örtlich) 6
anteojos	Brille 9
anterior	vorherig 25
anteriormente	vorher 25
antes	vorher 12 Ü, 15
antes de	vor 20 G
antiguo	alt 1
añadir	hinzufügen 28
año	Jahr 3
aparato	Apparat 4
aparcar	parken 22 Ü
aparecer	erscheinen 28
aparejar	bereit machen 27
apartamento	Appartement 2
apartarse	sich entfernen 8
apasionante	erregend 4
apellido	Familienname 23
apoyar	aufstützen; unterstützen 21
aprender a	lernen zu 13
apretar	drücken 18
aprontar	bereit machen 27
apuntes	Aufzeichnungen, Notizen 3
aquel, aquella	jener 18
aquí	hier, hierher 3
árabe	arabisch 1
Aragón	Aragonien 4
árbol de Navidad	Christbaum 6
argentino	argentinisch 6 Ü, 25
argumento	Argument 20
armario	Schrank 21
armonía	Harmonie 30
aromático	duftend 15
arquitecto	Architekt 28
arquitectura	Architektur 30
arreglar	reparieren, in Ordnung bringen 5
arriba	oben, aufwärts 25 Ü
arriesgue (span.: riesgo)	Risiko 27

arruga	Falte 29
arte	Kunst 13
artesano	Handwerker 15
artículo	Artikel 26 Ü
asado	Braten 15 Ü
asamblea	Versammlung 19
asar	braten 15 Ü
asco	Ekel 26
asegurar	versichern 29 Ü
asfaltado	asphaltiert 10
así	so 1
así: casos así	solche Fälle 5
asiento	Sitz, Sitzplatz 23 Ü
asilado	armer Heimbewohner 28
asomarse	hineinschauen; sich lehnen 21
asombrarse	erstaunen 23
asombro	Staunen 9
astronomía	Astronomie 30
asunto	Angelegenheit 27 Ü
ataque de nervios	Nervenzusammenbruch 17 Ü
atención	Aufmerksamkeit 23
atentamente	mit freundlichen Grüßen 7 Ü
atrás	hinten; zurück 2
aun	sogar 30
aunque	obwohl; selbst wenn 24
austríaco	österreichisch 4 Ü
autobiográfico	autobiographisch 3
autobús	Autobus 1 Ü, 16
automático	automatisch 4
automóvil	Auto 10
avión	Flugzeug 7 Ü, 10
ay	au! 25 Ü
ayer	gestern 1
ayudar a	helfen zu 1
azúcar	Zucker 1
azul	blau 8
azul marino	dunkelblau 12 Ü

B

bacanal	Orgie 7
bajar	hinuntergehen, -bringen 16
bajarse	absteigen 22
bajo adj.	niedrig 29
bajo prep.	unter 7 Ü, 19
balada	Ballade 10
balcón	Balkon, Balkontür 21 Ü, 26
baldosa	Fliese 9
bañarse	baden 21 Ü
baño	Bad 21 Ü
bar	einfaches Lokal 2
barato	billig 4
barco	Schiff 12
bastante	ziemlich; ausreichend 16 Ü
bastar	genügen 13
basura	Müll 28
beber	trinken 2
belén	Krippe 6
belleza	Schönheit 8 Ü, 24
bello	schön 4
beso	Kuss 6 Ü
bestia	Tier 27
biblioteca	Bibliothek 19 Ü
bicicleta	Fahrrad 6 Ü, 10
bien	gut 4 G
billete	Fahrkarte 6 Ü, 17
blanco	weiß 10
blando	weich 21 Ü
bloque	Block, Wohnblock 2
boca	Mund 19 Ü, 25
boca abajo	umgestürzt (mit dem Gesicht nach unten) 26
bocadillo	belegtes Weißbrot 15 Ü
bolígrafo	Kugelschreiber 3
bolsillo	Tasche, Hosentasche 19
bonito	schön, hübsch 12
borde: al borde de	am Rande von 17 Ü
bosque	Wald 4
bostezar	gähnen 11
botella	Flasche 2 Ü
botón	Knopf 16
bóveda	Gewölbe 30
brazo	Arm 19
brillante	strahlend 8
brillar	glänzen 23
brisa	Brise 12
bueno	gut 5 G
buenas	Tag! (Gruß) 23
bufón	Hofnarr 11
burro	Esel 22
buscar	suchen, abholen 19 Ü, 25 Ü
butaca	Sessel 17

C

cabalgata	Reiterzug 6
caballero	Herr 16 Ü
cabello	Haar 23
cabeza	Kopf 8
cabra	Ziege 14 Ü, 28
cabra: estar como una cabra	verrückt sein 14 Ü
cacao	Kakao 1
cada	jeder; alle 6
cada uno	jeder 26 G
cada vez menos	immer weniger 6
caer	fallen 9
café	Kaffee, Café 1
cafetería	Cafeteria 1 Ü
calcetines	Socken 16
calcular	rechnen 19 Ü
calidad	Qualität 15
caliente	warm, heiß 11 Ü
Califato	Kalifat 30
calma	Ruhe 29
calor	Wärme, Hitze 7 Ü
calva	Glatze 16
calvicie	Kahlheit 15
calzoncillos	Unterhosen 16
callado,-ito	ruhig, schweigsam 29
callar	schweigen, nichts sagen 3
calle	Straße 10
cama	Bett 16
camarero	Kellner 25 Ü
cambiar	sich ändern; wechseln 23
cambiar de	wechseln 23 Ü
camino	Weg 8 Ü, 10
camisa	Hemd 16
camiseta	Unterhemd 16
campaña	Kampagne 18
campesino	Bauer; Landarbeiter 19 Ü
camping	Campingplatz 2 Ü
canas	graue Haare 5
canción	Lied 26
candidato	Kandidat 18
cansado (de)	müde; überdrüssig 19 Ü, 28
cansancio	Müdigkeit 23 Ü
cansarse	müde werden 28
cantante	Sänger(in) 28
cantar	singen 6
cantidad	Menge 7
capaz	fähig 19
capitalismo	Kapitalismus 19
cara	Gesicht 8 Ü, 23
carácter	Charakter 30
característico	charakteristisch, typisch 30
cariñoso	liebevoll, zärtlich 7
carne	Fleisch 7
caro	teuer 9
carrera	Rennen, Wettlauf 17
carrera	Studium 29
carretera	Straße 2
carta	Brief 7
cartera	Brieftasche 21
casa	Haus 3
casa de óptica	Optikergeschäft 9
casado	verheiratet 11 Ü
casarse	heiraten 11 Ü
casete	Kassette 6 Ü
casi	fast 3
caso	Fall 5
caso: hacer caso	auf jmd. hören 26
castellano	kastilisch; spanisch 1
catalán	katalanisch 1
Cataluña	Katalonien 18 Ü
ceja	Augenbraue 29
celda	Zelle 19
celoso	eifersüchtig 13
cena	Abendessen 20 Ü, 29
cenar	zu Abend essen 8 Ü
centímetro	Zentimeter 25 Ü
centro	Zentrum, Schule 23
cerca de	in der Nähe von 2
cerdo	Schwein 15 Ü
ceremonia	Zeremonie 18
cerilla	Zündholz 4
cero	Null 1
cerrar	schließen 3 G
cielo	Himmel; Schatz 8, 26
ciencia	Wissenschaft 30
ciencia ficción	Sciencefiction 3
cierto	ein gewisser 22
cigarrillo	Zigarette 6 Ü
cine	Kino 4
cintura	Taille 16
cinturón de seguridad	Sicherheitsgürtel 17
circunstancia	Umstand 18
ciudad	Stadt 2
civilización	Zivilisation; Kultur 28
claro adj.	hell, klar 12 Ü
claro adv.	natürlich 2
clase	Klasse; Unterricht 4 Ü, 19

clásico	klassisch 3 Ü
clavel	Nelke 26
clima	Klima 23
climatizado	klimatisiert 25 Ü
clínica	Klinik 25
cocer	kochen 15
coche	Auto 9 Ü, 17
cocina eléctrica	Elektroherd 5
cocinero	Koch 26 Ü
codo	Ellbogen 21
coger	nehmen 16
colchón	Matratze 21 Ü, 28
colegio	Schule 12 Ü, 23
colgar	hängen; aufhängen 26
Colón	Kolumbus 15
colonia	Kölnisch Wasser 16
color	Farbe 8
colorado	rot 12 Ü
columna vertebral	Wirbelsäule 14
comedia	Theaterstück 13
comentar	von etwas sprechen 24 Ü
comenzar	beginnen 23
comer	essen 2
comercio	Handel; Geschäft 8 Ü
comida	Essen 12 Ü
comienzo	Beginn 28
como	wie 1
como	als 4
como	da 6 Ü
como si	als ob 28
¿cómo?	wie? 3
compañero,-a	Kamerad/-in 22 Ü
compañía aérea	Luftfahrtgesellschaft 16
completamente	völlig 19 Ü
compra	Einkauf 13
comprar	kaufen 5
comprender	verstehen 9
comprimir	zusammendrücken 16
comunicación	Verbindung 8 Ü
comunismo	Kommunismus 19 Ü
con	mit 1 Ü, 2
concierto	Konzert 13 Ü
conclusión	Schlussfolgerung 19 Ü
conde	Graf 22
condesa	Gräfin 28
conducir	führen; Auto fahren 21 Ü
confesar	gestehen 18
confirmar	bestätigen 28
conflicto	Konflikt 7
conformarse	sich zufriedengeben 28
congelador	Tiefkühlschrank 5
congelar	tiefkühlen 21 Ü
congestionado	hochrot 17
conmigo	mit mir 4
conocer	kennen; kennenlernen (5), 6
conocimiento	Kenntnis 1
consciente	bewusst 19 Ü
consejo	Rat 26
conservar	erhalten, bewahren 30
considerar	betrachten 4
consigo	mit sich 4
constante	ständig 12 Ü
constar de	bestehen aus 1
construcción	Bau 28 Ü
construir -y-	bauen 14
consumo	Verbrauch; Konsum 5
contar	erzählen; zählen 6 G, 12
contento	zufrieden 2
contestar	antworten 20
contigo	mit dir 4
continuación	Fortsetzung 16
continuar	fortsetzen 30
contra	gegen 4, 17
contraste	Gegensatz 30
convencer	überzeugen 23
convencional	konventionell 28 Ü
conversación	Gespräch 29
convertirse	sich verwandeln; werden zu 19
conviene	es ist zweckmäßig 26
convivir	zusammenleben 23
coral	Chor- 30
corazón	Herz 8
corbata	Krawatte 16
cordero	Lamm 15
Correos	Post, Postamt 13 Ü
correr	rennen, laufen, schnell fahren 10
correr prisa	eilig sein 27
corresponder	entsprechen 19 Ü
corriente	normal 20 Ü
cortar	schneiden 30 Ü
cortina	Vorhang 14
corto	kurz 18
cosa	Sache, Ding 4

costa	Küste 2
costar	kosten; Mühe machen 6, 20
costar: me cuesta	
costumbre	Brauch, Gewohnheit 6
creación	Schöpfung 8
crear	schaffen, schöpfen 28
creciente	wachsend, zunehmend 6
creencia	Glaube 30
creer en	glauben an 4
criado, criada	Diener/-in 11
crisma	Kopf, Schädel 25
cristal	Glas 7, 9
cristalino	glasklar 8
cristiano	christlich 15
crítica	Kritik 30
criticar	kritisieren 22 G
crítico	kritisch 25 Ü
cuadernillo	kleines Heft 10
cuadro	Bild 11
¿cuál?	welche, -r, -s? 20; 24
cualquier	irgendein 26 G
cualquiera	irgendein 21
cuando	wenn (zeitlich) 4
cuándo	wann 7 Ü
cuánto	wie viel, wie sehr 19 Ü
cuántos	wie viele 6 Ü, 25
cuarto	Viertel 10 G
cuarto	vierter 11
cuarto	Zimmer 23
cuarto de estar	Wohnzimmer 5 Ü
cubierto	bedeckt 21 Ü
cuchara	Löffel 15 Ü
cuchillo	Messer 15 Ü
cuenta	Rechnung 15 Ü, 16
cuero	Leder 9
cuerpo	Körper 14 Ü
cuestión	Frage, Angelegenheit 5
cuestión: en cuestión	um den es geht 5
cuidado	Vorsicht 26 Ü, 28
cuidadoso	vorsichtig 15
cuidarse	sich pflegen 25 Ü
culinario	kulinarisch 15
cultura	Kultur; Bildung 28
cuñado	Schwager 11 Ü
cura	Pfarrer, Geistlicher 23
curiosidad	Neugier 23 Ü
curso	Kurs 4 Ü, 23
curvo	gekrümmt 10
cuyo	dessen, deren 15

CH

chapotear	plätschern 7
charlar	sich unterhalten, plaudern 12
cheque	Scheck 13 Ü
chica, chico	Mädchen, Junge 4
chileno	chilenisch 18 Ü
chiquillo	kleiner Junge 26
chocar	stoßen; zusammenstoßen 9
chocolate	Schokolade 1
cholo	Indio oder Mestize 23
chorizo	Paprikawurst 15
chuleta	Kotelett 15 Ü

D

dama	Dame 8
dar	geben 4
dar igual	egal sein, gleich sein 14 Ü
dar las gracias	danken 5
dar pena: me da pena	er tut mir leid 27
dar sorpresas	Überraschungen bereiten 13 Ü
dar un paseo	einen Spaziergang machen 4
dar un paso	einen Schritt tun 20
dar vueltas	sich drehen 28
de	
de 5 años	5-jährig 11
de aburrimiento	vor Langeweile 11
de año en año	von Jahr zu Jahr 6
de compras	beim/zum Einkaufen 13 Ü
de costumbre	gewöhnlich 23
de la mano	an der Hand, Hand in Hand 12
de mayor	als Erwachsener 29
de modo que	so dass; also 9
de momento	zur Zeit, im Augenblick 3
de nada	bitte 5 Ü
de nuevo	wieder, von Neuem 28
de origen	von Herkunft 1
de pie	stehend 23
de prisa	eilig 24 Ü, 25
de pronto	plötzlich 8
de repente	plötzlich 17 Ü

de segunda mano	gebraucht, aus zweiter Hand 22 Ü
de sobra	mehr als genug 29
de todas maneras	jedenfalls 18
de una vez	endlich einmal 23
de vacaciones	in Urlaub, in Ferien 3
de vez en cuando	ab und zu 11 Ü
deber	sollen; müssen 23
débil	schwach 11 Ü, 20
decidir	beschließen 28
decidirse por	sich entscheiden für 19 Ü
décimo	zehnter 11
decir	sagen 9
decisión	Entschluss; Entscheidung 24 Ü
dedicar	widmen 25
dedo	Finger 25
dejar	lassen; leihen 13
dejar que	zulassen, dass 23
del tiempo	nach Saison 15 Ü
del todo	ganz 12 Ü, 23
delante de	vor (örtl.) 11
delgado	schlank 22 Ü
demás: los demás	die Übrigen 20
demasiado	zuviel; zu sehr 1
democracia	Demokratie 19 Ü
demócrata	Demokrat 23
dentro de	innerhalb von; nach (einer Zeit) 9 Ü
depender de	abhängen von 2
deporte	Sport 13 Ü
derecho: al lado ~	rechts 11
derribar	umstürzen 19
desagradable	unangenehm 20 Ü
desayunar	frühstücken 16
desayuno	Frühstück 25 Ü, 28
descansar	ausruhen 3
descanso	Ruhe, Rast 3
descendiente	Nachkomme 13
descompensado	nicht im Gleichgewicht 25
desconocido	unbekannt 1
descontar	abziehen 19 Ü
descubierto	entdeckt 9
descubrimiento	Entdeckung 30
descubrir	entdecken 9
desde	von ... aus (örtlich) 2
desde	seit; von ... an (zeitlich) 18
desde hace	seit 23 G
desde luego	natürlich 5
desear	wünschen 10 Ü, 14
desear que + Subj.	wünschen, dass 22 G
deseo	Wunsch 18
desfile	Defilee, Vorbeiziehen einer Reihe 18
desgracia: por desgracia	unglücklicherweise 25
deshacerse	hinschmelzen; (auch: sich befreien von) 21
desnaturalizado	entartet 22
desnudarse	sich ausziehen 25
desnudo	nackt 19
despacio	langsam 26 Ü
despedida	Abschied 26
despegar	starten, abheben (Flugzeug) 17
despertar	wecken 16 Ü
despertarse	aufwachen 16
después	dann, danach 2
después de + Inf.	nachdem ... 10 Ü
desterrado	verbannt 10
destruir	zerstören 14 G
desvivirse	sich verzehren 27
detalle	Detail 6
detenerse	anhalten 10
detrás	hinten 11 Ü, 22
detrás de	hinter 11
día	Tag 6
día: el otro día	neulich 29 Ü
diabético	Diabetiker 25
diagnosticar	diagnostizieren; ein Urteil abgeben 5
diamante	Diamant 29
diario	täglich 25 Ü
diccionario	Wörterbuch 19 Ü
dicho	gesagt 8 G
diciembre	Dezember 6
diferente	verschieden 4
difícil	schwierig 1
dificultad	Schwierigkeit 17 Ü
dinero	Geld 3 Ü, 5
Dios	Gott 5
Dios: gracias a Dios	Gott sei Dank 5
Dios: por Dios	um Gottes Willen 19 Ü
dirección	Adresse 5
dirección	Richtung 22
directo	direkt 23
director	Direktor 4
disciplinado	diszipliniert 18
disco	Schallplatte 5
discreto	diskret 16
discusión	Diskussion 28 Ü
discutir	diskutieren 19

diseñar	zeichnen, entwerfen 18
disfraz	Maske, Verkleidung 4
disfrutar + Ger.	es genießen, zu 25
disfrutar de	etwas genießen 25 Ü
disparate	Unsinn 29
dispensario	Klinik 25
disposición: estar a su disposición	zur Verfügung stehen 13
distinto	verschieden; anders 30
divertirse	sich vergnügen, sich gut unterhalten 26
divorciarse	sich scheiden lassen 11 Ü
doble	doppelt 9
doctor	Doktor, Arzt 5 Ü, 14
doler	schmerzen, weh tun 23
dolor	Schmerz 14
don	(+ Vornamen) 11
donativo	milde Gabe, Spende 6
donde	wo 5
¿dónde?	wo? 5
doña	(+ Vornamen) 8
dormir	schlafen 19 Ü, 29
dormitorio	Schlafzimmer 21 Ü
ducha	Dusche 16 Ü
ducharse	sich duschen 21 Ü
dudar	zweifeln 22 G
duque	Herzog 13
durante	während 14

E

e	und 1
echar	werfen, gießen 15
echar en cara	vorwerfen 27
echar por el suelo	auf den Boden werfen 23
echarse	sich hinlegen 21
edad	Alter 11
edificar	bauen 2
educación	Erziehung 25 Ü
eficacia	Wirksamkeit 18
¿eh?	5
ejemplo	Beispiel 1
el ... más importante	der wichtigste ... 6 G
electricista	Elektriker 5
eléctrico	elektrisch 5
electrodoméstico	Haushaltgerät 5
elemento	Element 30
elevarse	sich erheben 17
elixir	Elixir 15
ella	sie 4
ellos	sie 2
elogiar	loben 13
embajador	Botschafter 18
eminente	hervorragend 18
emocionante	bewegend 30
emperador	Kaiser 2
empezar	anfangen 3 G
empleado	Angestellter 11
emplear	verwenden 15
emprender	unternehmen 17
en	in, an, auf 1
en bicicleta	mit dem Fahrrad 10
en casa	zu Haus; bei uns 3
en contra	dagegen 4
en dirección a	in Richtung 22
en el fondo	im Grunde 5
en eso	darin, in dieser Hinsicht 4
en especial	besonders 6
en fin	na ja; also 1
en medio de	inmitten von 15
en público	in der Öffentlichkeit 25
en realidad	eigentlich; in Wirklichkeit 4
en Reyes	zu Dreikönig 6
en todas partes	überall 23
en vez de	anstelle von 6
en voz alta	laut 12
enamorado	verliebt 13
encaminarse	sich auf den Weg machen 9
encantar	gefallen, begeistern 4
encargar	bestellen 16
encerrado	eingeschlossen 19
encinal	Eichenwald 11 Ü
encogerse de	(Achseln) zucken 17
encontrar	treffen; finden 18
encuentro	Begegnung 30
encuesta	Umfrage 6
enemigo	Feind 20
enero	Januar 6
enfadarse	böse werden 13
enfermarse	krank werden 23
enfermedad	Krankheit 24
enfermera	Krankenschwester 25
enfermo	krank 14
enfrente de	gegenüber von 11
enorme	enorm, riesig 3

ensalada	Salat 15 Ü
ensayar	versuchen 20
enseguida	sofort 16 Ü, 29
entender	verstehen 3
entero	ganz 19
enterrar	beerdigen 30
entonces	dann 13
entrar en	eintreten 1
entre	zwischen 10
entre mayores	unter Erwachsenen 6
entusiasmo	Begeisterung 2
envejecer	älter werden 24
envolver	einwickeln, einhüllen 17
episodio	Episode 20
época	Epoche, Zeit 2
es decir	das heißt 18
es que ...	nämlich 5
escalera	Treppe; Leiter 23
escándalo	Skandal 23
escaparate	Schaufenster 19
escoger	auswählen 29
escolar	Schul- 18
escribir	schreiben 3
escrito	geschrieben 8 G
escritor	Schriftsteller 3
escuela	Schule 2 Ü
escupir	ausspucken 25
ese, esa	dieser 9 G
eso	das 4
España	Spanien 1
español	spanisch 1
espárrago	Spargel 15 Ü
especia	Gewürz 15
especial	speziell, besonderer 6 Ü
espejo	Spiegel 11
esperanzado	voll Hoffnung 17
esperar	erhoffen 6
esperar	erwarten 12
espléndido	glänzend, glanzvoll 8
esposa	Ehefrau 18
esquiar	Ski fahren 27 Ü
estación	Station, Bahnhof; Jahreszeit 16 Ü, 21 Ü
estado	Zustand 23 Ü
Estado	Staat 19 Ü
estado civil	Personenstand 11 Ü
estallar	ausbrechen 29
estar bien	sich wohlfühlen; in Ordnung sein 7
estar como una cabra	(wie) verrückt sein 14 Ü
este, esta	dieser 9
estimado	sehr geehrter 7 Ü
esto	das 9
estratagema	(Kriegs-)List 20
estrategia	Strategie 18
estrellarse	zerschellen 17
estremecerse	erzittern 21
estuche	Etui 9
estudiante	Student, Schüler 4 Ü
estudiar	lernen, studieren 1
estupendo	großartig, ausgezeichnet, toll 26
estupidez	Dummheit 14
estúpido	dumm 14
etc., etcétera	usw. 15
eterno	ewig 15
étnico	Volks-, Rassen- 23
europeo	europäisch 30
evidente	offensichtlich 18
exacto	genau 4
exagerar	übertreiben 23 Ü
examen	Prüfung 28 Ü
excelencia	Exzellenz 13
exclamar	ausrufen 22
existir	bestehen, vorhanden sein 2
experiencia	Erfahrung 4
explicar	erklären 1
explicación	Erkärung 19 Ü
extender	ausbreiten, ausstrecken 25
extranjero	ausländisch, Ausländer; Ausland 19 Ü
extraño	fremdartig, merkwürdig 30

F

fábrica	Fabrik 5
fácil	leicht 11 Ü
facultad	Universitätsfakultät 19
falta: me hace falta	ich brauche 24
falta de	Fehler; Fehlen 27
faltar	fehlen 27
familia	Familie 1
famoso	berühmt 2
fanático	fanatisch, Fanatiker 5
farmacia	Apotheke 24 Ü
fascismo	Faschismus 19

fatal	fatal; schlimm; in schlechtem Zustand 5
favor: a favor	zugunsten von 4
favor: por favor	bitte 2 Ü
febrero	Februar 6
fecha	Datum 25 Ü
felicidad	Glücksgefühl; Glückwunsch 5
feliz	glücklich 7
feo	hässlich 11 Ü
fertilizar	befruchten 30
fiesta	Fest 4 Ü, 6
figura	Figur 11
fijarse	aufpassen 25 G
filete	Filet; Stück Fleisch 15 Ü
filosofía	Philosophie 30
fin de año	Jahresende 6
fin	Ende, Ziel, Zweck 5
fin: al fin	am Ende 20
final	Ende 13
final: a finales de	Ende (Jahr, Monat) 13 Ü
finalmente	schließlich 18
fino	fein 15
firme	fest 20
flaco	dürr 22
flecha	Pfeil 8
flechazo	plötzliche Liebe 8
flor	Blume 8
fondo: al fondo	im Hintergrund 2
fondo: en el fondo	im Grunde 5
forma	Form 28
formar parte	gehören zu, ein Teil sein von 1
foto	Foto 4 Ü, 21
francés	französisch 1
Francia	Frankreich 2 Ü
franco (suizo)	Franken 10 Ü
frasco	Fläschchen 16
frecuencia	Häufigkeit 11
fresa	Erdbeere 15 Ü
frío	kalt; Kälte 4
frito	gebraten, gebacken 15 Ü
fruta	Obst 15 Ü
fruto	Frucht 28
fuera	draußen 4
fuerte	stark 8
fuerza	Kraft; Gewalt 17
fumar	rauchen 19 Ü, 25
funcionar	funktionieren 5 Ü
fundamental	grundlegend 19
futuro	Zukunft 23 Ü

G

gafas	Brille 9
Galicia	Galicien 3
gallego	galicisch 1
gana: de mala gana	ungern 13
gana: me da la gana	es passt mir; ich will einfach 26
gana: tener gana	Lust haben 26
ganar	verdienen 13 Ü
ganas	Lust 3
garaje	Garage 10 Ü
gas	Gas; Kohlensäure 15 Ü
gasolina	Benzin 23 Ü
gastar	ausgeben 5
general	General; allgemein 19
generosidad	Großzügigkeit 6
genial	genial 28
genio	Laune; Genie 13, 28
gente	Leute 2
germánico	germanisch 1
gobierno	Regierung 19 Ü
golpe	Schlag 20
gordo	dick 22
gota	Tropfen 22
gótico	gotisch 30
gracia: tener gracia	lustig sein 26
gracias	Dank; danke 5
gracias a Dios	Gott sei Dank 5
gracioso	lustig, witzig 26 Ü
grado	Grad 7 Ü
gran	groß 7 G
grande	groß 6 Ü, 7 G
griego	griechisch 30
gripe	Grippe 23
gris	grau 7
grupo	Gruppe 1 Ü, 28
guapo	gut aussehend 13
guarda	Wächter 2
guardia	Polizist 24 Ü
guerra	Krieg 1
guirigay	Durcheinander 15
guitarra	Gitarre 28
gustar	gefallen 4
gusto: a gusto	mit Genuss 14

H

haber	haben 7
habitación	Zimmer 16

hablar	sprechen 1
hace ... que	seit 23
hace tiempo	vor einiger Zeit 20
hacer + Inf.	veranlassen; dazu bringen 14
hacer	tun, machen 3
hacer	(Wetterangaben) 7 Ü
hacer bien	gut daran tun 13
hacer caso	ernst nehmen 26
hacer de	arbeiten als 29
hacer deporte	Sport treiben 13 Ü
hace falta	fehlt, wird gebraucht 24
hacer rebaja	Rabatt geben 5
hacer todo por	alles tun, um zu 17
hacerse mayor	älter werden 29
hacerse polvo	zerbrechen 9
hacia	gegen, in Richtung 17
hacía tiempo	vor einiger Zeit 29
hambre	Hunger 24 Ü
harina	Mehl 15
hasta	bis 4
hasta	sogar 11
hasta luego	auf Wiedersehen
hasta que	bis 27 G
hay	es gibt 10
hay que	man muss 7 G
hecho	gemacht, getan 8 G
hecho	Tatsache 30
helado	(Speise-)Eis 15 Ü
herencia	Erbe 30
hermana	Schwester 11
hermano	Bruder 11 Ü
hermoso	schön 10
hierba	Gras 12
hierro	Eisen 28
hijito	Söhnchen 26
hijo	Sohn 11 Ü
hispanoamericano	hispanoamerikanisch 19 Ü, 30
hispanohablante	Spanisch sprechend 30
hoja	Blatt 10
hola	hallo (Gruß) 23
hombre	Mann, Mensch 8
hombro	Schulter 17 Ü
hora	Stunde; Uhrzeit 3
horrible	schrecklich 24 Ü
horrorizar	entsetzen 4
hospital	Krankenhaus 7 Ü
hotel	Hotel 2
hoy	heute 1
huevo	Ei 15
huevo de Colón	Ei des Kolumbus 15
huir	fliehen 20
húmedo	feucht 4
humo	Rauch 30

I

idea	Idee 28
identificarse con	sich identifizieren mit 12 Ü
idioma	Sprache 7 Ü
ídolo	Idol 28
igual	gleich 11 Ü
igual: dar igual	gleichgültig sein 14Ü
-illa, -illo	(Verkleinerung) 10, 21
imagen	Bild 30
imaginación	Phantasie, Vorstellung 12 Ü
imaginarse	sich etw. vorstellen 24 Ü
imbécil	Idiot, Schwachkopf 12
importancia	Bedeutung, Wichtigkeit 30
importante	bedeutend, wichtig 6 G
importa que + Subj.	es ist wichtig, dass 21
importar	etw. ausmachen 14 Ü, 21
imposible	unmöglich 20 Ü
impresión	Eindruck 23
impresionar	beeindrucken 18
inca	Inka 30
incapaz	unfähig 20 Ü
incesante	unaufhörlich 19
incluso	sogar 18
increíble	unglaublich 7
indígena	Eingeborener 30
indio	Indio 30
indiscreto	indiskret 20 Ü
inexacto	ungenau; unrichtig 20 Ü
infalible	unfehlbar 15
infancia	Kindheit 19 Ü
información	Information 9 Ü
informar	informieren 30 Ü
inglés	englisch 1
ingrediente	Zutat 30
ingreso	Eintritt (in Schule) 23
injusto	ungerecht 20 Ü
inmediatamente	sofort 25 Ü

inmenso	immens, riesig 18
inmoderado	unmäßig, maßlos 18
innumerable	unzählbar 10
inocente	unschuldig, naiv 13
inquietud	Unruhe 9
inseguro	unsicher 20 Ü
insensato	unvernünftig 20
intentar	versuchen 11
interés	Interesse 28 Ü
interesante	interessant 2 G
interesar	interessieren 4
interior	innerer 16 Ü
internado	Internat 23
interno	Internatsschüler 23
intoxicado	vergiftet 19
intranquilo	unruhig 20 Ü
introducir	einführen 30
inventar	erfinden 12
invierno	Winter 6 Ü, 19
invisible	unsichtbar 8
invitar	einladen 19 Ü
ir	gehen, fahren 4
ir a + Inf.	(nahe Zukunft) 11
ir a ver	besuchen 27
ir andando	zu Fuß gehen 22
ir montado en	reiten auf 22
ir vestido	angezogen sein 4
irse	weggehen 10 Ü, 16 G, 27
irradiar	ausstrahlen 30
-ísimo	(hoher Grad) 9
isla	Insel 25
islámico	islamisch 30
Italia	Italien 2 Ü
italiano	italienisch 1
-ito	(Verkleinerung) 26
izquierdo	linker 11

J

jabón	Seife 16
jamón serrano	luftgetrockneter Schinken 15
jeans	Jeans 17 Ü
jefe	Chef 19 Ü
Jerez	Sherry 2 Ü
joven	jung 23
judías	Bohnen 15 Ü
judío	jüdisch, Jude 15
jugar	spielen 11
jugo	Saft 2 Ü, 15 Ü
julio	Juli 6
junio	Juni 6
junto a	neben 10
juntos	zusammen 12
jurar	schwören 24
justicia	Gerechtigkeit 20
justificado	gerechtfertigt 10
justo	gerecht, genau 10
justo: andar justo	knapp dran sein 28
juventud	Jugend 15

K

kilo	Kilo 5 Ü
kilómetro	Kilometer 10

L

labio	Lippe 10
labrador	Bauer, Landmann 22
lado	Seite 11 Ü, 15
lágrima	Träne 14
lámpara	Lampe 26
lanzarse a	sich stürzen in 7
lápiz	Bleistift 10
largo	lang 18
latino	lateinisch, romanisch 1
laureado	preisgekrönt 18
lavabo	Waschbecken; Toilette 16
lavadora	Waschmaschine 5
lavaplatos	Geschirrspülmaschine 5
lavar	waschen 7 Ü, 15
leche	Milch 15 Ü
lección	Lektion 1 Ü
lector	Leser 19
lectura	Lektüre 19
leer	lesen 3
lejos	weit 7 Ü, 25
lengua	Sprache; Zunge 1, 25
leña	Holz (für Feuer) 30
levantarse	aufstehen 4
libre	frei 14 Ü
librería	Buchhandlung; Bücherregal 7 Ü, 19
libreta	Notenbuch 23
libro	Buch 3
lienzo	Leinwand; gemaltes Bild 28
limón	Zitrone 9 Ü
limpiar	putzen, reinigen 21 Ü
limpio	sauber 13 Ü, 19

línea aérea	Fluglinie 17
listo	fertig; gescheit 24 G
literario	literarisch 18
literatura	Literatur 18 Ü, 19
litro	Liter 5 Ü
lo antes posible	so bald wie möglich 29 Ü
lo malo	das Schlimme 5
lo más importante	das Wichtigste 6 G
lo paso mal	es geht mir schlecht 7
lo que	(das,) was 6, 20
loco	verrückt 14
locura	Wahnsinn, Verrücktheit 14
lograr: logro + Inf.	es gelingt mir zu 17
los demás	die Übrigen 20
los dos	beide 4
lucir	leuchten 29
luego	dann 7
lugar	Ort 11
luminoso	leuchtend 17
lunes ...	Montag 8 Ü, 15

LL

llama	Flamme 17
llamar	rufen 5
llamar por teléfono	anrufen 5
llamarada	flackernde Flamme 17
llamarse	heißen 11
llanura	Ebene 10
llave	Schlüssel 21 Ü, 25 Ü
llegar a	ankommen 2
llegar tarde	zu spät kommen 4
lleno	voll 11
llevar	tragen; hinbringen 21
llevar razón	recht haben 24 Ü
llevar: le lleva un rato	er braucht einige Zeit 9
llevarse sorpresas	Überraschungen erleben 7
llorar	weinen 30
llover	regnen 7 Ü
lluvia	Regen 4

M

macho	Junge; männlich 26
madre	Mutter 11
maestro	Meister 30
maíz	Mais 1
mal adv.	schlecht 7
maleta	Koffer 16
malo	schlecht 5
maltratar	misshandeln 20
mamá	Mama 13
mamita	Mama 26
mandar	schicken 23
mandar	befehlen 24
manera: a mi manera	auf meine Art 14
manera: de todas maneras	auf alle Fälle 18
manía	Manie 4
mano	Hand 12
mano: de la mano	Hand in Hand 12
manso	zahm, weich 12
manta	Decke 26 Ü
mantel	Tischdecke 26
mañana adv.	morgen 4 Ü
mañana	Vormittag 2
máquina de escribir	Schreibmaschine 3
mar	Meer 10
maravilloso	wunderbar 14
marca	Marke 20 Ü
marido	Ehemann 11 Ü, 13 Ü, 29
marino: azul marino	dunkelblau 12 Ü
marrón	braun 12 Ü
marzo	März 6
mas	aber 19 Ü
más	mehr 3
más ... que	mehr als 6 G
más de	mehr als (vor Zahlen) 28
más: las ... más baratas	die Billigsten 4
más: que más le gusta	am besten ... 24 Ü
más allá de	jenseits von 30
masaje	Massage 25 Ü
matar	töten 20
matemáticas	Mathematik 30
mayo	Mai 6
mayor	größer; älter, ältester 11
mayor Adj.	größer 9
mayor: los mayores	Erwachsene 6
medicina	Medizin 30
médico	Arzt 13
medieval	mittelalterlich 30
medio	halb 5
medir	messen 28
mejor	besser 6 G
mejor: a lo mejor	vielleicht 5
mejor: el mejor	der Beste 6 G

melancolía	Melancholie 6
mencionar	erwähnen 18
menina	junge Hofdame 11
menor	jünger, kleiner 11
menos ... que	weniger als 6 G
menos cuarto	Viertel vor 10 G
mensaje	Botschaft, Nachricht 14
mentalidad	Mentalität 30
mentira	Lüge 12
menú	Menü; Speisekarte 15 Ü
mercado	Markt 15
merced: a mi merced	mir ausgeliefert 20
merecer	verdienen 18
mes	Monat 3
mesa	Tisch 15, 21
mesilla	Tischchen 21
meter	hineinstecken 16
meterse	anziehen 16
meterse en líos	sich in Schwierigkeiten bringen 21 Ü
mi	mein 11
micro-ondas	Mikrowelle 5
miedo	Angst 14
mientras	während 20
mientras que	während (Gegensatz) 22
mientras tanto	unterdessen 25
mil, miles	tausend, Tausende 10
milagro	Wunder 9
militar	militärisch; Militär 23
millón	Million 1
ministro	Minister 23
minuto	Minute 10 G
mío	mein 11
mío: ¡Dios mío!	mein Gott! 17
mirada	Blick 8
mirar	schauen 2
misa del gallo	Mitternachtsmesse 6
misericordioso	mitleidig 20
mismo	selbst; derselbe 4
mismo: hoy mismo	noch heute, gleich heute 13 Ü
mismo: lo mismo que	das Gleiche wie; ebenso wie 13 Ü
misteriosamente	geheimnisvoll 8
moderno	modern 1 Ü
modesto	bescheiden 28
modo	Art und Weise 9
modo: de modo que	so dass 9
molestar	stören 28 Ü
molestarse	sich die Mühe machen 17
momento	Moment, Augenblick 3
monje	Mönch 19
montaña	Berg, Gebirge 8
montar	reiten 22
morcilla	Blutwurst 15
moreno	dunkel (Haar) 24 G
morirse	sterben 19 Ü, 23
morisco	maurisch 30
moro	Maure 15
motivo	Motiv, Anlaß 11
moto, motocicleta	Motorrad 10 Ü
mover	bewegen 28
muchacha	Mädchen 19
muchacho	Junge 29
mucho	viel; sehr 2 Ü, 3
mucho adv.	sehr 4
muchos	viele 1
mueble	Möbel 21 Ü
muerte	Tod 14
muerto	gestorben; tot 8 G
mujer	Frau 11 Ü
mula	Maultier 27
múltiple	mehrfach 6
multitud	Menge (Leute) 4
mundo	Welt 1
murmurar	maurisch 30
muro	Maure 15
museo	Motiv, Anlass 11
música	Motorrad 10 Ü
musulmán,-a	islamisch 30
mutuo	gegenseitig 30
muy	sehr 1
muy señores míos:	Sehr geehrte Herren 7 Ü

N

nacer	geboren werden 6 G
nacimiento	Geburt; Krippe 6
nación	Land 30
nada	nichts 3
nada más	nichts weiter 3
nada: de nada	bitte 5 Ü
nadie	niemand 4
nalgas	Gesäß 25 Ü
naranja	Orange 2 Ü, 26
nata	Sahne 15 Ü
natural	natürlich 15
navarro	von Navarra 15 Ü
Navidad	Weihnachten 6

navideño	Weihnachts- 6
necesidad	Notwendigkeit 3
necesidades	Notdurft 27
necesitado	bedürftig 6
necesitar	brauchen 2
negar	verneinen; leugnen 18
negro	schwarz 12 Ü
nervioso	nervös 17 Ü
nevera	Kühlschrank 5
ni	und nicht 7
ni hablar	keine Spur!, kommt nicht in Frage! 27
ni yo misma	nicht einmal ich selbst 14
ni … ni …	weder … noch 8 G
niebla	Nebel 4
nieto	Enkel 11 Ü
ningún, ninguno	kein 7 G
nieve	Schnee 15
niño	Kind 6
nivel	Niveau 23
níveo	schneeweiß 15
no	nein; nicht 1
no … del todo	nicht ganz 12 Ü, 23
noche	Nacht 3 Ü
Nochebuena	Heiligabend 6
nomás	schon 27
nombre	Name; Vorname 12
normal	normal 20 Ü, 25
norte	Norden 4
nota	Note 23
notar	bemerken 26 Ü
noticia	Nachricht 19
novela	Roman 19
noviembre	November 6
nube	Wolke 12
nuestro	unser 11
nuevo	neu 5
nuevo: de nuevo	wieder 28
número	Nummer 6
nunca	niemals 4

O

o	oder 1
ó	oder (zwischen Zahlen) 6
o sea	das heißt 19 Ü
obedecer	gehorchen 13
objeto	Objekt; Gegenstand 28
obligar a	zwingen 13
obligatorio	obligatorisch; Pflicht- 20 Ü
obra	Werk 18
obrero	Arbeiter 4
observar	beobachten 6
obstáculo	Hindernis 17
ocasión	Gelegenheit 6
Occidente	Okzident; westliche Welt 7
octubre	Oktober 6
oculto	verborgen 17
ocupar	besetzen; innehaben 23
ocuparse de	sich kümmern um 29
ocurrir	geschehen; vorkommen 9
ocurrírsele: se me ocurre	es fällt mir ein 26
oda	Ode 28
oficina	Büro 17
oficina de turismo	Fremdenverkehrsamt 24 Ü
ofrecer	anbieten 6
ofrenda	Opfer 24
oír	hören 3
ojo	Auge 8
olvidar	vergessen 28 Ü
operación	Operation 14
opinión	Meinung 12
óptica	Optik 9
orden	Ordnung 3
orgía	Orgie 19
orgullo	Stolz 19
oriental	orientalisch 30
Oriente	Orient; östliche Welt 7
origen	Ursprung 1
oscuro	dunkel 12 Ü, 23
otoño	Herbst 3
otra vez	wieder; noch einmal 5
otro	ein anderer; noch einer 2
otro: el otro día	neulich 29 Ü
otros	andere 1

P

paciencia	Geduld 26 Ü
padre	Vater 11
padres	Eltern 11
pagar	bezahlen 16
país	Land 4
paisaje	Landschaft 19
pájaro	Vogel 8

palabra	Wort 1
palacio	Palast 11
pan	Brot 15 Ü
panorama	Panorama 7
pantalón	Hose 16
panza	Bauch, Wanst 16
papá, papito	Papa 26
papel	Papier 3
paquete	Paket 13 Ü
para	für 5
para nada	umsonst 17
para + Inf.	um zu 7 G
para que	damit 23
parada	Haltestelle 16 Ü
paraguas	Schirm 28 Ü
paraíso	Paradies 2
parar	an-/aufhalten 28
parar: sin parar	unaufhörlich 29
parecer	scheinen 6
parecer: ¿no te parece?	findest du nicht? 22
pared	Wand 21 Ü
pareja	Paar 12
pariente	Verwandter 6
parking	Parkplatz, Parkhaus 15 Ü
parte	Teil 1
parte: en todas partes	überall 23
parte: formar parte	gehören zu 1
particular	Privat-; besonders 23
pasar	verbringen 2
pasar: le pasa algo	es ist etwas los mit ihm 5
pasarlo bien/mal	eine gute/schlechte Zeit haben 7
pasearse	spazieren gehen 12
paseo	Spaziergang 4
pasillo	Gang 16
paso: dar un paso	einen Schritt tun 20
pastilla de jabón	Stück Seife 16
patata	Kartoffel 15 Ü
patricio	Patrizier 28
paz	Frieden 10
pedir	bitten; fordern 9
peinarse	sich kämmen 16
peine	Kamm 16
película	Film 4
pelo	Haar 24
pena: dar pena	leid tun 27
pensar	denken 3
pensar + Inf.	zu tun gedenken 13
pensativo	gedankenvoll 23
pensión	Pension 2 Ü
peor	schlechter 6 G
pequeño	klein 2
perder	verlieren 16
perdón	Verzeihung 20
perdonar	verzeihen 20 Ü
perfumar	parfümieren 11
perfume	Parfüm 11 Ü
periódico	Zeitung 12
periodista	Journalist 30 Ü
permitir	erlauben 22
pero	aber 1
perpetuo	unaufhörlich 19
perro	Hund 11
persona	Person 1
personal	persönlich 4
pescado	Fisch 15 Ü
petitorio	Bittschrift 28
petróleo	Erdöl 18
pícaro	schlau, verschlagen 13
pie	Fuß 11
pie: a pie	zu Fuß 10 Ü
pie: de pie	stehend 19 Ü, 23
piedra	Stein 15
piel	Haut 28
pierna	Bein 19
pieza de recambio	Ersatzteil 5
pijama	Schlafanzug 16
pimentón	Paprika 15
pimienta	Pfeffer 15
pincel	Pinsel 28
pino	Pinie 12
pintar	malen 14
pintor	Maler 11 Ü, 28
pintura	Malerei; Bild 11
pipa	Pfeife 10
Pirineos	Pyrenäen 30
piscina	Schwimmbad 25 Ü
piso	Stockwerk; Wohnung 11 G
pista	Piste 17
plan	Plan 3
plancha: a la plancha	auf der Platte gegrillt 15 Ü
planchar	bügeln 28
planeta	Planet 18
planificar	planen 18
planta	Pflanze; Stockwerk 16 Ü
plástico	Plastik 9 Ü
plata	Silber 18
plato	Teller; Gericht 21 Ü
playa	Strand 2
plaza	Platz 10 G, 15
población	Bevölkerung; Stadt 7

pobre	arm 12
poco	wenig 1
poco amable	unfreundlich 20 Ü
poco más o menos	ungefähr 22
poco: un poco	etwas, ein wenig 1
poder	können 6
poema	Gedicht 30
poesía	Gedicht 10 Ü, 12 Ü, 30
poeta	Dichter 8
poético	dichterisch 7
política	Politik 4
polvo: hacerse polvo	kaputtgehen 9
pollo	Huhn 15
poner	setzen, stellen, legen 3
poner en orden	in Ordnung bringen 3
poner música	Musik machen 3 Ü
poner un telegrama	ein Telegramm aufgeben 13 Ü
ponerse el sol	untergehen 12 Ü
ponerse a tiro	in Reichweite sein 26
ponerse el cinturón	den Gurt anschnallen 17
ponerse nervioso	nervös werden 17 Ü
popular	populär; Volks- 30
por aquí	hier (in der Gegend) 11 Ü
por desgracia	unglücklicherweise 25
por Dios	um Gottes Willen! 5
por ejemplo	zum Beispiel 1
por eso	deshalb 4
por favor	bitte 2 Ü
por fin	endlich 2
por la tarde	nachmittags; abends 2
por largo tiempo	lange Zeit 18
por lo menos	mindestens 29
por milagro	(wie) durch ein Wunder 9
por qué	warum? 8
por tanto	deshalb 1
por último	zum Schluss 23
porcentaje	Prozentsatz 6
porque	weil 3
posarse	sich niederlassen 8
posible	möglich 6
posible: lo antes posible	so bald wie möglich 29 Ü
práctico	praktisch 29
precio	Preis 20 Ü
precisamente	ausgerechnet 20

pregunta	Frage 5
preguntar	fragen 5
premio	Preis 18
preocupado	besorgt 12
preocuparse	sich Sorgen machen 12 Ü
preparado	vorbereitet 5
prepararse	sich vorbereiten 23
presentar	vorstellen 11 Ü
presentar (el billete)	vorlegen 17
presente adj.	gegenwärtig 30
presente	Gegenwart 2
presidente	Präsident 19 Ü
presión	Druck 16
prestar atención	aufmerksam sein 23
pretender	behaupten 25
pretendiente	Bewerber 13
primavera	Frühling 6 Ü, 11
primero adv.	zuerst 16
primo	Vetter 11
princesa	Prinzessin 11
principal	hauptsächlich; wichtig 17
principio	Anfang; Prinzip 23Ü
prisa	Eile 25
prisa: correr prisa	eilig sein 27
privar de	die Möglichkeit nehmen 18
problema	Problem 7 Ü
producto	Produkt 15
profesión	Beruf 24 Ü
profesor,-a	Lehrer/-in 13
profundo	tief 9
programa	Programm 5 Ü
prohibir	verbieten 22 G
promedio	Durchschnitt 19 Ü
prometer	versprechen 13
pronto	frühzeitig; bald 4
pronunciar	aussprechen 1
proponerse	sich vornehmen 18
proporcionar	bereiten; vermitteln 30
protección	Schutz 9
protestar	protestieren 23
provincia	Provinz 18
provisional	provisorisch 19 Ü
próximo	nächster 11 Ü
proyecto	Projekt 2
publicar	veröffentlichen 3
público	öffentlich 25
público	Öffentlichkeit 18
puchero	Topf 15
pueblo	Ort, Dorf; Volk 2
puerta	Tür, Tor 7

pues ...	nun ..., also ... 3
puesto	gestellt, gelegt 8 G
puesto: ya puestos	wenn wir schon dabei waren 19
puesto	Arbeitsplatz; Posten 23
pulsera	Armband 16
pulso	Puls 25
punta	Spitze 25
puntería	Zielen 26
punto	Punkt 25 Ü
puntual	pünktlich 5 Ü
puntualidad	Pünktlichkeit 4

Q

que	der, die, das 1
que viene	nächster 3
que	dass 5
¿qué?	was für ein?, welcher? 1 Ü
¡qué + Adj.!	wie ...! 12
¿qué más?	was noch? 3
quedar clavado	wie angenagelt sein 8
quedar con	sich mit jmd. verabreden 28 Ü
quedar mal	einen schlechten Eindruck machen 17
quedar: me quedan	ich habe noch 16
quedarse	dableiben 4
quejarse	sich beklagen, sich beschweren 21
quemar	verbrennen 26
querer	wollen; lieben 3, 21
querido	lieber ... 7
queso	Käse 15
¿quién?	wer 13 Ü
quitarse	wegnehmen; ausziehen 25 Ü
quizá(s)	vielleicht 6

R

rabia	Wut 27
radical	radikal 28
radio	Radio 3 Ü, 5
rajá	Radscha 22
rato	Weile 9
razón	Vernunft; Grund 22
razón: tener razón	Recht haben 22
reacción	Reaktion 25
reaccionar	reagieren 24 Ü
realidad	Wirklichkeit 4
realidad: en realidad	eigentlich 4
rebaja	Preisnachlass, Rabatt 5
recambio	Ersatz(teil) 5
recepción	Hotelrezeption 16
receta	Rezept 15
recetar	verschreiben 25
recibir	empfangen; bekommen 7
recién	kürzlich 23
recoger	aufnehmen 30
reconocer	wieder erkennen; anerkennen 30
reconstruir	wieder aufbauen 14 G
recordar	erinnern an; sich erinnern 15, 19
recrear	neu schaffen 28
recuerdo	Gruß 10 Ü
redondo	rund 15
reducir	verringern 16
reencarnación	Reinkarnation 28
reencarnarse	sich reinkarnieren 28
reflejar	widerspiegeln 11
reforzado	verstärkt 16
regalar	schenken 19 Ü
regalo	Geschenk 6
regatear	feilschen 15
región	Region 21 Ü
regresar	zurückkehren 28
reina	Königin 11
reírse	lachen 9 G, 14
reloj	Uhr 14 Ü
reloj de pulsera	Armbanduhr 16
relleno	vollschlank 25 Ü
remedio	Heilmittel 15
rendido	erschöpft 20
renunciar a	verzichten auf 16
repartir	verteilen 30 Ü
reparto	Verteilung 18
repetir	wiederholen 9 G, 12
replicar	erwidern 20
república	Republik 19 Ü
reservar	reservieren 15 Ü
respeto	Respekt 25 Ü
responder	antworten 6
respuesta	Antwort 6
restaurante	Restaurant 2
resultar + Adj.	sein 1
retrato	Porträt 11
reunión	Zusammenkunft 4
revista	Zeitschrift 21 Ü
revolución	Revolution 10
revólver	Revolver 20

rey	König 11
Reyes	Dreikönig 6
rico	reich 24 G
ridículo	lächerlich 20
río	Fluss 10
risa	Lachen 7
risueño	lustig 18
ritmo	Rhythmus 30
ritual	rituell 18
robar	stehlen 27
rodar	rollen 17
rojo	rot 12 Ü
romano	römisch 2
romper	brechen, zerbrechen 26
romperse	zerbrechen, kaputtgehen 9
ropa	Wäsche 1
rosa	Rose; rosa 12 Ü
roto	zerbrochen 8 G
rubio	blond 24 Ü
rueda	Rad 14
ruido	Geräusch; Lärm 2
ruidoso	laut, lärmend 10
ruina	Ruine 2
ruta	Route 1
rutina	Routine 25 Ü

S

sábana	Leintuch 21
saber: sé	wissen; können 8
sacar	herausnehmen, herausziehen 21 Ü
saco	Jacke 20
sal	Salz 15
salida	Abflug; Ausgang 20 Ü
salir	ausgehen; hinausgehen 3
salir bien	gut ausgehen 15
salmonete	Fischart 13
salsa	Soße 15 Ü
saltar	springen 16
saltarse algo	überspringen 17
salud	Gesundheit 2
saludar	grüßen 7 Ü
saludo	Gruß 7 Ü
salvaje	wild 28
salvar	retten 17
sandez	Quatsch, Unsinn 25
sano	gesund 24 G
sargento	Sergeant 13
satisfecho	zufrieden 17
seco	trocken 4
sed	Durst 11
sedoso	seidig 28
segador	Schnitter 26
segar	mähen 26
seguido	geradeaus 25 Ü
seguir	folgen; fortsetzen 9 G
seguir + Ger.	weiterhin tun 12 G
según	je nachdem; nach 13
segundo	Sekunde 16
seguridad	Sicherheit 17
semana	Woche 8 Ü, 14
semejante	derartig; ähnlich 28
semejanza	Ähnlichkeit 18
sencillo	einfach 26
sentado	sitzend 23
sentarse	sich setzen 15 Ü, 21
sentido	Sinn 20
sentimiento	Gefühl 6
sentir	fühlen 6
sentir	bedauern 9 Ü
señalar	deuten 20
señor	Herr 5 Ü
señora	Frau, Dame 5 Ü
señorita	Fräulein 5 Ü, 13
separar	trennen 24
septiembre	September 6, 7
ser	sein 4
ser	werden 29
ser: qué será de	wie mag es gehen 21
servicio	Dienst; Dienstleistung 25 Ü
servir	dienen 9 G
sí	ja 3
sí	sich 4 G
si	ob 10 Ü, 14
si	wenn 4
si no	wenn nicht; sonst 14 Ü
siempre	immer 3
sierra, Sierra	Gebirge 7
siglo	Jahrhundert 11
significar	bedeuten 30
siguiente	folgender 6
silencio	Stille, Schweigen 24
silla	Stuhl 14
simpatía	Sympathie 18
simpático	sympathisch 19 Ü
sin	ohne 2
sin + Inf.	ohne zu 8
sin embargo	jedoch 11
sin que + Subj.	ohne dass 26

singularidad	Einmaligkeit 30
sino	sondern 20
sitio	Ort, Stelle 4
situación	Situation 22 Ü
sobre	auf, über 12, 14
sobre todo	vor allem 1
sobrino	Neffe 11 Ü
social	sozial; gesellschaftlich 23
socialismo	Sozialismus 19 Ü
sociedad	Gesellschaft 19 Ü
sofá	Sofa 21 Ü
sol	Sonne 3
soler	zu tun pflegen 14 G
solicitar	anfordern 25 Ü
solo	allein 19
sólo	nur 3
soltero	unverheiratet 11 Ü
somnífero	Schlafmittel 25
sonar	klingen; klingeln 22
sonriente	lächelnd 12
sonrisa	Lächeln 25 Ü
soñador	Träumer 28
soñar	träumen 25
sopa	Suppe 15
soportar	ertragen 7
sorbo	Schluck 28
sorpresa	Überraschung 7
sostener	festhalten 25
su	sein, ihr, Ihr 11
subir	hinaufgehen, hinauffahren 2
subir al tren	in den Zug steigen 17 Ü
subversión	Umsturz 28
Sudamérica	Südamerika 30
sudar	schwitzen 22
sudoroso	verschwitzt 17
Suecia	Schweden 18
suegro	Schwiegervater 11 Ü
suelo	Boden 9
suerte	Glück 5
suerte: mala suerte	Pech 17 Ü
sufrimiento	Leiden 14
sufrir	leiden; erleiden 25
Suiza	Schweiz 2 Ü
suizo	schweizerisch 4 Ü
supermercado	Supermarkt 13 Ü
sur	Süden 5 Ü
sustancia	Substanz 30
suyo	sein, ihr 11

T

tabaco	Tabak 1
tal: ¿qué tal?	wie geht's? 5
tal	derartig 18
tal como	so wie 28
tal vez	vielleicht 11
taller	Werkstatt; Atelier 11
tamaño	Größe, Format 16
también	auch 1
tampoco	auch nicht 3 G
tan	so 5
tan … como	so … wie 6 G
tanto	so viel, so sehr 6 G
tanto: por tanto	deshalb 1
tantos	so viele 2
tapiz	Wandteppich 11
tardar en	Zeit brauchen zu 15 Ü, 27
tarde Adv.	spät 4
tarde f.	Nachmittag, Abend 2
taxi	Taxi 9 Ü, 16
té	Tee 2 Ü
teatro	Theater 13
techo	Dach 21 Ü
técnico	Techniker 5
teléfono	Telefon 3
telegrama	Telegramm 13 Ü
televisión	Fernsehen, Fernseher 2 Ü
televisor	Fernseher 5
tema	Thema 10 Ü
temperatura	Temperatur 7 Ü, 25
temprano	früh 4
tendero	Ladenbesitzer 29
tenedor	Gabel 15 Ü
tener	haben, halten 3
tener cuidado	vorsichtig sein 26 Ü
tener en cuenta	berücksichtigen 26 Ü
tener ganas	Lust haben 3
tener gracia	lustig sein 26
tener mal genio	schlecht gelaunt sein 13
tener que	müssen 3
tener razón	Recht haben 22
tenis	Tennis 11 Ü
tensión	Spannung; Blutdruck 25
terminar	beenden 19
terminar + Ger.	am Ende etw. tun 19 Ü
termómetro	Thermometer 25

ternera	Kalb; Kalbfleisch 15
ternura	Zärtlichkeit 14
terreno	Grundstück 2
terrible	fürchterlich 9
terror	Schrecken 20
testarudo	stur, dickköpfig 17
texto	Text 9 Ü, 30
tía	Tante 11 Ü
tiempo	Zeit 2
tiempo	Wetter 7 Ü
tienda	Laden 2
tierra	Land; Erde 15
tinto	rot (Wein) 15 Ü
tío	Onkel 11 Ü, 26
típico	typisch 13
tipo	Typ, Kerl 17
tirar	schießen; (weg)-werfen 13, 15, 26
tiro	Schuss 26
título	Titel 18
tocar	spielen 28
todavía	noch 2
todo	alles 6
todo el día	den ganzen Tag 7
todo lo que	alles, was 17
todo: sobre todo	vor allem 1
todos	alle 3
todos los días	jeden Tag 7
tomar	nehmen 1
tomar el sol	sich sonnen 3
tomate	Tomate 1
tontamente	einfach so ... 12
tonto	dumm 12
tontería	Dummheit 5
toros	Stierkampf 25
tortilla	Omelett; in LAm: Maisfladen 30
toser	husten 28
tozudo	halsstarrig 29
trabajar	arbeiten 3
trabajo	Arbeit 4 Ü , 29
tradición	Tradition 30
tradicional	traditionell 6
traducir	übersetzen 30
traductor	Übersetzer 30
traer	(her)bringen 9
tragar	schlucken 25
tranquilidad	Ruhe 2
tranquilo	ruhig 11
transformar	verwandeln 30
transformista	Verwandlungs-künstler 16
transparente	durchsichtig 8
tratar	behandeln 18
tratarse de	sich handeln um 20
tren	Zug 7 Ü
trigo	Weizen 26
triste	traurig 6 Ü
tristeza	Traurigkeit 6
trovador	Troubadour 30
trozo	Stück 30 Ü
trucha	Forelle 15
tu	dein 11
turismo	Fremdenverkehr 24 Ü
turista	Tourist 2
tuyo	dein 11

U

u	oder (vor o-/ho-) 10 Ü, 25 G
últimamente	in letzter Zeit 7
último	letzter 2
ultramar	Übersee 15
una vez cocido	nachdem es gekocht ist 15
una vez más	noch einmal 2
único	einzig, einzigartig 14 Ü, 19
universidad	Universität 7
uno	einer; man 17
uno por uno	einer nach dem anderen 19
unos	manche 20
unos + Subst.	einige 1 G, 15
unos + Zahlwort	etwa, ungefähr 15
urbano	städtisch 10
usted	Sie 3

V

vaca	Kuh; Rindfleisch 15 Ü
vacaciones	Ferien, Urlaub 3
vacaciones: ir de vacaciones	in Urlaub gehen 13 Ü
valer	wert sein; kosten 9
vale	ist recht 15 Ü
varios	mehrere; verschiedene 5
vasco	baskisch 1
vaso	Glas 21 Ü, 26
¡vaya!	so etwas! 25 G
velocidad	Schnelligkeit; Geschwindigkeit 16
veloz	schnell 17

vencer	siegen, besiegen 17
vendedor,-a	Verkäufer/-in 25 Ü
vender	verkaufen 2
veneno	Gift 7
venezolano	venezolanisch 18
Venezuela	Venezuela 18
venganza	Rache 20
venir	kommen 3
venir a ver	besuchen kommen 13
ventana	Fenster 20
ver	sehen 7
ver: a ver si	mal sehen, ob 10 Ü
veranear	den Sommer(urlaub) verbringen 3
verano	Sommer 3
verdad	Wahrheit; nicht wahr? 5
verdadero	echt; wahrhaftig 23
verde	grün 12 Ü
vergüenza	Schande 23
verso	Vers 10
vestir de	angezogen sein als 23
vestirse	sich anziehen 9 G
veterinario	Tierarzt 13
vez	Mal 2
vez: a veces	manchmal 5
vez: alguna vez	irgendwann einmal 18
vez: cada vez menos	immer weniger 6
vez: de una vez	endlich 23
vez: de vez en cuando	ab und zu 11 Ü
vez: en vez de	anstatt; statt 6
vía	Gleis; Weg 18
viaje	Reise 11 Ü, 17
viajero	Reisender 16
vida	Leben 4
vídeo	Video 4 Ü, 5
viejo	alt 5
villancico	Weihnachtslied 6
vino	Wein 2 Ü
violeta	Veilchen; violett 12 Ü
visible	sichtbar 8
visir	Wesir 30
visita	Besuch 11
visitante	Besucher 11
visitar	besuchen 6
visto	gesehen 8
vitalidad	Vitalität 14
viuda	Witwe 5
vivir	leben 2
vivo	lebendig 8
vocabulario	Wortschatz 1
volar	fliegen 8
volver	zurückkommen 8 G, 18
volver a + Inf.	noch einmal tun; wieder tun 14
voz	Stimme 20
voz: en voz alta	laut 12
vuelo	Flug 29 Ü
vuelta	Spaziergang; Umdrehung 28
vuelta: dar vueltas	sich im Kreis drehen 28
vuelto	gewendet; zurückgekehrt 8
vuestro	euer 11

W

wáter	Toilette 21 Ü

Y

y	und 1
y cuarto	Viertel nach 10 G
¿y qué?	na und? 27
ya	schon 2
ya no	nicht mehr 3 Ü, 4
ya puestos	wenn wir schon dabei sind 19
ya que	da 27
yate	Jacht 10
yerba	Gras; Gewürzkraut 12, 15
yerbecilla	zartes Gras 12

Z

zapatilla	Pantoffel; Hausschuh 16
zapato	Schuh 16

Anhang

Grammmatikausdrücke

Schrift und Aussprache

Alphabet

Grundzahlen

Quellenverzeichnis

Grammatikausdrücke

Im Deutschen sind die Bezeichnungen für grammatische Erscheinungen oft nicht einheitlich (Tätigkeitswort, Zeitwort, etc.). Andererseits gibt es im Spanischen einige sprachliche Erscheinungen, für die es keine deutsche Bezeichnung gibt (Gerundio, Subjuntivo). Wir verwenden deshalb als grammatische Etiketten die lateinischen bzw. spanischen Begriffe, deren Abkürzungen auch in Wörterbüchern gebräuchlich sind.

Adjektiv/Adjetivo (adj.), Eigenschaftswort
Wie ist etwas/jemand?
Beispiele: una palabra española – ein spanisches Wort, Juan es simpático – Juan ist sympathisch

Adverb/Adverbio (adv.), Umstandswort
Wann, wo, wie geschieht etwas?
Beispiele: hoy –heute, aquí – hier, viene rápidamente – er kommt schnell

Akkusativ/Acusativo (complemento directo), 4. Fall (wen?/was?)
Beispiele: tomo el autobús – ich nehme den Autobus, invito a Luisa – ich lade Luisa ein

Artikel/Artículo (art.), Geschlechtswort
Beispiele: el tabaco, la palabra, lo bueno (der, die, das; bestimmter Artikel); una lengua, unos ejemplos (unbestimmter Artikel, im Spanischen auch als Plural)

Condicional — Konditional

Dativ/Dativo (complemento indirecto), 3. Fall (wem?)
Beispiele: escribo a Luisa – ich schreibe Luisa, le escribo – ich schreibe ihr

Demonstrativpronomen/Pronombre demostrativo (pron. dem.), hinweisendes Fürwort
Beispiele: este, ese, aquel – dieser, jener

feminin/femenino (f.), weiblich (vgl. maskulin)
Beispiele: la mujer – die Frau, la palabra – das Wort (im Deutschen nicht feminin)

Futur/Futuro, Zukunft
Beispiel: iré – ich werde fahren (voy a ir, „nahe“ Zukunft)

Gerundium/Gerundio (ger.); im Deutschen nicht vorhanden
Beispiel: estamos charlando – wir unterhalten uns gerade

Imperativ/Imperativo, Befehlsform
Beispiele: ¡toma! – nimm!, ¡no tomes! – nimm nicht!

Imperfekt/Pretérito imperfecto (pret. imperf.), Präteritum
Eine der Vergangenheitszeiten (vgl. L 19).

Indikativ/Indicativo (ind.), Wirklichkeitsform des Zeitworts
Beispiel: toma – er nimmt (Indikativ Präsens)

Infinitiv/Infinitivo (inf.). Grundform/Nennform des Zeitworts
Beispiel: tomar – nehmen

Komparativ/Comparativo
Die erste Steigerungsform.
Beispiel: más bonito – schöner

Konjugation/Conjugación
Abwandlung des Zeitworts durch Endungen, die die Person und die Zeit angeben.
Beispiele: tom-o – ich nehme; toma-ríamos – wir würden nehmen usw.

Konjugierte Form/Forma personal, finite Verbform
Form, deren Endung Person und Zeit angibt (also alle Formen außer Infinitiv, Partizip, Gerundio).

Konsonant/Consonante, Mitlaut (vgl. Vokal, Selbstlaut)
Beispiele: b, c, d, f, g, etc.

Konjunktion/Conjunción (conj.), Bindewort
Verbindet Sätze oder Satzteile.
Beispiele: si viene – wenn er kommt; porque no quiero – weil ich nicht will

maskulin/masculino (m.), männlich
Beispiel: el perro – der Hund

Nebensatz/Frase subordinada
Teilsatz, der durch eine Konjunktion eingeleitet wird.
Beispiel: si viene – wenn er kommt

Negation/Negación, Verneinung

Neutrum/Neutro (n.), sächliches Wort
Im Spanischen nur wenige Wörter wie algo, esto, todo sowie substantivierte Adjektive: lo bueno – das Gute

Nominativ/Nominativo, 1. Fall (wer/was?)
Beispiel: yo – ich

Objekt/Complemento, Ergänzung eines Zeitworts
Beispiele: compro *el libro* – ich kaufe das Buch (Akkusativobjekt/Complemento directo, was?)
escribo *a Luisa* – ich schreibe Luisa (Dativ/Complemento indirecto, wem?)

Partizip/Participio (part.), Mittelwort der Vergangenheit
Beispiele: he comido – ich habe gegessen; la casa vendida – das verkaufte Haus

Perfekt/Pretérito perfecto
Vergangenheitsform des Zeitworts. Im Spanischen differenzierter als im Deutschen:
Einfaches Perfekt/Pretérito perfecto simple (Pret. perf. simple) L 16
Zusammengesetztes Perfekt/Pretérito perfecto compuesto (Pret. perf. comp.) L 7

Personalpronomen/Pronombre personal (pron. pers.), persönliches Fürwort
Beispiele: ich, du, er usw.; ihm, ihn usw.

Plural/Plural (pl.), Mehrzahl (vgl. Singular)

Plusquamperfekt/Pretérito pluscuamperfecto (pret. plusc.), Vorvergangenheit
Beispiel: había leído – ich hatte gelesen

Possessivpronomen/Pronombre posesivo (pron. pos.), besitzanzeigendes Fürwort
Beispiel: mi – mein

Präposition/Preposición (prep.), Verhältniswort
Beispiele: en – in, an, auf; para – für

Präsens/Presente (pres.), Gegenwart
Beispiele: habla (Presente de indicativo); cuando hable (Presente de subjuntivo)

Pretérito (pret.), Vergangenheit
Pretérito imperfecto (pret. imperf.), Imperfekt (vgl. L 19)
Pretérito perfecto compuesto (pret. perf. comp.), Perfekt (vgl. L 7)
Pretérito perfecto simple — Perfekt (vgl. L 16)

Pretérito imperfecto de subjuntivo (pret. imperf. de subj.), Konjunktiv II
Beispiel: si viniera – wenn er käme

Pronomen/Pronombre (pron.), Fürwort
siehe Demonstrativ-, Personal-, Possessiv-, Reflexiv-, Relativpronomen

Reflexivpronomen/ Pronombre reflexivo (pron. refl.), rückbezügliches Fürwort
Beispiele: me quedo – ich bleibe („mich"); me lavo – ich wasche mich

Relativpronomen/Pronombre relativo (pron. rel.), bezügliches Fürwort
Beispiel: el señor que – der Herr, der

Relativsatz/Oración de relativo
Mit Relativpronomen eingeleiteter Nebensatz

Singular/Singular (sg.), Einzahl (vgl. Plural)

Stamm/Raíz
Der Teil eines Verbs oder Substantivs, an den verschiedene Endungen angehängt werden: tom-o, tom-amos; rápid-o, rápid-as

Stammsilbe
Die letzte Silbe des Verbstamms (= die Silbe vor der Endung)
Beispiel: tra*ba*-jar, com*pa*-rar

Subjuntivo (subj.)
Formen, die im Präsens und Perfekt nicht mit dem Deutschen vergleichbar sind (vgl. L 21)
Beispiele: me gusta que venga; me alegro que haya venido.

Substantiv/Sustantivo (sust.), Nomen, Hauptwort
Beispiel: la palabra – das Wort

Substantivierung/Sustantivación
Verwendung anderer Wortarten als Substantiv
Beispiel: lo bueno – das Gute

Unpersönlich/Impersonal (impers.)
Nicht auf eine bestimmte Person (ich, du, usw.) bezogen.
Beispiel: llueve – es regnet; se habla – man spricht.

Verb/Verbo (v.), Zeitwort, Tätigkeitswort

Vokal/Vocal, Selbstlaut
Beispiele: a, e, i, o, u (vgl. Konsonant, Mitlaut)

Schrift und Aussprache

Schrift	Aussprache	Beispiele
a-e-o	offen	palabra, café, ropa
ie, ue usw.	*i/u* schwächer als *a, e, o*	familia, vocabulario conocimiento, cuenta
b, d	weiches *b, d*	habla, estudia
p, t	*p, t* ohne Hauchlaut	palabra, parte, toma
ga, gue, gui, go, gu	weiches *g*	gallego, guerra, guía, algodón, lengua
ca, que, qui, co, cu, -c	*k* ohne Hauchlaut	café, ¿qué?, ¿quién?, ¿cómo?, Cuba, coñac
za, ce, ci zo, zu, -z	wie englisch *th*	Zaragoza, cero, cine, zona, azúcar, maíz
ja, ge/je, gi/ji jo, ju, -j	wie deutsch *ch*	Jaca, ejemplo, Gibraltar, jota, jugo, reloj
h	nicht gesprochen	hablar
b, v	im Anlaut *b* gesprochen sonst *w* gesprochen	Burgos, vasco de Burgos, el vasco
ch	wie deutsch *tsch*	muchos, chocolate
ll	ähnlich deutsch *j*	castellano
ñ	ähnlich deutsch *nj*	español
r	Zungen-*r* am Wortanfang: Zungen-*rr*	América ropa
rr	Zungen-*rr*	carretera
s	stimmloses *s*	español, persona
x	*s* (oder *x*) gesprochen	explicar, examen

Alphabet

a	b	c	ch	d	e	f	g	h	i
a	be	ce	ce hache che	de	e	efe	ge	hache	i

j	k	l	ll	m	n	ñ	o	p	q	r
jota	ka	ele	elle	eme	ene	eñe	o	pe	ku	erre

rr	s	t	u	v	w	x	y	z
erre doble	ese	te	u	uve	uve doble	equis	i griega	zeta (zeda)

Grundzahlen

0 cero	10 diez	20 veinte	30 treinta
1 uno, una	11 once	21 veintiuno, -a	31 treinta y uno,-a
2 dos	12 doce	22 veintidós	32 treinta y dos
3 tres	13 trece	23 veintitrés	40 cuarenta
4 cuatro	14 catorce	24 veinticuatro	50 cincuenta
5 cinco	15 quince	25 veinticinco	60 sesenta
6 seis	16 dieciséis	26 veintiséis	70 setenta
7 siete	17 diecisiete	27 veintisiete	80 ochenta
8 ocho	18 dieciocho	28 veintiocho	90 noventa
9 nueve	19 diecinueve	29 veintinueve	100 ciento; cien*
			101 ciento uno
			102 ciento dos etc.

200 doscientos, -as	500 quinientos, -as	800 ochocientos, -as
300 trescientos, -as	600 seiscientos, -as	900 novecientos, -as
400 cuatrocientos, -as	700 setecientos, -as	1.000 mil
		1.000.000 un millón**

* Beim Zählen: *noventa y nueve, cien/ciento.* Vor kleineren Zahlen: *ciento (ciento uno, ciento cuarenta). Vor größeren Zahlen und Substantiven: cien (cien mil, cien pesetas).*

** *millón* ist Substantiv: *un millón de personas.*

Quellenverzeichnis

Bildquellen

S. 16: „Belo Claudia", W. Halm, München
S. 22: FAE, R.A. Steiger, Germering b. München
S. 28: Luis Buñuel, © Oronoz, Madrid
S. 44: FAE, R.A. Steiger, Germering b. München
S. 50: „Vista general de la Alhambra" Federico García Lorca, 1928 aus: Federico García Lorca, Dibujos; ©VG Bild-Kunst, Bonn 1991
S. 58: Rafael Esteve:„Amor maligno" aus Grabados españoles de los siglos XVIII y XIX
S. 70: © Süddeutscher Verlag, Bilderdienst, München
S. 80: Diego de Velázquez: „Las Meninas", Museo del Prado, Madrid, © ARTOTHEK
S. 86: „Villanueva de Arosa (Pontevedra)", © INCAFO, Madrid
S. 92: Picasso: „El Arlequín y su compañera", © VG Bild-Kunst, Bonn,1991
S. 100: Frida Kahlo: „Die gebrochene Säule"
S. 106: Bartolomé E. Murillo: „Trauben- und Melonenesser", Alte Pinakothek, München, © ARTOTHEK
S. 114: Herbert Horn, München
S. 120: „Béatus, Apocalypse de Facundus", © Henri Stierlin, Genf
S. 126: Pablo Neruda, Nobelpreisverleihung 1971, © Pressens Bild AB, Stockholm/dpa, München
S. 132: „Der Doncel von Sigüenza"
S. 138: Salvador Dalí: „Der Schlaf", Privatbesitz, © VG Bild-Kunst. Bonn, 1991
S. 148: FAE, R.A. Steiger, Germering b. München
S. 156: Antonio Mingote: Historia de Madrid, Taurus Ed., Madrid
S. 170: Picasso: „Bildhauer und kniendes Modell", Sprengel Museum Hannover, © VG Bild-Kunst, Bonn, 1991
S. 180: „Goya und sein Arzt Arrieta", © Oronoz, Madrid
S. 186: Goya: „Muchachos trepando a un árbol", Museo del Prado, Madrid
S. 192: Antoni Tàpies: „Parella i caball" 1951, Fundació Antoni Tàpies Barcelona, © VG Bild-Kunst, Bonn, 1991
S. 198: Picasso: „Interieur mit zeichnendem Mädchen", Museum of Modern Art, New York, © VG Bild-Kunst, Bonn, 1991
S. 199: oben: Picasso: „Las Meninas", Museo Picasso, Barcelona, © VG Bild-Kunst, Bonn,1991
links unten: Picasso: „Guitare, bouteille et compotier", Sprengel Museum, Hannover, © VG Bild-Kunst, Bonn, 1991
rechts unten: Picasso: „Die Ziege", © VG Bild-Kunst, Bonn, 1991
S. 200: Miró: „Cirque", © VG Bild-Kunst, Bonn, 1991
S. 201: Salvador Dalí: „Ma femme nue regardant son propre corps", © VG Bild-Kunst, Bonn, 1991
S. 202: © Cátedra Gaudí, Barcelona
S. 208: „Gemischtwarenladen in der Altstadt von Barcelona", R. Schäpers, Ottobrunn
S. 216: Arabische und hebräische Inschrift am Grabmal Ferdinand III. in der Kathedrale von Sevilla
S. 217: „Moza hilando" (Muchacha inca) aus: Historia Universal de las Exploraciones II

Textquellen

S. 28: Luis Buñuel: Mi último suspiro; Ed. Plaza y Janés, Barcelona
S. 44: Statistik aus El País vom 24. 12. 1989
S. 50: Zwei Briefe von Federico García Lorca aus: Obras Completas III; Ed. Aguilar, Madrid
S. 58: Azorín: Doña Inés; Clásicos Castalia Ed., Madrid

S. 64: Julio Cortázar: „El milagro“ aus: Historias de cronopios y fama; Ed. Minotauro, Buenos Aires; © Agencia literaria Carmen Balcells, Barcelona

S. 70: Rafael Alberti: Rafael Alberti para niños; Ed. de la Torre, Madrid; © Agencia Literaria Carmen Balcells, Barcelona

S. 86 Celaya, Poesía; © Amparo Gastón

S. 92: Pío Baroja: Los pretendientes de Colombina; Siglo XXI de España Ed., Madrid

S. 100: Rauda Jamis: Frida Kahlo; © Circe Ed., Barcelona

S. 106: Camilo José Cela: Avila; Ed. Noguer, Barcelona; © Agencia Literaria Carmen Balcells, Barcelona
Camilo José Cela: Por tierras de judíos, moros y cristianos; Destino Ed., Barcelona; © Agencia literaria Carmen Balcells, Barcelona

S. 114/
S. 120 Alvaro de Laiglesia: ¡Qué bien huelen las señoras!; Ed. Planeta, Barcelona; © Vicente de Piniés, Madrid

S. 126: Pablo Neruda: Confieso que he vivido; © Ed. Seix Barral, Barcelona

S. 132: Antonio Muñoz Molina: „Un invierno en el paraíso“, aus El País vom 31. 12. 1989

S. 138: Jorge Luis Borges: „Episodio del Enemigo“, aus El oro de los tigres, 1972, Obras Completas © María Kodama y Emecé Editores S.A. 1989

S. 148: zwei Gedichte von Gloria Fuertes, aus Obras Incompletas; Ed. Cátedra, Madrid; © Gloria Fuertes

S. 156: Infante don Juan Manuel: El Conde Lucanor

S. 162: Mario Vargas Llosa: La ciudad y los perros; © Ed. Seix Barral, Barcelona

S. 170: Carlos Fuentes: Cuerpos y ofrendas; Alianza Ed., Madrid; © Agencia Literaria Carmen Balcells, Barcelona
Miguel de Unamuno: Niebla; Ed. Espasa-Calpe, Madrid

S. 180: Eduardo Mendoza: La isla inaudita; © Ed. Seix Barral, Barcelona

S. 186: Dámaso Alonso: „Los consejos de tío Dámaso a Luis Cristóbal“, aus Antología de nuestro monstruoso mundo; Ed. Cátedra, Madrid, © Eulalia Galvariato, Madrid
Federico García Lorca: Canciones; Ed. Aguilar, Madrid

S. 192: Juan Rulfo: Pedro Páramo; Ed. Cátedra, Madrid, © Agencia Literaria Carmen Balcells, Barcelona

S. 208: Mercè Rodoreda: La plaza del diamante; © Ed. Edhasa, Barcelona

S. 216: Carlos Fuentes: Cervantes o la crítica de la lectura; J. Martiz Ed., México, © Agencia Literaria Carmen Balcells, Barcelona

S. 217: Bertil Malmberg: La América hispanohablante; © Ed. Istmo, Madrid

ⓐ texto adaptado (Text leicht gekürzt und/oder leicht adaptiert)

Wir haben uns bemüht, alle Inhaber von Text- und Bildrechten ausfindig zu machen. Sollten Rechteinhaber hier nicht aufgeführt sein, so wären wir für entsprechende Hinweise dankbar.